자기주도적 학습능력을 길러주는

# 독서
# 기술

자기주도적 학습능력을 길러주는

# 독서 기술

남미영 지음

21세기북스
www.book21.com

# 자기ᄅ노석 학습능력은 21세기의 생애능력

21세기 지식정보화 사회로 들어서면서 각국 정부는 자국민의 자기주도적 학습능력을 기르기 위해 총력을 기울이고 있습니다. 평생을 배워야 하는 지식폭발의 시대에 자기주도적 학습능력이 없다는 것은 생애능력 하나를 잃는 것과 같기 때문이지요.

세계가 자국민의 자기주도적 학습능력을 위하여 주목한 것은 독서교육이었습니다. 1992년 영국의 영유아 '북 스타트(Book Start) 운동'을 시작으로, 미국의 '뒤처지는 아이 없기(No Child Left Behind)' 법안을 비롯하여, TV 끄기 운동, 책읽어주는 부모 되기, 책 읽고 대화 나누기, 책 가지고 다니기, 풀뿌리 가정독서, 작은 도서관 만들기 등등 갖가지 운동이 세계 곳곳에서 일어나고 있습니다.

우리나라 교육인적자원부는 2001년부터 2005년까지 3,000억원이라는 돈을 들여 학교 도서관을 만들었고, 지역자치제에 의해서도 수백개의 도서관이 만들어졌습니다. 그러나 각종 통계에 의하면 초·중등학교 학생들의 독서량이나 독서능력은 제자리걸음을 면치 못하고 있는 실정입니다. 도서관을 짓는다, 책을 사준다 해도 어린이와 청소년들은 책을 읽지 않았던 것입니다. 이유는 '시간이 없어서'고, '공부해야 하기 때문에, 학원가야 하기 때문'에 책 읽을 시간이 없다는 것입니다.

한편, OECD와 한국교육개발원의 '문해능력 국제비교 연구' 결과를 보면 16세~60세까지 한국인의 문해실력은 OECD 32개국 중 27위로 나타납니다. 연령별 비교에서는 16세~25세의 청소년의 '산문 문해실력'이 32개국 중 29위, '문서 문해실력'은 32위입니다. 세계 10위권 안에 드는 경제대국에 사교육비 세계 1위, 대학진학률 세계 2위인 우리나라의 체면이 구겨지는 결과였습니다.

왜 이런 현상이 일어나는 것일까요? 돈과 정열과 시간을 다 바쳐 공부를 하는데, 왜 학습능력은 빈약한 것일까요? 놀지도 못하고 학교와 학원을 맴돌며 청소년 시절을 불행하게 살아도 아는 것이 없다면 얼마나 기막힌 일입니까?

이 책은 한국교육개발원에서 23년 6개월 동안 연구한 저의 경험과 결과에 대한 요약이며, 이러한 우리 교육의 심각한 문제를 풀기 위한 보고서입니다. 한마디로 요약하면 '독서기술을 익히면 공부는 놀이가 된다.'는 것이 제 연구의 결과입니다. 독서기술을 익히는 것은 농부가 농기구를 갖추는 것과도 같습니다. 농기구 없이 맨손으로 농사짓는 농부는 얼마나 힘들까요? 지금 우리나라 학생들 중 80% 정도가 좋은 농기구 없이 맨손으로 농사지으려고 대드는 농부와 같습니다.

이 책은 2004년에 초판이 나온 이래 지난 6년간 20쇄를 거듭하면서 독자 여러분의 과분한 사랑을 받아왔습니다. 그동안의 조사에 의하면 초등학생, 중학생의 부모님이 가장 많이 읽으셨고, 그 다음으로 학교 선생님, 독서 선생님, 도서관 사서 선생님들의 필독서였다고 합니다. 그리고 2008년경부터는 중고등 학생들이 직접 읽으며 자기주도적 학습능력을 기르고 있다는 소식이 학교로부터 들려옵니다.

이런 독자층의 변화에 따라 저와 21세기북스는 책의 제목과 글자의 크기를 바꾼 수정·보완 판을 내기로 결정하였습니다. 그래서 초판 제목 『공부 잘하는 아이로 만드는 독서기술』을 접고 『자기주도적 학습능력을 길러주는 독서 기술』로 바꾸게 되었습니다. 그동안 이 책을 사랑해주신 독자 여러분과 앞으로 읽어주실 미래의 독자 여러분에게 깊은 감사를 바칩니다.

2010년 3월
한국독서교육개발원 원장
문학박사 남미영

# 공부의 원리와 책읽기의 원리

## 한국의 부모들, 한국의 아이들

"세상에서 제일 듣기 좋은 소리가 뭐 게?"

"아기가 젓 먹는 소리, 마른 논에 물 들어가는 소리, 자식이 글 읽는 소리!"

옛부터 전해오는 우리나라 속담이다. 이렇게 우리는 자식 공부를 매우 소중하게 여겨온 민족이었다. 그 전통은 지금까지 고스란히 내려와서 교육열 세계 1위, 사교육비 세계 1위, 학생 1인당 공부에 투자하는 시간 세계 1위라는 통계를 가진 나라가 되었다. 이에 더하여 젊은 부모들 중에는 아이와 아내를 선진국으로 보내고 홀로 남아서 돈을 벌어 보내는, 소위 '기러기 아빠'라는 새로운 형태의 가족이 출현하여 세계적으로 화제가 되고 있다. 이렇게 자식 공부라면 인생을 기꺼이 바치는 이들이 바로 우리 한국의 부모들이다.

공부 잘하는 자녀란 모든 한국 부모의 바람이다. '돈 많은 사람은 안 부러워도 공부 잘하는 자식을 둔 사람은 부럽다.'는 것이 한국 부모들의 공통된 특징이다. 수험생이 있는 한국의 가정에서는 입시철이 되면 가족들이 숨소리도 크게 내지 못하고 산다. 수험생들은 평소에 하던 가정 일의 면제에서부터 집안의 크고 작은 경조사에도 빠지고 오직 공부에만 매달릴 수 있는 특권을 부여받는다. 아이들은 공부의 노예가 되어 오직 공부에만 열중한다. 흡사 공부와의 전쟁을 치르는 전사들 같다.

시험을 보고 나면 친척이나 이웃은 그 집에 전화 걸기를 조심한다. 더구나 시험 결과를 물어보는 것은 금기시 되어 있다. 혹시나 떨어져서 부모가 머리를 싸매고 누워있을 경우가 있기 때문이다. 그런 가정에는 그 어떤 말도 위로가 되지 않는다는 것을 이미 알고 있기 때문이다. 이렇게 우리 사회에는 자녀의 공부가 부모의 행복과 불행을 결정짓는 풍토가 깊숙이 자리잡고 있다.

### 고학력, 양질의 정보가 21세기의 재산
앞으로 이런 사회적 분위기가 약화될 전망은 희박하다. 21세기는 지식 정보화 사회이며, 지식경제 패러다임으로 특징 되는, 그 어느 시대보다 지식을 필요로 하는 시대이기 때문이다. 다만 21세기가 필요로 하는 지식은 남의 지식을 머리에 가득 채워놓은 암기된 지식이 아니라, 자신의 생각을 통하여 창조된 자신의 지식인 점이 다르다. 즉 고학력을 원하는 것이 아니라 양질의 정보를 많이 가지고 있는 두뇌를 원한다. 다시 말해서 이제 지식의 콘텐츠는 변했으며, 지식을 얻는 방법도 변했다. 현명한 부모가 되기 위해서는 이 시점에서 21세기식 공부란 무엇이며, 21세기식 공부의 주요한 방법들을 확인해 둘 필요가 있다.

## 모든 공부는 책읽기로부터 시작된다

공부 잘하는 아이란, 학교에서 한두 번의 시험을 잘 보는 아이를 의미하지는 않는다. '하나를 가르치면 열을 아는 아이'를 의미한다. 하나를 가르치면 그것을 바탕으로 사물의 원리를 깨닫고 스스로 알아나가는 아이가 공부를 잘하는 아이이다. 요즈음 식으로 말하면 '자기주도적 학습능력을 가진 아이'이다.

그동안 우리 교육은 불행하게도 학생들이 공부를 오랫동안, 많이 하기를 장려하는 양적인 교육에 치중해 왔다. 그 결과 아이들은 많은 내용의 지식을 머릿속에 입력시키려고 노력했지만 들어가지 않아서 자아성취감을 느끼지 못하는 불행한 학창생활을 지내고 있었던 것이다. 이런 현상을 조사해 보면 그들에게 부족한 것은 공부할 시간도, 장소도, 마음도 아닌, 공부할 능력의 부족이었다.

어휘력, 집중력, 이해력, 요약능력, 추리력 등의 기초학습능력이 낮은 상태에서 공부를 했기 때문에 투자한 노력에 비하여 결과가 낮게 나왔던 것이다.

모든 공부는 책읽기로부터 시작된다. 그래서 책읽기 능력이 부족한 아이들은 공부를 싫어하게 된다. 그런데 우리는 책읽기 능력을 키워주는 독서교육을 등한시하면서 아이들 공부를 독려해 왔다. 이러한 현상은 소화 능력이 없는 아이에게 많은 양의 음식물을 먹여온 것과 다름없는 일이다. 그래서 아이들은 공부의 기쁨을 모른 채, 공부를 어려워하고 싫어하면서, 머릿속으로 들어가지 않는 공부를 억지로 하면서 시간과 돈을 낭비하고 있었던 것이다.

### 공부 잘하는 학생들의 다섯 가지 특징

교육인적자원부의 브레인 역할을 하고 있는 한국교육개발원(KEDI)이 2002년에 내놓은 한 보고서를 통하여 공부 잘하는 학생들의 특징을 알아보면, 우리나라 고등학교 1·2학년 중에서 성적 상위 10% 이내를 안정적으로 지켜나가는 소위 자타가 공인하는 공부 잘하는 학생들의 특징으로 다음과 같은 요인들이 집계되었다.

⟨공부 잘하는 학생들의 다섯 가지 특징⟩
1. 어려서부터 독서를 좋아했다.
2. 공부는 스스로 자기주도적으로 한다.
3. 학원보다는 혼자 조용히 공부하는 것이 좋다.
4. 공부하는 것이 매우 즐겁다.
5. 문학작품 읽기와 신문 읽기를 즐긴다.

이 연구 결과를 이미지화 시켜보면, 현대판 공부 잘하는 아이들의 모습이 눈앞에 그려진다. 어려서부터 책읽기를 좋아해서 책을 많이 읽었고, 특히 문학책을 많이 읽는다. 공부할 때는 학원이 아니라 조용한 도서관이나 집에서 혼자 공부하며, 공부하는 것이 매우 즐겁다. 이런 학생들은 아마도 얼굴 가득 은은한 미소가 담겨있을 것이다. 이쯤 되면 공부의 노예가 아니라 공부의 지배자들인 셈이다. 상상만 해도 흐뭇한 풍경이다.

### 세계적으로 성공한 인물 600명의 특징

성공한 인물에 대한 특징도 세계적으로 흥미 있는 연구 대상이 되어왔다. 1980년대에 미국 버클리대학 심리학연구소에서 이루어진 '세계적으로 성공한 600명에 대한 연구'의 결과도 자녀의 성공을 소망하는 부모들에게 많은 시사점을 주었다.

이 논문이 발표한 성공한 사람들의 다섯 가지 특징은 '강한 집중력', '살아있는 감성(feeling)', '창의적 생각', '정직한 성품', '풍부한 독서력'이었다. 풍부한 독서력은 물론, 나머지 4가지 조건도 독서를 하는 중에 자연스레 길러지는 능력들이란 점을 생각할 때, 책읽기가 인간에게 끼치는 영향을 더욱 절감하게 된다.

또, 2002년에 발표된 '미국의 리더는 어떻게 만들어지는가?'에 대한 연구 중에서 독서와 관련된 항목을 발췌해 보면, 사회를 이끌어 가는 리더들은 초등학교 때까지 세계 명작 등 좋은 책을 많이 읽었다. 그러나 사회적으로 암적인 존재가 되고 있는 범죄 계층의 사람들은 책을 거의 읽지 않았을 뿐더러, 읽었다고 해도 교육적으로 가치가 없는 불량서적을 읽은 것으로 나타난다. 그래서 이 논문은 '초등학교 시절에 읽은 책의 양과 질이 그 사람의 인생의 방향과 질을 결정한다.'는 결론을 내렸으며, 초등학교 독서교육의 사회적 책무를 다시 한번 강조하였다.

## 우수한 두뇌와 성공적인 인생을 주는 독서 기술

이 세 가지 연구 결과가 가지고 있는 공통점은 '독서의 교육적 효능'이라고 말할 수 있다. 즉, 어린 시절에 책읽기를 제대로 한 아이들이 공부도 잘하고, 성공하는 사람이 되고, 사회와 국가를 이끌어 가는 리더가 된다고 종합할 수 있다. 이런 연구의 결과를 살펴볼 때, 어린 시절의 책읽기는 단순한 읽기가 아니라 사람의 운명을 결정하는 방식이란 점에서 매우 귀중한 가치를 갖게 된다.

# CONTENTS

## 01. 책읽기가 즐거우면 공부가 즐겁다

## 02. 잠깐만 공부해도 성적이 올라가는 독서 기술

### Part 01 _ 책과 친한 아이로 만들어주는 독서 준비 기술

### Part 02 _ 정확하게 읽고 확실하게 기억하는 분석 독서 기술

# 03. 책으로 시작하는 공부 클리닉

01

# 책읽기가
## 즐거우면 공부가 즐겁다

# 01

책읽기가 즐거우면
공부가 즐겁다

**Part 01**

# 책읽기의 원리와 공부의 원리

# 01 책읽기는
## 기초학습능력을 길러준다

### 문제를 보면 답이 보이는 아이

중학교 2학년인 준영이는 교과서를 자주 잃어버린다. 준영이의 교과서를 가지고 공부를 하면 시험을 잘 본다는 소문이 있기 때문이다. 준영이는 학교에서 시험도사로 유명하다. 특히 국어, 영어 등 언어계열이나 사회계열의 시험은 100점을 놓치는 경우가 드물다. 준영이는 학원에도 안 다니고 학습지도 한 적이 없다. 그렇다고 준영이가 공부만 파는 아이도 아니다. 놀 건 다 놀고, 소설책도 많이 읽으며 영화도 많이 본다. 이런 아이가 어떻게 시험을 잘 보는 것일까? 하도 신기해서 친구들이 물어보았다.

"넌 공부도 안 하는데 어떻게 그렇게 시험을 잘 보니?"

"응, 그거? 시험 문제를 노려보고 있으면 답이 '저요 저요' 하고 손을 들거든."

"답이 손을 든다고? 너, 해리포터 같은 마법사니?"

"아니, 문제를 잘 보면 무엇을 묻고 있는지를 알게 된다는 거야."


소문을 듣고 찾아간 우리 연구팀 앞에 나타난 준영이는 작은 키에 얼굴이 동글동글하게 생긴 귀여운 소년이었다. IQ는 120으로 보통 수준이었는데, 학교 성적은 1, 2등을 놓치지 않는다. 가정적인 조건으로는 어려서부터 책을 좋아했고, 책이 많다. 토요일이면 부모님과 동생 네 식구가 둘러앉아 식탁 토론회를 갖는다.

준영이는 교과서와 참고서를 동화책 읽듯 술술 읽어 치운다. 그리고 중요하다고 밑줄을 쳐놓으면 그것이 꼭 시험에 나온다. 그래서 시험 때만 되면 반 아이들이 준영이의 교과서를 빌려가려고 맹렬한 쟁탈전을 벌인다. 그러다가 교과서를 빌려갈 차례가 되지 않은 아이 중 누군가가 아예 교과서를 훔쳐가기도 한다. 준영이는 바로 그 학교의 족집게 학생이었던 것이다.

그렇다. 어떤 아이들은 준영이처럼 조금만 공부해도 좋은 성적을 얻는데, 어떤 아이들은 오랜 시간을 들여 공부해도 성적이 오르지 않는다. 어떤 아이들은 하나를 가르쳐주면 열을 아는데, 어떤 아이들은 하나를 가르쳐주면 그것마저 잊어버린다.

왜 이런 일들이 일어나는 것일까? 유전적인 어떤 요인이 작용하는 것일까? 아니면 지능이 관련된 일일까? 인지심리학과 언어심리학의 연구 결과에 의하면 이런 일들은 유전이나 지능이 아닌 기초학습능력과 관계가 있다고 한다. 개인의 기초학습능력의 차이에 따라 공부를 잘하기도 하고 못하기도 한다는 것이다. 즉, 기초학습능력이 충분히 길러진 사람은 조금만 공부해도 이해가 가능하므로 자신감을 갖게 되고, 하나를 들으면 열을 알게 되어 공부가 즐거워진다. 그러나 기초학습능력이 부족한 사람은 내용을 잘 이해할 수 없기 때문에 공부가 어려워지고, 능률이 오르지 않는 지겨운 공부를 스트레스를 받으며 계속할 수밖에 없다는 것이다.

그러면 공부를 주관하는 기초학습능력이란 무엇인가?

만국 공통의 기초학습능력은 읽기, 쓰기, 셈하기이다. 이 3가지 기능은 모든 학습을 하는 데 기본적인 도구가 된다. 이 중에서도 가장 중요한 기초학습능력은 읽기 능력이다. 책을 읽을 수 없는 아이에게는 어떤 학습도 불가능하기 때문이다. 특히 초등학교 시절의 읽기 능력은 학습의 시발점이자 이후의 학습도구가 되기 때문에 더욱 중요하다.

읽기 능력으로 일컬어지는 책읽기 능력을 구체적으로 세분화해보면 어휘력, 이해력, 분석력, 종합력, 추리력, 상상력, 비판력, 판단력 등이 포함된다. 학습심리학과 인지심리학에서는 이러한 능력들을 기르는 가장 좋은 방법으로 책읽기를 제시한다. 그런데 이러한 능력들은 교과서식으로 고정화된 지식의 형태를 암기시키거나 주입식으로 가르칠 수 있는 능력이 아니다. 오직 책을 읽는 동안 자연스럽게 길러지는 능력인 것이다.

1985년에 유네스코(UNESCO)는 '학습권'이라는 새로운 권리장전을 발표했는데, 그 내용은 다음과 같다.

> 학습권이란 읽고 쓰기를 배울 권리이고, 요약하고 분석하는 것을 배우고 상상하고 창조하는 것을 배울 권리이다. 그리고 자기 자신이 세계를 이해하고 역사를 만들어나갈 권리이다. 학습행위는 모든 교육활동의 중심에 위치하며, 인간을 수동적으로 움직이는 객체에서 스스로 자신의 역사를 창조하는 주체로 만들어준다.

굳이 유네스코 권리장전을 거론하지 않더라도 모든 인간은 읽고 쓰기에 자유로울 권리를 가진다. 특히 21세기와 같은 지식정보화 사회에서 읽고 쓰는 데 자유롭지 못한 인간이란 진정한 자유인이라고 말할 수 없을 것이다.

기초학습능력이 부족한 아이들은 초등학교 2, 3학년만 되면 공부에 대한 흥미를 잃게 된다. 이때 기초학습능력을 길러주지 못할 경우 5, 6학년이 되면 학교 부적응아가 되고, 중학생이 되면 완전한 낙오자가 된다. 그렇지만 기초가 부족한 아이들에 대해서 학교는 다인수 학급이라는 이유로 구제책을 전혀 내놓지 못하고 있다. 따라서 기초학습능력의 부족은 순전히 개인의 문제로 떠맡겨지는 게 현실이다.

부모 또한 자녀의 기초학습능력이 갖추어졌는지, 혹은 부족한지에 대해 그다지 관심을 가지지 않는다. 시험 성적으로 모든 것을 판단하는 안목 때문이다. 그러다 보니 어쩌다 시험을 잘 보거나, 커닝으로 시험을 잘 보아도 성적만 높게 나오면 좋아한다. 특히 학원에서 찍어주는 시험문제를 달달 외워서 성적이 올라도 공부를 잘하는 것으로 착각한다. 그러나 그것은 공부가 아니라 기억력 게임이고 퀴즈 풀이인 것이다.

진정한 공부란 책 속에 들어 있는 잡다한 데이터들 중에서 중요한 정보를 스스로 가려내고, 그 정보가 지닌 의미를 해석하며, 그것을 토대로 자신의 지식을 형성하는 것을 의미한다. 이렇게 형성된 지식은 잊혀지지 않고 영원히 자신의 것이 된다. 이런 과정에서 필요한 것은 단순한 암기력이 아니라 어휘력, 이해력, 분석력, 요약력, 상상력, 추리력, 비판력, 판단력 등의 사고하는 능력이다.

그렇다. 모든 공부는 책읽기로부터 시작된다. 책읽기가 서툴거나 책읽기를 싫어하는 아이는 기초학습능력을 기를 기회가 없어서 공부하는 데 서툴고 공부가 즐겁기는커녕 지겹게 된다. 우등생과 열등생 사이에는 기초학습능력의 차이가 있을 뿐이며, 초등학교 시절에 다진 확실한 기초학습능력은 평생의 재산이 된다.

# 02 책읽기는
## 자기주도적 학습능력을 길러준다

### 혼자 공부할 수 있니, 없니?

서울의 강남에 있는 한 PC방에서 게임을 하고 있는 중학생들을 보고 한 어른이 말했다.

"너희들 공부해야지, 이런 데서 게임만 하고 있으면 되겠니?"

"공부 가르쳐줄 사람이 없는데 누구하고 공부해요?"

이 얘기는 결코 지어낸 우스갯소리가 아니다. 「초등학생의 학습태도」를 연구할 때 연구자들이 무작위로 선정한 아이들과 나눈 대화 내용이다. 이 아이들은 과외 선생님이 없는데 어떻게 공부를 하느냐고 반문한 것이다.

그러나 정반대의 상황도 있다. 같은 서울의 강남에 있는 한 구립도서관에서 조용히 혼자 공부하는 고등학생에게 물었다.

"다른 아이들은 학원에서 공부하던데, 이렇게 혼자서 공부하면 불안하지 않니?"

"혼자서 하는 게 훨씬 효과적이에요. 학원에 가면 시간이 많이 낭비되거든요."

"왜 그렇지?"

"책만 읽으면 다 알 수 있는데, 왜 학원까지 가서 설명을 들어야 해요? 가는 시간 오는 시간이 걸리고, 돈도 들잖아요? 흠, 어쨌든 손해가 많아요."

혼자 공부하는 이 아이는 학교 성적이 항상 상위 2% 이내에 드는 우수 학생이었다.

지금 우리 사회에는 이런 두 부류의 학생들이 존재한다. 전자는 자기주도적 학습능력이 빈약한 경우이고, 후자는 자기주도적 학습능력이 풍부한 경우이다. 그렇다면 전자와 같은 학생이 많을까, 후자와 같은 학생이 많을까? 학습문제 전문가들은 전자의 경우가 60%를 넘을 경우 그 사회의 미래에는 문제가 발생하게 된다고 경고한다.

그렇다면 자기주도적 학습능력이란 무엇이며, 왜 21세기 교육의 목표가 되었을까?

고대 수렵시대에는 힘이 센 사람이 강자였다. 그 뒤 농경사회가 되면서 땅을 많이 가진 사람이 강자가 되었다. 그러다가 산업사회가 되면서 기술을 가진 사람이 강자가 되었고, 지금은 정보를 많이 가진 사람, 그것도 양질의 정보를 많이 가진 사람이 강자인 시대가 되었다.

특히 요즘처럼 지식과 정보가 폭발하는 정보화 사회에서는 학교에서 배운 지식만으로는 살아갈 수 없다. 학교에서 배운 지식은 금방 바닥이 나고, 그렇다고 평생을 학교에 다닐 수도 없다. 이런 시대를 성공적으로 살아가기 위해서는 스스로 정보를 수집하고, 정리하고, 그것을 자기 것으로 만드는 자기주도적 학습능력이 필요하다.

예전에는 학력만 높으면 일생을 유식한 사람으로 살 수 있었다. 그러나 지금은 졸업장만으로 살아갈 수 있는 시대가 아니다. 자신의 문제를 스스로 해결할 수 있는 능력이 필요한 능력 만능 시대이다. 이런 시대를 잘 살아가기 위해서는 평생 스스로 공부해야 한다. 그런데 시간과 돈을 가장 적게 들이고도 효과적으로 공부하려면 자기주도적 학습능력이 절대적으로 필요하다. 이제 자기주도적 학습능력은 학습의 조건일 뿐 아니라 생존의 필수 조건이 되었다.

이러한 패러다임의 변화로 21세기 교육은 자기주도적 학습(Do It Yourself Learning)을 교육혁명의 핵심으로 대두시켰다. 자기주도적 학습능력이란 학습자가 자신이 수행하는 학습의 주인이 되어 필요한 지식을 탐색, 획득, 이해, 저장, 활용하는 능력을 말하며 이로써 학습자 자신이 새로운 지식을 창출해낼 수 있는 능력을 뜻한다.

이런 자기주도적 학습의 교육혁명에서 가장 필요한 것은 '가르치는 것'이 아니라 '학습하게 하는 것'이라는 교육에 대한 인식의 전환이다. 이와 함께 교육에 대한 개념도 가르쳐야 한다는 '교육주의'에서 학생의 변화라는 '학습주의'로 발상을 전환해야 한다. 지금까지 학교교육은 인류 역사 속에 축적되어온 지식을 전수하는 기능에 치우쳐 있었지만, 이제는 교사에 의해서 인도되는 학습을 넘어서 학습자 자신이 스스로 선택하고 조직하는 자기주도적 학습이 이루어져야 한다. 그렇게 획득된 능력만이 오로지 학습자의 것이 될 수 있기 때문이다.

학습문제 전문가들의 연구 보고서들은 자기주도적 학습능력을 기르는 데 가장 효과적인 방법으로 독서보다 더 확실한 방법은 없다고 한다. 왜냐하면 공부를 한다는 것, 정보를 수집한다는 것은 책을 읽는 행위를 빼놓고는 상상할 수 없기 때문이다. 인터넷을 통한 정보수집도 엄밀히 따지면 읽어내는 행위, 즉 광의의 독서라고 볼 수 있다.

다시 말해서 책을 좋아하고, 스스로 잘 읽지 않는 사람은 정보화 시대를 살아갈 무기가 없는 사람이다. 21세기 정보화 시대에 접어들면서 독서의 중요성은 더욱 더 커지고 있다.

이에 발맞춰 우리나라도 7차 교육과정 시대로 접어들면서 '자기주도적 학습능력을 가진 인간을 기르는 것'을 국가의 교육 목표로 삼고, 독서교육 중심으로 교육의 새 틀을 짜고 있다.

결과가 있으면 원인이 있는 법이다. 이제 자기주도적 학습능력이 부족한 학생들과 풍부한 학생들의 원인을 한국교육개발원 연구 보고서(2002년)를 토대로 알아보기로 하자.

자기 주도적 학습능력이 부족한 아이들은 과외중독증에서 기인한다는 분석이 나왔다. 우리나라 사교육 시장은 기형의 형태를 띠고 있다. 진정한 사교육이란 학교에서 배우지 않는 과목을 가르치는 교육을 의미한다. 그런데 우리나라 사교육 시장은 학교에서 공부하는 과목을 더 하는 과외교육이 85% 이상을 차지하고 있다.

그런데 이러한 과외교육이 학교에서 배운 것을 다져주는 복습의 형태라면 학습부진아들을 도와줄 수도 있는 제도가 되겠지만, 우리나라 과외 시장은 '미리 배우기' 형태의 선행학습의 형태로 운영되고 있다. 학교보다 한 달 먼저 혹은 한 학기 먼저, 심지어 1년 먼저 가르친다. 이러한 과외교육은 학생들로 하여금 다음과 같은 결과의 주인공이 되도록 부추기고 있다고 한국교육개발원은 분석하였다.

- 학교 공부에 대한 흥미와 긴장감이 저하된다.
- 남보다 앞섰다는 착각으로 학습을 게을리한다.
- 학습태도가 산만하다(공부 시간에 잠을 자거나 딴짓을 한다).
- 교사에 대한 존경심 약화된다.
- 학습태도가 수동적이다(중요한 것은 다 교사가 찍어주니까).
- 가상 시험문제를 통한 시험 훈련으로 인해 말을 조금만 바꾸면 답을 쓰지 못한다.
- 과외중독증 현상에 빠진다(교사가 없으면 혼자서는 공부할 수 없다).
- 성적이 떨어진 아이들은 부모가 돈이 없어 비싼 과외를 받지 못했기 때문이라고 생각한다(성적 부진을 부모 탓으로 돌린다).
- 성적이 떨어지면 과외를 더 많이 한다.
- 결국 학교나 교실 붕괴의 원인이 된다.

반대로 자기주도적 학습능력이 풍부한 아이들을 연구한 결과도 분석되었다.

- 어려서부터 책을 좋아했고, 책을 많이 읽었다.
- 학교 공부를 중요하게 생각한다.
- 누가 시키지 않아도 스스로 계획을 세워 공부한다.
- 암기식 공부보다 기본 개념과 원리 이해를 중심으로 공부한다.
- 복습 위주로 공부하며, 여러 번 반복하여 공부한다.
- 의문점이 있으면 끝까지 탐구한다.
- 계획한 것은 끝까지 밀고 나간다.
- 모르는 것은 알 때까지 반복해서 공부한다.
- 공부한 뒤에는 반드시 종합하여 정리해둔다.
- 한번 공부를 시작하면 2시간 이상 끈기 있게 한다.
- 학원보다는 조용히 혼자서 공부하는 것을 좋아한다.
- 언어영역과 논술고사에서 뛰어난 성적을 받는다.

자기주도적으로 공부하는 학생들의 특징을 종합하면 독서를 좋아하고, 책읽기가 능숙하며, 집중력·어휘력·이해력·분석력·종합능력·추리력 등의 독서능력이 높다고 정리할 수 있다.

독서가 혼자 하는 작업이듯이 공부 역시 혼자 할 수밖에 없는 고독한 작업이다. 공부할 때 남이 도와줄 수 있는 부분은 매우 미미하다. 지식을 전해주는 일 정도이다. 남에게 배운 이런 지식은 공부 자체가 아니라 진짜 공부를 할 수 있도록 도와주는 원자재일 뿐이다. 그것을 가공하여 아이디어와 창의적인 지식을 창조해내는 일은 순전히 혼자서 감당할 수밖에 없다.

# 03 책읽기는
## 생각하는 능력을 길러준다

### 누가 사장일까?

뉴욕 맨해튼 거리, 고급 승용차 앞에서 정장 차림의 신사와 캐주얼 차림의 젊은이가 이야기를 나누고 있다. 두 사람 중에서 누가 사장일까?

아마도 10년 전이라면 당연히 정장 차림의 신사가 사장이고, 캐주얼 차림의 젊은이는 사원이라는 것이 정답일 것이다. 그러나 지금은 아니다. 캐주얼 차림의 젊은이가 사장이고, 정장 차림을 한 사람은 중역일 가능성도 높다.

이것은 새로운 세대의 등장을 의미한다. 물리적인 연령에 의한 세대교체가 아니라 사고의 패턴이 가져온 세대교체를 뜻한다. 즉, 사고의 패턴에 따라 부와 명예의 서열이 바뀌었다는 것이다. 이제 한 부류의 엘리트가 몰락하고, 다른 부류의 엘리트가 부상하고 있다.

예나 지금이나 성공한 사람들의 한 가지 공통된 특징은 남들과 다른 생각을 한다는 것이다. 정상에 오른 사람과 결코 정상에 오르지 못할 것 같은 사람과의 차이점도 그 '생각'이라는 데 있다. 정상에 오른 사람은 독립적인 사고능력을 소유하고 있으며, 그 내용이 진실하고 현실적이며 미래지향적이다. 그러나 성공하지 못하는 사람들은 독립적 사고 기능이 결여되어 맹목적으로 남들만 따라하고, 생각의 내용이 진실하지 못할 뿐 아니라 비현실적이다.

우리가 누군가를 똑똑하다고 말할 때, 단순히 그 사람이 아는 것이 많아서 똑똑하다고 하지는 않는다. 남의 말을 듣고 적절하게 비판하고 판단을 내릴 수 있는 생각의 틀을 가지고 있을 때 우리는 그를 똑똑하다고 말한다.

1970년에 앨빈 토플러는 인류 문명이 농업혁명, 산업혁명, 정보혁명이라는 3대 물결에 의해 주도되고 있다고 말했다. 제1의 물결인 농업혁명은 권력의 지방분권과 자급자족 경제 사회를 탄생시켰으며, 제2의 물결인 산업혁명은 권력의 중앙집권과 거대 도시를 탄생시켰고, 제3의 물결인 정보혁명은 탈규격화, 탈동시화, 탈중앙집권제로 인하여 거대한 개인을 만들어낼 것이라고 예측했다. 그리고 30년이 지난 지금, 지구촌 곳곳에서 일어나고 있는 혁명의 물결은 생각의 물결이다. 구체적으로 말해서, 지금 세계 여러 나라들은 정보를 많이 가진 사람보다는 생각하는 국민을 만들기 위하여 사회 체제와 교육 체제를 새롭게 정비하고 있다.

영국은 'Book Start 운동'을 통하여 생후 1년 미만의 영아들에게 책읽기 교육을 실시하여 '생각하는 영국인'이라는 이상을 성취해가고 있다. 미국은 'No Child Left Behind' 법안을 통과시켜 뒤처지는 어린이들에게 책읽기를 권장하고, 'TV 1시간 끄기 운동'을 통하여 어른들에게도 책읽기를 권하고 있다. 일본은 '풀뿌리 독서운동'을 통하여 가정을 작은 도서관으로 만들고, 싱가포르는 'School Remodeling'을 통하여 학교를 도서관화하고 있다. 이러한 일련의 교육적 노력에는 생각할 줄 아는 국민을 만든다는 국가적 이상이 담겨 있다.

그러면 21세기는 왜 생각의 시대가 되었을까?

지금, 제3의 물결로 인식된 정보는 컴퓨터만 켜면 우리의 안방으로 산더

미처럼 밀려들어온다. 인터넷이 쏟아내는 단순 정보는 이미 정보의 가치가 없다. 인류의 축적된 지식을 수동적으로 받아들이는 것이 교육의 주요 콘텐츠였던 과거에는 그런 단순 정보들이 지식적 가치가 있었지만, 변화와 창조가 교육의 주요 콘텐츠가 된 현대사회에서 그런 단순 정보는 더 이상 정보로서의 가치를 발휘할 수 없게 되었다. 그런 정보는 취사 선택되어 유용성을 인정받을 때 비로소 가치를 발휘하게 된다. 그리고 그 정보에 나의 생각이 보태어질 때 온전한 나의 지식이 된다. 그렇다. 21세기에는 그런 정보를 해석하고, 선택하고, 판단하고, 나아가 창의적인 자기 생각을 넣어서 새로운 아이디어를 만들어내는 것이 중요하다. 그러기 위해서는 생각하는 능력을 가져야 한다. 이제 우리는 '생각'이라는 제4의 물결 속에 살고 있다.

그렇다면 인간에게 있어 생각이란 무엇인가?

조지아 주립대학의 데이비드 슈워츠 교수는 이렇게 말한다.

"성공한 사람을 평가할 때 그의 키나 체중, 학력이나 집안 배경으로 평가하지는 않는다. 그의 생각의 크기에 따라 그를 평가하는 것이다."

성서에서 솔로몬은 "사람은 마음으로 생각하는 것만큼 된다"고 말했으며, 에머슨은 "모든 것은 생각에서 비롯된다"고 했고, 제임스 앨런도 "생각이 운명을 결정한다"고 말했다.

이런 명언들을 통하여 볼 때 생각은 '그 사람의 정신의 크기'이며, '인간의 마음을 결정하는 콘텐츠이고 추진력이며 색깔'이라고 정의된다. 또 생각은 인간 자체를 결정짓는 가장 중요한 요소라고 할 수 있고, '오늘이란 어제 생각한 결과이고, 내일은 오늘 생각한 결과'라고도 정의할 수 있다.

그런데 그동안 우리 한국교육은 이러한 '생각하기 교육'에 대하여 관심을 기울이지 못했다. 수세기 동안 인류의 축적된 지식을 가르치고 외우는 데만 치중했기 때문에 지식과 삶을 끌고 가는 원동력이 되는 '생각하는 능력'을 기르는 것에는 매우 소극적이었다.

생각의 내용은 유전적인 것이며, 생각하는 능력은 IQ와 관련된다고 생각한 시대도 있었다. 그러나 인지심리학자들의 꾸준한 연구에 의하여 생각의 내용은 후천적인 것이며, 생각하는 능력도 IQ와는 무관한 것이라는 것이 밝혀졌다. 특히 20세기 중반부터 암기식 교육의 폐해가 대두되면서 생각에 대한 관심과 교육적 필요성이 꾸준히 부상하였다.

그러면 지식경제 패러다임의 시대인 21세기에 교육은 무엇을 해야 하는가?

미국 클린턴 정부의 노동성 장관을 지낸 라이시 교수는 『The Work of Nations』란 저서에서 "21세기 정보화 국제사회에서 그 나라의 경쟁력을 결정짓는 가장 중요한 요소는 인적자원이며, 국가가 투자해야 할 제1의 우선 순위는 교육"이라고 피력한 바 있다. 이와 같이 21세기에 들어서면서 교육은 그 어느 시대보다도 강력한 사회혁명의 수단으로 간주되고 있다.

세계는 바야흐로 치열한 시장 경제 속에서 살아남기 위하여 문화의 고부가가치 상품을 개발해야 하는 시대로 전환하였다. 창조적인 지식은 국가와 개인의 경쟁력 창출의 원천이 되었고, 문화 상품을 창출할 수 있는 개인과 사회는 부를 누리게 되었다. 싫든 좋든 이 시대의 교육은 문화 창출을 주도할 인력 개발이라는 새로운 임무를 수행할 운명을 짊어지게 되었다. 그래서 21세기는 지식을 외우고 암기하는 것이 더 이상 교육으로 취급되지 않는다. 21세기식 교육은 지식과 정보를 수집 · 분석 · 요약하여 지식을 소유하는 방법에 대한 학습이 요구된다. 영화 「쥬라기

공원」의 원작자가 1년 동안 벌어들인 돈이 우리나라 경상남북도의 1년 예산과 맞먹는다면 문화로부터 창출되는 경제적 이득을 실감할 수 있을 것이다. 또 빌 게이츠가 벌어들이는 돈이 미국의 부를 상징한다는 사실도 지식경제 패러다임 시대의 실체를 명백하게 보여준다.

그러면 우리가 사는 21세기 사회에서 중요한 경제적 가치로 떠오른 '생각하는 능력'은 어떻게 길러지는 것일까?

먼저 공부로 돌아가서 생각해보자. 공부란 무엇인가? 데이터를 얻는 것도 아니고, 정보를 얻는 것도 아니다. 공부란 남의 지식에 내 생각을 가미하여 나의 지식으로 만드는 것이다. 남의 지식을 내 것으로 만드는 가장 일반적이고 고전적인 방법은 책읽기이다. 그러나 책을 그냥 아무 생각 없이 수동적으로 읽는 사람은 평생을 가도 자신의 지식으로 만들 수 없다. 남의 지식을 암기하고 있을 뿐이다, 암기된 지식은 나의 지식이 아니다. 그것은 백과사전을 잠시 내 머릿속에 넣어놓은 것뿐이다.

새로운 지식을 구성하려면 기억하고 암기하는 수렴적 사고로는 불가능하다. 새로운 지식을 구성하려면 분석하고, 요약하고, 비판하고, 상상하고, 추리하고, 판단하고, 창의적으로 생각하고, 문제를 해결하는 능력이 필요하다. 이런 능력들은 독서를 하는 도중에 사고의 흐름을 주도하는 능력들로서, 일명 '생각하는 능력' 혹은 '사고력'이라고 부른다.

인간의 두뇌는 일반적으로 생각하는 것처럼 개인차가 그렇게 크지는 않다. 주어진 문제를 해결하고 필요한 목표를 달성할 수 있는가의 여부는 머리를 얼마나 잘 활용할 수 있느냐에 달려 있다. 목표를 달성하지 못하는 것은 IQ가 낮아서가 아니라 생각하는 능력인 사고력이 빈약하기 때문이다.

생각하는 능력을 갖게 되면 세상이 어떻게 변해도 자신의 위치가 확고

해지는 것을 느끼게 될 것이다. 왜냐하면 외적인 것이 아닌 속으로부터 우러나오는 진정한 자신감을 가질 수 있기 때문이다. 이것이 독서의 힘이다. 지식정보화 사회에서 실패하지 않고 성공한 삶을 살아가려면 책과 친한 인간, 책을 능숙하게 읽을 수 있는 인간이 되어야 한다.

# 04 책읽기는
## 세상 읽기 능력을 길러준다

### 두 여성에게 감사한 링컨

1865년 남북전쟁이 마무리되어가던 무렵, 워싱턴의 백악관에서는 조촐한 축하 파티가 열렸다. 파티에서 링컨이 말했다.

"나는 오늘 두 분의 여성에게 감사를 드립니다. 한 분은 어린 나에게 책읽기 습관을 길러주신 의붓어머님이고, 한 분은⋯⋯."

순간 그 자리에 모인 사람들은 일제히 링컨의 부인인 퍼스트레이디 메어리 타드를 바라보았다. 메어리 타드가 답례할 준비를 하려고 옷매무새를 가다듬으며 일어서려 할 때 링컨은 다음과 같이 말했다.

"『엉클 톰즈 캐빈』을 쓰신 스토 부인입니다. 나는 젊은 시절에 「워싱턴 포스트지」에 연재된 이 작품을 읽으면서 생각했습니다. 지금은 아무 힘도 없는 사람이지만, 앞으로 힘이 생기면 부당한 대우를 받는 흑인을 도와주겠다고. 피부색이 다르다는 이유 하나로 한 인간이 다른 인간을 학대하는 것은 옳지 않다는 것을 나는 그때 똑똑히 알게 되었습니다."

스프링필드에서 온 시골뜨기 하원의원이었던 링컨은 『엉클 톰즈 캐빈』을 통하여 당시 미국 사회의 모순을 정확하게 볼 수 있었다. 그 후 그는 대통령이 되었고, 흑인 노예에 관해 남북의 대립이 고조되자 남북전쟁을 결심하게 된다. 그리고 그는 승리한 것이다. 만약 그때 링컨이 『엉클 톰즈 캐빈」을 읽지 못했다면 미국의 역사는 다른 방향으로 흘러갔을지도 모른다.

'Reader is Leader'

덴마크에 갔을 때 어느 도서관 정문에서 본 글귀이다. 이 글귀를 보면서 독서원론에 나와 있지 않은 책의 효능을 하나 더 발견하게 되었다. 책은 '세상을 보여주는 창'이라는 사실이다. 링컨이 1800년대 당시의 미국이라는 세상을 스토 부인의 『엉클 톰즈 캐빈」을 통하여 확실히 볼 수 있었던 것처럼, 책은 우리가 일상의 눈으로는 볼 수 없는 진실을 말해준다. 그러면 책읽기를 통하여 세상 읽기가 가능해지는 원리를 알아보자.

우리는 넓은 세상을 두루 여행하면서 이국의 경치는 감상할 수 있지만, 이국의 사회를 정확히 보기는 어렵다. 또 100년, 1000년 전의 세상을 구경할 수도 없다. 우리는 그런 시간과 공간적으로 불가능한 세계를 책을 통하여 보고 느낀다. 특히 문학책은 간접 경험의 보고이다. 어린 독자들은 책 속에서 왕과 귀족의 삶을 경험하기도 하고, 거지나 빈민의 삶을 보기도 한다. 또 무서운 정글 속을 탐험하기도 하고, 맹수와 대화하기도 한다. 책을 통해 행복한 사람의 마음을 들여다보기도 하고, 불행으로 슬퍼하는 사람의 마음을 들여다보기도 한다. 그리고 그들과 친구가 되어 함께 기뻐하고 슬퍼한다. 이러한 간접 경험들은 남을 이해하는 능력이 되고, 느낌이 되고, 동정심과 인내심의 원천이 되기도 하고, 용기와 투지를 만들어주기도 한다. 이러한 능력들은 인간의 삶에 꼭 필요한 감성 능력(Emotion Quality)으로 자리잡게 된다.

이런 간접 경험들이 바로 세상 읽기 능력이다. 이렇게 책 속에서 읽은 세상은 어른이 되어 실제로 세상에 나갔을 때 훌륭한 경험으로 대치된다. 그와 비슷한 인간을 만났을 때 어떤 말을 해야 하며, 그렇게 되면 어떤 결과가 나온다는 것을 예측하게 된다. 그러나 이런 경험이 없는 사람은 항상 처음 만나는 사람들 앞에서 쩔쩔 매게 된다. 물론 성공적인 처세가 매우 어려울 것이다.

18세기 중엽, 산업혁명이 일어나기 전만 해도 지구상에 존재하는 직업은 500여 가지에 불과했다. 그러나 산업의 발달로 직업이 점점 분화하여 20세기 중반이 되자 지구상에는 2만여 개 정도의 직업이 생겨났다. 21세기 초반인 현재는 약 4만 개의 직업명이 세계직업사전에 등록되어 있다.

2002년 미국의 노동성 조사에 따르면 현재 중학교 1학년 학생들이 대학을 졸업할 때인 10년 후에는 지금 노동성에 등록되어 있는 직업 중 90% 정도가 사라지고 대신 새로운 직업들이 그 자리를 메울 것이라고 전망한다. 우리나라라고 이런 추세에서 예외일 수는 없다.

이렇게 사회의 형태가 달라지면서 사회가 요구하는 인재도 달라지고 있다. 이러한 추세에 발맞추어 세계 각국의 교육기관들은 교육개혁을 단행하고 있다. 새로운 시대에 맞는 인재를 양성하기 위하여 교육의 주요 콘텐츠를 바꾸는 작업이다. 1990년대부터 세계 교육은 독서교육을 주요 콘텐츠로 다루기 시작했다.

앞으로는 성공관도 크게 달라질 것이다. 금력, 명예와 같이 눈에 보이는 외형적인 것을 성공의 가치로 두던 데서 '무엇을 위해 일하고, 무엇을 위해 살 것이냐'와 같은 삶에 대한 원초적인 것에 가치를 두게 될 것이다. 이렇게 하루가 다르게 변모하는 세상을 성공적으로 살아가려면 그런 세상에 능숙하게 대처할 수 있어야 한다. 즉, 21세기 지식정보화 사회에서 성공적인 삶을 살아가려면 책과 친한 인간, 책을 능숙하게 읽을 수 있는 인간이 되어야 한다.

책읽기란 단순히 책 속에 있는 이야기를 읽는 것이 아니라 세상 읽기이고, 사람 읽기이며, 마음 읽기이다. 나아가 세상에 적응하는 연습을 하는 것이다. 책읽기는 남보다 먼저 세상 공부를 하게 한다. 따라서 어린 시절에 책읽기에서 실패를 겪는 어린이는 인생의 실패를 경험할 가능성이 크다.

# 05 책읽기는
## 입력이고 글쓰기는 출력이다

### 글은 그 사람 자체이다

여러분, 글은 사람입니다. 그 사람이 쓴 글 속에서 우리는 그 사람을 봅니다. 그 사람의 생각은 물론 인격, 음성, 성격 그리고 그의 과거와 미래까지 볼 수 있습니다. 그것은 글이 만들어지는 과정을 통하여 확인됩니다. 독서와 경험을 통하여 우리 머리로 들어간 사상은 말이나 글이라는 수단을 통해서만 표현되기 때문입니다. 말은 일회성이고 발화되자마자 공중으로 흩어집니다. 그러나 글은 영원합니다. 글을 쓸 때는 그 각인성과 영원성 때문에 우리 모두 완벽하려고 노력합니다. 그래서 글은 그 사람 자체입니다.

프랑스의 박물학자 뷔퐁(Buffon)이 프랑스 학술원 입회 수락 연설에서 했던 유명한 연설 중의 일부이다. 뷔퐁은 이 연설에서 "사람이 쓴 글(문체)은 그 사람을 그대로 표현하는 것"이라는 말을 통해 "글이 인간의 가장 완벽한 표현도구"라는 것을 강조했다.
뷔퐁의 말이 아니더라도 우리는 '사람이란 자신이 표현하는 것만큼만 인정을 받는다'는 사실을 알고 있다. 각종 시험은 모두 글의 형태로 표현되며, 특히 논술고사는 실력과 인격의 총체적인 평가 모형이다. 그래서 학생과 학부모는 글쓰기 능력에 대한 관심과 두려움을 동시에 가지게 된다. 그러나 적어도 책읽기를 좋아하는 학생이라면 글쓰기는 두려움이 아니라 축복으로 자리잡게 된다.

요즘 들어 글쓰기란 용어에 대하려 이의를 제기하는 학자들이 늘어나고 있다. 어떤 학자는 '글쓰기'가 아닌 '생각 쓰기'라는 용어를 사용할 것을 주창하기도 한다. 이런 주장들은 이미 만들어진 글에 대한 관심에서 글이 만들어지는 과정에 대한 관심으로의 이행인 것이다.

1960년대부터 인지심리학자들에 의하여 형식 중심 글쓰기는 비판을 받기 시작했다. 형식 문법이나 어법, 글쓰기 순서 등의 교육에 대한 비판이었다. 글쓰기 교육이란 그런 형식적 교육이 아니라 글의 콘텐츠가 될 내용을 풍부하게 하고, 글을 쓰고 싶다는 동기부여와 글을 만드는 과정에 영향을 끼치는 사고력 훈련이어야 한다는 입장이다.

인지적 관점에서 '쓰기'를 파악한 대표적인 학자는 플로어(Flower)와 하예즈(Hayes)이다. 이들은 주로 글을 쓰는 동안 머릿속에서 이루어지는 사고 행위를 말로 표현하게 하는 사고구술법(Think Around Procedure)을 통해 글쓰기 과정을 탐색하였다. 그래서 쓰기를 일종의 문제해결 행위로 파악하면서 계획하기, 작성하기, 토의하기 등의 과정을 거쳐 글을 쓴다는 '과정 중심 글쓰기'를 강조했다. 이러한 과정 중심 접근법은 글쓰기의 의미구성 행위에 초점을 맞춘 것이다.

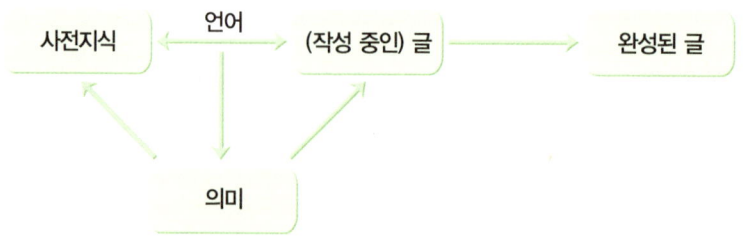

앞의 그림에서 볼 수 있듯이 글쓰기는 언어(기호)를 매개로 하여 생각이 사전지식(schema)과 만나는 과정이다. 글을 쓰는 사람은 써나가는 과정에서 글을 쓰는 목적, 독자, 상황들을 고려하면서 자신이 쓰는 글에다 사전지식을 추가, 삭제, 변형해나가게 된다. 이 과정에서 새로운 의미가 형성된다.

현대의 글쓰기 이론들은 글쓰기의 내용이란 '사전지식에 영향을 받으며, 글쓰기의 과정은 사고력이 결정한다'는 말로 요약된다. 그리고 글을 쓰고 싶다, 쓰기 싫다 등의 동기부여는 사전지식과 사고력의 유무가 하는 일이라고 할 수 있다. 다음은 글쓰기를 과정 중심 접근법으로 보는 학자들이 말하는, 숙련된 필자가 갖추어야 할 기능 요소들이다.

- 사전지식의 풍부성
- 아이디어 생산의 유창성
- 상황 인식 및 비판력
- 타인의 글에 대한 판단력 및 통찰력
- 독자를 고려할 수 있는 사회적 인지 능력
- 어휘 및 문장 표현의 유창성
- 언어 사용 능력의 숙달성

책읽기가 사전지식을 축적해주고, 사고력을 확장해준다는 사실을 상기할 때 글쓰기는 독립된 행위가 아니라 책읽기와 묶여 있는 일련의 행위라는 사실을 알게 된다. 즉, 독서가 입력이라면 글쓰기는 출력이다. 그러므로 독서를 게을리하면서 글쓰기에 주력하는 교육은 입력된 내용 없이 출력을 바라는 것과 다름없는 일이다.

01

책읽기가 즐거우면
공부가 즐겁다

**Part 02**

# 책읽기가 즐거운 아이는
# 독서능력이 높다

# 01 독서능력은 '생각의 나침반'이다

### 🗨 사랑하는 여자가 죽었대요

중학교 1학년 교실에서 황순원의 『소나기』로 독서수업이 진행 중이다.

"자, 여러분! 이 소설의 주인공은 자기가 사랑하는 여자가 죽어서 매우 슬프겠지요? 그러면 사랑하는 여자가 죽었다는 말을 듣는 순간 이 소년은 어떤 생각을 했을까요? 여러분이 한번 상상해보세요."

교사의 말이 떨어지자마자 한 학생이 자신 있다는 듯이 손을 번쩍 들었다.

"선생님, 주인공 소년은 이제 다른 여자를 사귀겠다는 생각을 할 것입니다."

"뭐?"

교사는 학생의 대답에 놀란다. 그때 또 다른 학생이 손을 들고 대답했다.

"제 생각에는요, 이제는 건강한 여자를 사귀겠다고 생각할 것 같은데요?"


이것은 한국 성장소설 연구로 박사학위 논문을 준비할 때, 서울 강남구 압구정동 G중학교 1학년 교실에서 필자와 학생들이 나누었던 대화이다. 나는 학생들에게 '삶과 죽음', '영혼과 육체'와 같은 철학적인 명제에 대한 사고를 확장해주기 위하여 황순원의 성장소설 『소나기』를 선택하였다. 그런데 학생들은 그 책을 내가 원한 방향으로 읽지 않고 이성을 사귀는 방향으로 읽은 것이다.

내가 학생들로부터 듣기를 원했던 대답은 '사람은 죽으면 어떻게 될까?' 혹은 '어린아이들이 죽으면 별이 될까?' 아니면 '노인들도 살아 있는데, 왜 아이들이 먼저 죽기도 하는 걸까?' 등등 삶과 죽음의 본질에 대한 의문이었다. 그리고 13세 소년들이 죽음이라는 명제를 통하여 성장의 문턱 하나를 넘길 원했다. 그런데 책을 읽은 학생들은 나의 예상과는 전혀 다른 방향으로 생각했던 것이다.

독서란 이런 것이다. 똑같은 책을 읽어도 독자는 자신이 가지고 있는 '생각의 나침반'이 가리키는 방향으로만 생각할 수밖에 없다. 이 생각의 나침반을 돌리는 일, 이것은 아이들의 IQ가 하는 일도 아니고 도덕심이 하는 일도 아니다. 순전히 아이들의 독서능력이 하는 일이다.

독서능력이란 독자의 눈에 문자가 들어오는 순간부터 의미를 이해하고 감동을 받는 전 과정에 필요한 관찰력, 변별력, 어휘력, 집중력, 이해력, 분석력, 요약능력, 상상력, 추리력, 비판력, 판단력, 창의력, 문제해결능력 등의 사고 능력을 총칭하는 것이다. 이런 능력들은 책을 읽을 때 생각의 방향, 방법, 틀 등을 제시한다는 점에서 '생각의 나침반'이라고 할 수 있다. 혹은 생각이 끼고 있는 안경이라고도 할 수 있다. 이와 같이 사람은 자신의 독서능력에 따라 책을 해석하고 판단하게 된다.

# 02 독서능력은
## 정보활용능력이다

### 도시 학생이 농어촌 학생보다 떨어진다

초등학교부터 고등학교까지 어떤 방식으로 공부했는가에 따라 대학에서의 성취도가 달라진다는 분석결과가 나왔다. 한마디로 요약하면 주로 학원에서 과외교육을 받고 대학에 들어온 도시 학생들의 학업성취도가 농어촌 지역에서 혼자 공부해서 대학에 들어온 학생들보다 매우 낮은 것으로 조사되었다. 항상 과외교사가 찍어주는 문제를 외우는 방식으로 공부해온 학생들은 대학에 와서 적응을 못하고 방황하거나 학업성취도가 낮은 것으로 나타났다.

(한국교육개발원 2002년 보고서)

도시 학생들, 특히 과외에 의존하여 공부한 학생들은 대학에는 들어왔지만 대학생이 아니라는 말이다. 이런 학생들의 머릿속에는 암기된 데이터는 많다. 그래서 선다형 문제를 잘 풀어 대학에까지는 들어왔지만, 이런 암기식 데이터는 사고하는 연구형 공부를 요구하는 대학에서는 무의미하다. 반대로 혼자 공부하면서 스스로 원리 이해를 하고, 중요한 부분에 밑줄을 긋고, 그것을 외우면서 공부한 시골 학생들은 일단 대학에만 들어오면 공부가 너무 쉽고 잘 되어 성취감을 맛보게 된다.

과외형 공부에서 습득한 것은 지식이 아니라 데이터이다. 데이터는 아무리 많이 가지고 있어도 그것은 지식이 아니며 단지 자료일 뿐이다. 자료란 그것을 사용해서 무엇인가를 만들 때 가치가 있는 것이다. 쌀을 아무리 많이 가지고 있어도 밥을 짓지 않는다면 아무런 의미가 없는 것처럼 데이터는 운용될 때 비로소 가치를 발휘한다.

단어의 사전적 의미, 문법의 규칙, 역사적 사실 등이 데이터라면, 데이터의 집합체인 문장을 취사 선택하는 것은 정보수집이다. 그리고 그 정보를 습득해서 자기 방식으로 재구성한 것이 바로 지식이다. 이때, 데이터를 가지고 지식을 만드는 능력이 바로 독서능력이다.

지식은 3단계로 운용된다. 데이터 수집은 의미 없이 나열된 숫자, 인용된 학설, 단어, 연대, 역사적인 사실, 공식 등이다. 그동안 주입식 교육은 데이터 습득 그 자체를 교육의 중요한 내용으로 다루어왔다. 즉 데이터를 외우고, 그 데이터를 얼마나 많이 외우고 있는지를 평가하는 것으로 교육의 주요 기능을 허비해왔다. 그러나 이런 데이터는 두 번째 단계인 정보화 없이 데이터 그 자체만으로는 아무 짝에도 쓸모가 없다.

독서의 운용 과정을 좀더 구체적으로 파악하기 위하여 우리의 눈에 문자가 닿는 순간부터 일어나는 독서 과정을 알아보기로 한다.

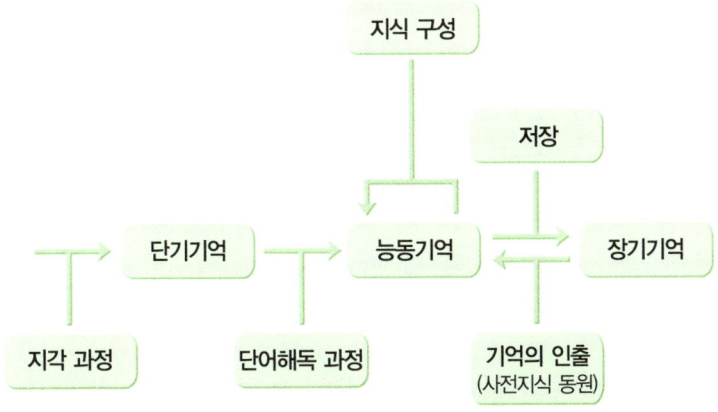

언어를 인식하는 단기기억, 능동기억, 장기기억의 관계를 다섯 개의 화살표로 표시했다. 단기기억은 눈, 귀와 같은 감각기관을 통해 외부에서 들어오는 자극을 잠시 동안 저장해주는 임시 저장고를 의미한다. 맨 왼쪽에 있는 화살표는 문자나 글이 부호로 눈에 와닿는 순간의 지각(preception) 과정을 말한다.

능동기억은 단기기억에서 받아들인 정보와 장기기억으로부터 받은 정보를 통합하여 글의 의미를 구성하게 되며, 독서과정에서 가장 핵심적인 역할을 하는 곳이다. 단기기억에서 능동기억으로 들어온 화살표는 단기기억에 순간적으로 머물렀던 정보가 신경세포의 생화학적 흥분을 통해 대뇌로 전달되는 과정으로, 부호화된 문자나 그림을 의미로 해독(decoding)하는 과정을 말한다. 이 과정에는 글자 분석하기, 자소(字素)와 소리와의 관계 파악하기, 단어를 소리 내어 읽기, 단어의 의미 파악하기 등의 단계가 포함된다. 어휘력이 풍부할수록 해독 과정이 원활하다. 만약 해독 과정이 활발하지 않다면 해독 과정에서 많은 인지를 소모해야 하기 때문에 문장이나 글의 의미를 해석하는 데 애로를 겪게 된다.

장기기억에서 능동기억으로 오는 화살표는 글을 읽기 위해 독자에게 필요한 사전지식(schema)을 활성화하는 것으로, 기억의 인출을 표시한다. 독자는 자신이 살아오면서 경험하고 학습한 많은 정보들을 장기기억에 저장하고 있다가 독서 과정에서 이를 활용하게 된다.

능동기억 위에 있는 화살표는 단기기억과 장기기억에서 인출한 정보를 통합하거나 연상하여 새로운 지식을 구성하는 과정을 표시한 것이다. 독서란 글의 의미를 구성하는 과정이라는 말은 바로 이 과정을 두고 하는 말이다.

위의 설명을 다시 정리해보면 문자 판독 → 어휘 인식 → 사전지식 활용 → 어휘 이해 → 문장 이해 → 문단 이해 → 분석 · 종합적 이해 과정 → 해석과정 → 상상 · 추리 과정 → 비판 과정 → 판단 과정 → 창의적 사고 과정 → 문제해결 과정으로 이어진다. 물론 개인의 독서능력에 따라 이러한 과정 중에서 장시간을 요하는 과정이 있고 빨리 지나가는 과정도 있다. 또 어떤 과정은 생략되기도 하고 앞뒤의 순서가 바뀌기도 한다.

독서능력은 책을 읽을 때나 공부할 때 기초능력이 된다. 이런 능력이 풍부한 어린이는 국어, 영어, 수학, 과학 등 학과 공부를 쉽고 빠르게 이해하고 소화할 수 있지만, 이런 능력이 부족한 어린이는 이해하는 데 시간이 걸리고 방해를 받아 공부가 어렵고, 어려운 공부가 계속되면 공부 자체가 싫어지게 된다.

이 같은 독서능력의 형성에 대하여는 여러 가지 학설이 있지만, 일반적으로는 책읽기의 경험으로부터 형성되는 것으로 알려지고 있다.

# 독서능력은
## 준비 · 독해 · 감상의
## 3단계로 구성된다

### 혼자 공부할 수 있니, 없니?

괴테의 어머니는 특별한 독서지도법을 가지고 있었다. 어린 괴테에게 밤마다 책을 읽어주었는데, 클라이맥스까지 읽어주고는 다음 장면이 궁금하여 엄마를 바라보고 있는 괴테에게 이렇게 말하곤 했다.

"아가야, 그 다음은 네가 완성해 보려므나."

그래서 어린 시절의 괴테는 어머니가 읽어주신 이야기의 스토리를 완성해 보느라 늘 생각에 잠겨 있었다고 한다.

한번은 어린 괴테가 어머니에게 이렇게 말했다.

"어머니, 어제 해주신 이야기는 두 가지로 만들 수가 있어요. 하나는 해적이 공주를 구해주고 결혼을 하는 것이고요, 또 하나는 공주를 자기 나라로 보내주는 것이에요. 어머니는 어느 쪽이 좋으세요?"

그러자 어머니는 이렇게 대답했다.

"아가야, 네 마음이 가는 대로 정하렴. 작가란 하나님처럼 세상을 창조하는 사람이란다."

후일 괴테는 어머니의 독서지도법이 자신을 작가로 만들었다고 자주 말했다. 그리고 괴테를 연구하는 학자들은 한결같이 말한다. IQ 190 정도로 추정되는 괴테의 천재적인 지능은 어머니의 독특한 독서지도법에 힘입은 것이라고 말이다. 그 후 많은 어머니들이 아이의 사고력을 길러주기 위하여 괴테 어머니의 독서지도법을 따르기 시작했다.

독서능력의 발달 과정을 보면 지능지수(IQ)보다는 유아시절에 형성된 독서준비도에 따라 초등학교 시절에 독해력과 감상력이 발달하게 된다. 아무리 뛰어난 지능을 가지고 태어난다 해도 독서준비도가 제대로 형성되지 못하면 독해력과 감상력의 형성에 지장을 받아 높은 독서능력을 소유할 수 없게 된다. 세상의 모든 현상이 그러하듯이 독서능력도 철저한 준비 단계를 필요로 한다. 그리고 그것을 기초로 독해력·감상력이 점차 발달한다.

인간이 가지고 있는 능력의 종류는 수백 가지나 된다. 그 가운데 독서를 담당하는 능력은 40여 가지 정도 되지만, 그 중에서도 18가지 정도가 중요한 기능을 하는 것으로 알려졌다. 독서능력을 구성하는 3단계의 능력은 다음과 같다.

① 독서준비도 교육

책을 좋아하지 않는 아이, 책에 대해 부정적인 생각을 가진 아이, 책을 소중히 생각하지 않는 아이, 조용히 앉아서 책을 읽지 못하는 아이, 남이 책을 읽을 때 떠들거나 방해하는 아이……. 이런 아이들은 독서준비도가 낮은 아이들이다. 이들은 독서를 좋아하지 않고, 능동적인 독서를 하지 못한다. 이런 아이가 되는 원인을 보면 책에 대한 부정적인 말을 많이 들었을 경우, 문화적 준비도가 낮은 가정에서 양육되었을 경우, 책이나 공부방이 없거나 독서 환경이 열악한 곳에서 자랐을 경우 등 환경적 준비도가 낮은 경우가 많다.

같은 학년이라도 독서준비도가 높은 아이와 낮은 아이는 많은 차이가 있다. 따라서 유치원과 초등학교는 독서준비도 교육 프로그램을 갖추고 있어야 한다.

## ② 독해능력 기르기

독서준비도가 갖추어진 사람은 누가 시키지 않아도 자연스레 책을 들고 읽기 시작한다. 책을 읽을 때 독자는 어린이건 어른이건 간에 처음에는 책에 씌어 있는 내용을 있는 그대로 이해하는 활동에 들어가, 단어나 문장의 뜻을 충실히 이해하려 한다. 이 단계를 독해 과정이라고 한다.

독해는 훈련을 받으면 향상되는 일종의 기능이다. 일반적으로 학력이 높은 사람이 낮은 사람보다 독해력이 높은 경우가 많지만, 반드시 그렇지는 않다. 독서 훈련을 받은 초등학교 어린이가 그렇지 못한 중학생보다 높을 경우가 많다. 그런데 이 기능이 학교생활을 성공적으로 하느냐, 그렇지 못하느냐에 결정적인 요인으로 작용한다. 따라서 학교 독서교육은 어휘 익히기, 줄거리 읽기, 분석하기, 뭉뚱그리기, 비판하기와 같은 독해력 훈련 과정에 심혈을 기울여야 한다.

## ③ 감상능력 기르기

독해 과정에서 독자는 처음에는 저자가 써놓은 글을 있는 그대로 이해하려고 노력한다. 그러나 독해를 완성해나가면서 독자의 머리는 좀더 능동적으로 활동하고 싶어하게 된다. 책의 내용을 있는 그대로 받아들이기보다는 스스로 생각하면서 능동적으로 해석하고 싶어하며, 자기 나름의 의미를 창조하려고 한다. 이러한 읽기의 과정을 감상의 단계라고 한다.

이 단계에 오면 독자는 책 속에 문자화되어 있지 않는 내용을 발견하고 유추하고 상상하여 텍스트를 꾸민다. 그래서 작가가 써놓은 글에서 한 차원 나아가 자신만의 텍스트를 창조한다. 이런 과정을 감상적 독서라고 하며, 능동적 독서, 심층적 독서, 창조적 독서라고도 한다. 감상적 독서는 독해력을 기초로 하며 느끼며 읽기, 상상하며 읽기, 추리하며 읽기, 비판하기, 창의적으로 생각하기, 판단하기, 문제해결하기 등의 활동으로 구성된다.

# 04 독서능력 진단은
## 독서활동에 대한 과학적인 설명이다

### 왜 그럴까요?

우리 아이는 왜 책보다 만화를 좋아할까요?

우리 아이는 왜 책을 차례대로 읽지 않고 뒷장 먼저 볼까요?

우리 아이는 왜 오랜 시간 공부를 해도 시험 성적이 나쁜 것일까요?

우리 아이는 왜 5분만 지나면 정신이 다른 데로 쏠리는 것일까요?

우리 아이는 왜 긴 글을 읽으면 머릿속이 뒤죽박죽이 되는 것일까요?

우리 아이는 왜 알맹이 없는 독후감을 쓰는 것일까요?

필자가 운영하고 있는 디지털 독서학교 엄지북(www.umjibook.co.kr) 에 올라오는 부모님들의 질문에는 이런 한탄성 내용들이 많다. 반대로 어린이들이 올리는 질문에는 자신의 현재 상황에 대한 심리적인 내용이 많다.

왜 슬픈 책을 읽어도 눈물이 나지 않는 것일까요?

친구들이 재미있다는 책이 나에게는 왜 재미가 없는 것일까요?

왜 글씨가 많은 책은 무조건 읽기가 싫은 것일까요?

왜 엄마가 읽으라는 책은 읽기가 싫은 것일까요? 나는 나쁜 아이일까요?

내 친구는 책을 좋아하는데, 나는 왜 책이 싫은 것일까요? 나는 머리가 나쁜 것일까요?

이런 질문들에 대한 답은 어린이의 독서능력을 알게 되면 해석이 가능해진다. '독서능력 진단' 결과가 독자의 독서활동이 왜 그렇게 진행되는 것인지를 과학적으로 설명해주기 때문이다.

만화만 선호하는 아이들은 대체로 어휘력이 낮아서 그림의 도움을 받는 만화 쪽으로 간 것이라 볼 수 있다. 그러나 그것이 습관이 되어 만화로서는 어휘력을 기를 기회도 줄어들고, 부수적으로 상상력까지 부족해져 만화 동네에서 책 동네로 건너오기가 어려워지는 경우가 많다.

뒷장 먼저 들춰보는 아이들은 대체로 독서란 '줄거리 읽기'라는 안일한 생각과 습관이 굳어진 아이들이다. 이런 아이들은 읽으면서 상상하고, 추리하고, 주인공과 자신을 동일시하여 울고 웃는 경험이 일천하다. 그래서 이들은 스토리 찾기에 급급하다. 이런 아이들은 자기 스스로 들인 습관이라기보다는 부모나 교사가 줄거리 읽기 혹은 빨리 읽기 중심으로 독서지도를 한 경우가 많다.

오랜 시간 공부해도 성적이 오르지 않는 것은 독해능력 부족 현상이다. 독해능력 중에서도 어휘력, 이해력, 요약력, 분석력이 부족한 경우가 많다. 어휘력이 부족하면 내용에 대한 이해가 불충분하기 때문에 읽은 내용을 요약하기가 어려워진다. 따라서 하루 종일 공부해도 머릿속에 저장되는 내용이 적다. 또 저장되었다 해도 분석력이 부족한 상태에서 저장한 내용은 뒤죽박죽으로 저장되어 시험시간이나 발표시간에 다시 꺼내려 할 때에 필요한 내용을 꺼낼 수 없게 된다. 독해력이 낮은 이런 학생들은 문제의 의도를 정확하게 파악하지 못해서 엉뚱한 답을 쓰는 경우가 많다.

슬픈 장면을 읽는데도 눈물이 나오지 않는 것은 상상력의 부족일 경우가 많다. 상상력이란 주인공과 독자를 감정적으로 연결짓는 고리 역할을 해준다. 상상을 통하여 주인공의 삶을 나의 삶으로 동일시하게 되면 주인공이 고통을 받을 때 슬퍼지고 주인공에게 좋은 일이 생길 때 기뻐하게 된다. 그러나 상상력이 부족한 아이들은 감정 이입이 어려워 주인공과 따로 놀게 된다.

상상력이나 창의력은 높은데 독해력이 낮아 학교에서 열등아 취급을 받는 아이들도 있다. 이런 어린이에 대한 방치는 개인의 손실은 물론, 국가의 인재 정책에도 큰 손실을 낳게 된다.

우리나라는 2001년 한국독서교육개발원의 '독서능력 진단지'가 연구개발되기까지는 독서능력 진단의 황무지였다.

그동안 외국의 검사지를 번역하여 그대로 사용하는 경우가 많았는데, 이는 매우 위험한 발상이었다. 언어의 구조나 사회적 전통이 다르기 때문에 외국의 번역본으로는 자국 어린이의 독서능력을 측정하는 데에 오히려 방해를 받게 된다. 또 독해력 한 가지로 독서능력을 판단하는 예도 있는데, 이 방법도 매우 위험했다. 예를 들면 상상력·창의력은 낮지만 독해력이 높다는 이유로 우등생으로 취급되는 반면 상상력 등의 감상능력이 뛰어나면서도 독해력이 낮다는 이유로 열등아로 해석되기 때문이다. 독서능력을 체계적이고 과학적으로 진단하려면 독서준비도, 독해력, 감상력의 발달을 종합적으로 살펴보고 진단해야 한다.

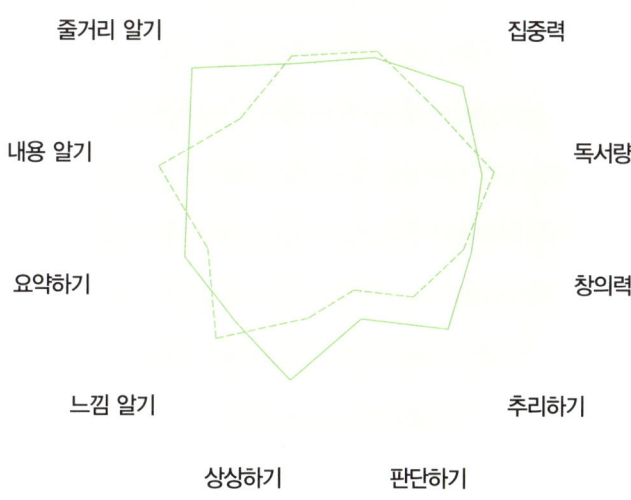

어휘 알기　　읽는 속도

줄거리 알기　　　　　　　집중력

내용 알기　　　　　　　　　　독서량

요약하기　　　　　　　　　　창의력

느낌 알기　　　　　　　　추리하기

상상하기　　판단하기

위의 표는 한국독서교육개발원(KREDI)에서 진단한 ○○ 초등학교 1학년 어린이의 독서능력 진단 결과표이다. 점선은 전국 1학년 어린이의 평균치이고, 실선은 해당 어린이의 독서능력 분포이다. 이와 같은 독서능력의 종합적 진단은 어린이의 독서생활에 대한 부모와 교사의 계획 수립에 도움이 될 것이다.

가장 바람직한 독서능력 진단지는 먼저 자국 교과서의 기본 어휘와 문장 분석, 자국 어린이들이 많이 보는 도서의 어휘와 문장의 분석 작업, 국민 어휘 빈도 조사 같은 작업이 선행되어야 한다. 두 번째로는 문장의 스타일, 이야기의 짜임이나 구조 등에 대한 연구가 필요하다. 세 번째로는 진단지에 들어갈 글감의 선택이다. 사고력을 요구하는 문항은 익숙한 것을 선정하여 독해에 에너지를 소모하지 않는 쪽으로 유도해야 사고하는 데 방해를 받지 않는다. 그러나 독해력을 검사하는 항목은 한번도 본

적이 없는 새로운 글을 만들어야 사전지식을 차단할 수 있게 된다.

모든 평가의 원리가 그러하듯이 독서능력 진단도 독서를 잘하고 있는지를 알아보기 위한 것이 아니라 현재의 상태를 정확하게 진단하여 발전할 수 있도록 지도하는 데에 있다. 따라서 그에 맞는 모든 문항이 개발되어야 한다.

# 05

## 같은 책을
읽어도 사람에 따라 읽는 내용은
서로 다르다

---

### 🎤 ○○ 씨 활약 종횡무진

점심시간, 식당 입구에 있는 신문 가판대에서 '○○씨 활약 종횡무진'이라는 신문 헤드라인을 세 사람의 동료가 흘깃 쳐다본다.

    A: 야구선수 ○○씨가 홈런을 많이 치나?

    B: '봉선화 연정'을 부른 ○○씨가 밤무대를 많이 뛰는가 봐요.

    C: 대통령 아들 ○○씨가 정계를 주무르나?

물론 신문은 대통령 아들의 이야기였다. 세 사람은 왜 서로 다른 ○○씨를 생각한 것일까?

A는 스포츠에 관한 사전지식, 즉 스포츠 관련 스키마(schema)가 많은 사람이다. 그는 ○○ 씨라는 야구선수가 있다는 사실에서부터 그의 최근 타율에 이르기까지 갖가지 정보를 가지고 있다. 그런 사전 정보가 그에게 '○○ 씨는 야구선수'라고 해석해준 것이다. B는 유행가에 대한 정보가 많은 사람이다. 특히 ○○ 씨의 노래를 좋아하고, 자주 불렀을 것이다. 그의 이러한 스키마가 '○○ 씨는 가수'라고 해석하게 한 것이다.

C는 정치적인 스키마가 풍부한 사람이다. 그래서 대통령의 아들 이름이 ○○ 씨라는 것에서부터 그가 정치적인 영향력이 강한 사람이라는 사실까지 알고 있었을 것이다. 그래서 신문 헤드라인을 보는 순간 ○○ 씨를 '대통령의 아들'로 해석한 것이다.

이것은 스키마의 내용에 따른 텍스트 해석의 차이점을 말해주는 실화이다. 이렇게 똑같은 글을 놓고도 사람들은 똑같은 내용으로 읽지 않는다. 각자의 사전지식인 스키마의 활동에 따라 서로 다른 내용을 읽게 된다.

이렇게 독서의 과정을 살펴보면 저자가 써놓은 내용을 그저 수동적으로 받아들이는 행위가 아니라 독자가 오히려 능동적으로 취사 선택하는 과정이라는 것을 알게 된다. 글에 나타난 정보가 독자의 스키마와 일치할 때 이해가 이루어지고, 글을 이해하는 데에 적합한 스키마가 부족하거나 관련 스키마에 접근하는 데 실패하면 독해는 방해를 받게 된다.

스키마의 결핍은 독해 과정에 수많은 장애물을 만든다. 스키마와 관련된 것 중에서 독해를 방해하는 것이 3가지 있는데, 첫째는 스키마의 소유가 빈약한 경우, 둘째는 스키마의 활용이 활발하지 못한 경우, 셋째는 스키마의 유지가 이루어지지 않는 경우이다.

첫째, 스키마의 소유가 빈약한 경우를 살펴보자. 주어진 교과서나 책 혹은 강의를 이해하기 위해서는 그 내용에 대한 사전지식을 갖고 있어야 하는데 스키마의 소유가 빈약한 학생들은 그렇지 못해 학습에 방해를 받게 된다. 예를 들면 "러시아가 왜 최초의 공산주의 국가가 되었나?" 하는 질문을 받았을 때, 제정 러시아의 차르 정권 시대의 사회상을 그린 영화나 소설을 본 학생은 귀족, 평민, 농노들의 삶의 차이를 알기 때문에 공산 혁명의 가능성을 알게 된다. 그러나 그런 소설이나 영화를 보지 못하여 사전지식이 없는 학생은 "레닌이 러시아 사람이었으니까"라는 답변 정도밖에 하지 못하게 된다.

둘째, 스키마의 활용이 활발하지 못한 것을 살펴보면 이는 스키마의 선택과 관련이 있다. 충분한 사전지식을 가지고 있는 학생도 자신이 읽는 내용과 스키마를 관련짓지 못해서 바른 해석을 하지 못하는 경우가 자주 발생한다. 예를 들면 데이터성 지식을 암기한 후, 그것이 어떤 것과 관련된 것인지를 찾아내지 못해서 무용지물이 되고 마는 경우가 많다. 흔히 시험을 보고 나서 "아하, 그것이 그것이었구나!" 하고 탄식하는 학생들이 있는데, 바로 그런 경우가 이에 해당한다. 이것은 스키마의 선택능력이 부족한 것이 원인으로 이는 분석적 사고가 부족하여 스키마가 뒤죽박죽 아무렇게나 저장된 것이라고 할 수 있다. 마치 뒤죽박죽이 된 서랍 속에서 필요한 물건을 빨리 꺼내지 못하는 경우와 같다.

셋째, 스키마의 유지에 관한 사항을 검토해보자. 학생들은 책을 읽는 동안 스키마를 적용할 시기를 인식해야 한다. 독서능력 중 특히 창의력과 문제해결능력이 부족한 경우에는 스키마를 변화시키거나 적용하는 능력이 부족하여 이미 저장된 스키마가 무용지물이 되거나 엉뚱한 해석을 유도하게 된다.스키마를 소유하고, 선택하고, 지속시키는 것은 학생들의 독서능력이 골고루 발달한 경우이다.

# 06 독서능력이 높으면
## 학년이 올라갈수록 공부를 잘한다

### 섬광처럼 떠오르는 생각들의 정체는?

책을 좋아하셨던 어머니의 영향으로 어린 시절부터 책 속에 파묻혀 살았다. 어딜 가도 책이 제일 먼저 눈에 들어왔다. 책을 읽을 때는 푹 빠져서 읽었는데, 깔깔거리며 웃기도 하고 때로는 주인공과 하나가 되어 슬픔에 펑펑 울기도 했다. 좋은 책 한 권을 다 읽고 난 후의 뿌듯함, 그것은 그 무엇과도 비할 수 없이 큰 기쁨이었다.

초등학교 시절에는 학교 성적이 중간 정도였다. 그런데 중학교, 고등학교에 가면서 전교 1등을 맡아 놓고 하게 되었다. 그때 나는 학교에서 보는 시험보다 전국적으로 보는 시험을 더 잘 보았다. 범위도 없고, 예상 문제도 없는 시험을 볼 때는 희열을 느끼기까지 했다. 공부 시간에 선생님의 질문에 아무도 대답을 못할 때, 문득 섬광처럼 떠오르는 생각을 말하면 선생님이 칭찬을 해주셨다. 그때 내 대답은 어느 책에선가 읽은 내용 같았다.


어느 해인가 서울대학교에 수석으로 합격한 학생의 인터뷰 내용이다. 어린 시절의 독서 경험이 공부를 잘하게 했고, 그 경험들이 요술지팡이처럼 섬광 같은 생각들을 제공해주었다는 고백이다. 이 학생의 경험을 학문적으로 설명하면 '독서로 습득한 간접 경험은 스키마가 되어 다음 경험을 이해하는 데 도움을 주게 된다'로 정리된다.

독서능력은 일생 동안 조금씩 길러지는 능력이 아니다. 언어 조작기인 4~5세부터 언어지능이 확립되는 12세쯤에 완성되는 능력이다. 다시 말하면 유치원과 초등학교 시절에 길러야 할 능력이다. 이때 확립된 독서능력을 가지고 중학교, 고등학교, 대학교 공부를 하게 된다. 따라서 이 시기에 독서능력이 낮은 어린이는 상급 학교로 올라갈수록 학습하기가 힘들어지기 때문에 학습에 흥미를 잃게 되고, 심지어 낙오자가 된다. 반대로 이 시기에 독서능력을 충분히 기른 어린이는 상급 학교로 갈수록 학습하기가 수월해져 공부가 즐거워진다.

이 이론에 대한 증거로 위인들의 삶을 들 수 있다. 어려서부터 독서광이었던 에이브러햄 링컨, 어머니로부터 특별한 독서교육을 받았던 빌헬름 괴테, 책을 실컷 읽고 싶어서 책방 점원이 되었던 카네기, 열 살 때 『로마제국 흥망사』, 『영국사』, 셰익스피어의 명작들을 독파한 발명왕 에디슨, 책 살 돈이 없어서 책 한 권을 읽으면 그것을 팔아 다시 다른 책을 샀다는 벤자민 프랭클린 등이 그들이다. 또 다락방에 숨어 책을 보다가 돌보던 가축이 다 도망가버렸다는 소년 뉴턴, "지금의 나를 만든 것은 동네에 있던 작은 도서관"이라고 말한 빌 게이츠……. 이들 모두 어린 시절에 책읽기에 빠졌던 위인들이다.


우리나라의 경우도 다르지 않다. 세종대왕의 독서열은 이미 잘 알려진 바이고, 이순신의 독서열도 유명하다. 엄청난 양의 책을 읽은 것으로 알려진 컴퓨터 바이러스 백신의 발명자 안철수, 읽을 책이 없으면 책방에 가서 서서 읽곤 하다가 주인이 자꾸 쳐다보면 나와서 다른 서점까지 달려가 그 다음 장면을 읽었다는 고건 국무총리의 일화도 있다.

지금도 어떤 아이들은 책을 좋아하고, 어떤 아이들은 책을 싫어한다. 어떤 아이들은 마지못해 읽는가 하면 어떤 아이들은 밥 먹는 것도 잊어버리고 책을 읽는다. 그러나 한 가지 중요한 것은 책을 잘 읽는 아이들은 상급 학년으로 올라갈수록 공부를 잘하게 될 뿐 아니라, 인생의 상급 학년으로 올라갈수록 큰 성공을 거두게 된다는 사실이다.

# 01
책읽기가 즐거우면
공부가 즐겁다

Part 03

# 독서능력은
# 학습 스타일을 좌우한다

# 01 배우는 데도
## 스타일이 있다

### 🗨 선생님과 궁합이 안 맞는 아이

회정이는 5학년이 되면서 성적이 끝없이 추락했다. 담임인 최 선생님의 가르치는 방식과 궁합이 맞지 않았기 때문이다. 담임선생님은 규정을 어기는 것을 용납하지 못하는 완벽주의자다. 예를 들면 급식시간에 우유를 다 먹지 않은 아이들은 따로 남으라고 하여 우유를 강제로 먹이면서 장황한 주의를 늘어놓으신다. 이런 선생님과 회정이는 맞는 구석이라고는 하나도 없다. 회정이는 선생님의 말씀을 자주 어기고 숙제를 안 해 오는 일이 잦다. 그러나 자신이 하고 싶은 공부는 누가 시키지 않아도 잘한다. 창의력이 뛰어나서 글도 잘 쓰고 상도 탄다. 그러나 선생님은 회정이의 자유분방한 태도를 참을 수 없었다. 선생님은 회정이를 '사고뭉치'라고 표현했고, 회정이는 글짓기 시간에 선생님을 '마녀'로 표현했다.

그런데 이런 회정이를 4학년 때 담임선생님은 입이 닳도록 칭찬했었다. 유머 감각이 풍부하고, 아이디어가 참신하며, 창의성이 있는 아이라고 했다. 물론 그 선생님 밑에서 회정이는 공부도 잘했었다.

교사가 가르치는 방식과 아이가 배우는 방식이 충돌하면 이런 일이 일어난다. 매우 불행한 일이다. 각자의 방식이 아무리 훌륭해도 둘은 서로를 비난하게 될 것이다.

미시간 공대의 조벽 교수는 학생의 학습 스타일을 다음과 같이 10가지로 분류한다. 감각적인 학생과 직관적인 학생, 시각적인 학생과 언어적인 학생, 적극적인 학생과 반사적인 학생, 귀납적인 학생과 연역적인 학생, 순차적인 학생과 총체적인 학생의 10가지 스타일이다.

학습 스타일을 이해하는 방법으로 흔히 인간의 사고 유형과 학습 스타일의 연관성이 대두되어왔다. 필자는 그동안 독서능력 연구를 통하여 독서능력에 따라 학습 스타일이 다르다는 것을 발견하게 되었다. 그것을 정리해보면 다음과 같은 6가지로 분류할 수 있다.

**감각형**: 어휘력과 상상력이 낮아서 문자언어보다 그림, 만화, 도표 등으로 표현된 학습자료를 선호한다. 성격이 급하고 생각하기를 싫어해서 모든 질문에 즉흥적으로 답변한다. 비디오, 영화, 시청각 자료를 사용하여 공부를 가르치는 교사를 좋아한다. 언어로 설명하는 교사의 수업은 매우 지루해한다.

**사고형**: 상상력, 추리력, 비판력, 판단력이 뛰어나다. 문자언어를 그림언어로 바꾸어 이해하는 능력이 뛰어나서 그림이 많은 책은 오히려 시시해하고 글씨가 많은 책을 좋아한다. 사색적이고 침착하며, 집중력도 높다. 철학적인 질문을 던지는 교사를 좋아하고 격언, 잠언, 속담 등 의미 있는 문구 속에서 의미를 깨우칠 때 지적 쾌감을 느낀다.

**분석형**: 분석적 사고가 뛰어나다. 책을 읽거나 공부를 할 때 분석적 방식을 사용한다. 논리적으로 이해할 수 있는 수학이나 물리 같은 과목을 좋아한다. 자료를 관찰하고 나서 규칙과 원리를 찾아내는 데 능숙하다. 문학책의 스토리를 잘 믿지 않는 경향이 있으며, 다큐멘터리를 좋아한

다. 학습 스타일은 귀납적 방식을 선호하고 실험이나 관찰을 통한 학습을 좋아한다.

**종합형**: 어휘력과 요약력이 뛰어나다. 책을 읽거나 공부를 하면서 중요한 것을 찾아내거나 한마디로 표현할 때 탁월한 능력을 발휘한다. 직관이나 감성을 발휘하는 문학, 예술, 국어, 역사와 같은 인문 과목을 좋아한다. 판타지를 좋아하고, 그림이나 글에 제목 붙이는 것에 능숙하다. 큰 덩어리로 제시되는 학습을 통해 더 잘 배운다. 학습 스타일은 연역적 방식을 선호한다.

**모방형**: 상상력과 비판적 사고가 낮다. 원리원칙을 좋아하고, 책을 읽을 때나 공부를 할 때 비판해보거나 자신의 생각을 보태지 않고 책의 내용대로 따른다. 주인공의 행동이나 언어를 비판 없이 받아들이기 때문에 잘못된 판단을 내리기 쉽다. 그러므로 독서자료 선정에 각별히 유의해야 할 타입이다. 자세하고 친절하게 반복적으로 지도해주는 교사를 좋아한다.

**문제해결형**: 비판력, 창의력, 추리력이 뛰어난 적극적인 활동가이다. 배운 것을 자기 삶에 적용하는 데 능숙하다. 모든 자료를 일단 의심해보고, 주인공의 잘못된 점을 찾아내 자기 주위에서 그런 인간형을 찾아보는 것을 즐긴다. 그룹으로 공부하는 것을 좋아하고 친구들 중에서 리더 역할을 하며 장차 지도자를 꿈꾼다. 일일이 자세하게 가르쳐주는 교사보다 문제만 던져주고 스스로 공부하기를 독려하는 교사를 좋아한다.

이상에서 볼 때 각기 다른 학습 스타일은 학생의 사고 구조의 차이에서 오며, 그러한 차이를 만드는 요인은 독서능력이라는 것을 알 수 있다. 학생을 가르치는 교사의 스타일도 천차만별인 것처럼 학생들이 배우는 스타일도 여러 가지이다. 중요한 것은 아이들이 공부를 잘하게 되려면 배우는 스타일과 가르치는 스타일이 궁합이 맞아야 한다는 사실이다. 훌륭한 교수 전략을 가지고 있어도 학생의 배우는 스타일과 맞지 않을 때는 효과가 적다.

일반적으로 '생각하는 스타일이 배우는 스타일을 구성한다'는 것은 오래 전부터 많은 학자들이 내놓은 연구 결과이다. 생각하는 스타일을 만드는 것은 개인의 독서능력이며, 개인의 독서능력은 학습 스타일을 결정한다.

# 생각하는 데도
## 스타일이 있다

### 누가 진짜 똑똑이인가?

똑똑이와 칠칠이가 산을 넘어가고 있었다. 똑똑이는 학교에서 공부 잘하기로 소문난 아이였고, 칠칠이는 사고뭉치다. 얼마쯤 가다가 두 아이는 호랑이를 만났다. 똑똑이가 계산해보니 호랑이와의 거리는 250미터쯤 되는데, 달려오는 속도는 시속 50미터 정도였다. 똑똑이는 얼른 계산을 해보고는, "야, 우린 17.88초 후면 죽는다!"라고 칠칠이에게 소리쳤다. 그런데 칠칠이는 그 말에도 아랑곳없이 운동화 끈만 조이고 있는 것이 아닌가.

"이 멍청아, 네가 뛰어봤자 호랑이보다 빨리 뛸 수 있을 것 같니?"

그러자 칠칠이가 대답했다.

"아니, 나는 너보다 빨리 뛰려고 그래."

위의 이야기는 세계적인 심리학자 스타인버그(Steinberg)의 『성공적 두뇌(Successful Intelligence)』에 나오는 삽화이다. 똑똑이와 칠칠이는 사고의 구조가 매우 다른 아이들이다. 우리는 두 아이 중에 누구를 더 똑똑하다고 말할 수 있을까?

스타인버그 박사는 인간의 두뇌 능력에는 적어도 3가지 영역이 있는데, 분석·논리능력, 적용능력, 창의능력으로 구분할 수 있다고 말한다. 그러나 전 세계적으로 학교 교육 과정은 분석 · 논리능력에 치우쳐 있다. 그래서 나머지 두 영역이 뛰어난 인재들은 공부 못하는 아이로 취급받아 좌절하기 일쑤라고 한다. 즉 학교 교육 과정은 똑똑이 같은 아이들에게 판정승을 선언하지만, 사회는 칠칠이 같은 아이들의 손을 들어주는 경우가 많다.

한편, 네드 허만(Ned Hermann) 교수는 1988년에 좌측 뇌와 우측 뇌로만 나누던 인간의 두뇌를 한 번 더 나누어 아래 그림처럼 4등분할 수 있다고 주장했다. A쪽 두뇌가 발달한 사람은 수학, 물리 이론 등 분석을 요구하는 일을 잘하고, B쪽 두뇌가 발달한 사람은 계획성이 있고 꼼꼼하며 정리 · 정돈을 잘한다고 한다. 그리고 C쪽 두뇌가 발달한 사람은 말솜씨와 언어감각이 뛰어나고, 대인 관계가 원만하며, D쪽 두뇌가 발달한 사람은 호기심이 강하고 모험심이 풍부해 남과는 다른 행동을 많이 한다고 한다.

| 합리적<br>A | | | 실험적<br>D |
|---|---|---|---|
| | 논리적<br>분석적<br>비판적<br>현실적 | 상상적<br>추정적<br>돌발적<br>호기심 | |
| | 계획적<br>정리 정돈<br>실천적<br>시간 엄수 | 감정적<br>표현적<br>폭력적<br>다정다감 | |
| 계획적<br>B | | | 감성적<br>C |

# 03 공부가
## 즐거운 아이, 공부가 지겨운 아이

### 공부가 가장 쉬웠어요

몇 년 전에 자장면 배달과 막노동으로 생계를 꾸려가며 혼자 공부한 20대 청년이 서울대 법대에 우수한 성적으로 합격해서 TV와 신문에 소개된 적이 있었다. 그 청년은 기자와의 인터뷰에서 "공부가 가장 쉬웠어요"라는 말을 해서 많은 학부모들의 마음에 부러움과 동정심을 불러일으켰었다. 그리고 몇 년 후인 2003년에는 다시 사법고시에 합격하였다는 소식으로 신문을 장식했다. 그 청년의 기사를 보면서 자녀를 둔 부모들은 '공부가 가장 쉽다니 얼마나 좋을까?', '어떻게 하면 공부가 쉬워질 수 있을까?' 등의 생각들을 했을 것이다.

학습문제 전문가인 톨센(Tolsen)의 연구에 의하면 학습부진 학생들은 인지적 측면과 정서적 측면에서 우수한 학생들과는 매우 다른 구조를 가지고 있다고 한다. 그들은 여러 학습 상황에서 우수한 학생들보다 수동적인 접근 태도를 사용하고, 특정한 과제를 해결할 때는 우수한 학생들이 사용하는 필수적이고도 적절한 전략들을 사용하지 못할 뿐 아니라, 계획 및 자기 점검과 같은 전략에 매우 미숙한 면을 보인다고 한다. 다음은 공부를 고통스럽게 하고 있는 학습부진 학생들의 정서적·인지적 특징을 요약한 것이다.

## 학습부진 학생의 정서적 특징

① **성취동기가 약하다** | 학습부진 학생들은 대체로 왜 공부해야 하는지 모르고 있다. "어른들이 하라고 하니까", "원래 아이들은 공부해야 하는 거니까" 등등으로 답변한다. 반면 학습 우수 학생들은 왜 공부하는지에 대하여 확실히 알고 있다. 공부를 해야 하는 이유로 "개인의 발전에 도움이 된다", "다음 공부에 도움이 된다", "사회생활을 하는 데 기초지식이 된다" 등등의 답변을 한다.

② **장차 무엇이 되겠다는 뚜렷한 목적이 없다** | 학습부진 학생들은 뚜렷한 목표 없이 살아가는 것으로 나타났다. 간혹 목표를 가지기도 하지만 자신감 결여로 타인 앞에서 발표하지 못하는 경향이 있다. 반면 성적 우수 학생들은 확실한 목표를 서너 가지나 제시하곤 한다.

③ **과제 집착력이 약하다** | 학습부진 학생들은 해내겠다는 강한 의지가 없다. 특히 어려운 과제에 부딪쳤을 때는 노력해보지도 않고 포기하는 경향이 있다. 반면 성적 우수 학생들은 꼭 하고야 말겠다는 강한 의지를 가지고 있는데, 이는 성격에 기인한 것이라기보다는 자아성취감에서 나오는 자신감의 일종으로 보인다.

이상으로 미루어볼 때 학생들이 한번 실패하게 되면 자신감의 결여로 계속 실패의 고리를 잡게 될 확률이 높고, 일단 성공하면 계속하여 성공의 고리를 잡을 확률이 높다는 것을 알게 된다.

① 어휘력이 부족하다 | 학습부진 학생들의 가장 큰 특징은 어휘력의 빈곤이다. 책에 나오는 단어의 뜻을 모르기 때문에 책만 보면 겁이 나고, 책이 싫으니 공부가 싫어진다. 이들은 질문을 하면 대충 대답하고, 친구들과 이야기를 할 때도 핵심이 없는 이야기를 장황하게 하며, 학년이 올라갈수록 성적이 떨어지는 경향이 있다.

② 정보 수집 능력이 낮다 | 학습부진이란 같은 시간에 같은 책을 읽어도 얻어내는 정보가 적은 상태를 말한다. 직접적인 원인은 어휘력과 문장이해력의 부족인데, 이는 무엇이 중요한지 중요하지 않은지에 대해 판단하는 요점 읽기 능력이 부족한 경우이다. 이런 아이들의 교과서나 참고서를 보면 중요한 부분을 놓치고 중요하지 않은 부분에 밑줄을 쳐놓은 경우가 자주 발견된다.

③ 수집한 정보를 분석, 조직, 요약하는 능력이 낮다 | 학습부진 학생들은 수집한 데이터성의 정보를 그대로 암기하는 경향이 있다. 그런 데이터성 정보는 유용하고 가치 있는 정보가 아니기 때문에 암기를 해도 사용할 가능성이 희박하다. 그 정보를 자신의 능력으로 분석하고 재조직하고 요약할 때 유용하고 가치 있는 정보가 된다. 학습부진 학생들은 이러한 능력이 매우 낮다.

④ 문맥 속에 감추어진 의미를 읽어내는 사고능력이 낮다 | 학습부진 학생은 문자의 사전적 의미만을 읽어내지만, 성적 우수 학생들은 사전적인 의미를 넘어 함축적인 의미와 상징적인 의미를 읽어낸다. 이러한 차이는

상상하고, 추리하고, 비판하고, 판단할 수 있는 능력을 얼마나 가지고 있느냐에 따라 달라진다.

⑤ 하나의 정보로 다른 정보를 창출하는 창의력이 낮다 | 하나를 가르쳐주면 열을 아는 학생을 우수 학생이라고 한다. 학습부진 학생들은 창의력, 문제해결력 등이 부족하여 하나를 가르쳐주면 하나만 알 뿐 그 이상의 발전을 하지 못한다. 그래서 열심히 공부해도 성적이 오르지 않는다. 이런 학생들은 학습전략의 하나로 시나 문학작품 읽기를 통하여 상상력, 추리력, 창의적 사고 등을 기를 필요가 있다.

⑥ 암기 위주로 공부한다 | 학습부진 학생은 무턱대고 암기하는 특징이 있다. 그러나 교사가 질문했을 때나 시험 시간에 암기한 지식을 상기하려고 하면 저장된 지식이 떠오르지 않아 쩔쩔 매게 된다. 그 원인은 그들의 암기 내용이 장기기억 속에 저장되지 않았기 때문이다. 반대로 성적 우수 학생들은 원리 이해식으로 공부하기 때문에 장기기억 속에 저장되어 필요할 때 언제나 쉽게 불러 올 수 있다.

⑦ 적절한 학습전략을 사용하지 못한다 | 학습부진 학생들은 문제해결을 위하여 적극적인 학습전략을 사용하지 못한다. 간혹 사용한다 해도 적절하지 않아 오류를 범하게 되고, 실패했다는 것을 인지하는 동시에 또 다른 실패가 두려워 전략 사용을 중단하고 만다. 반면에 성적 우수 학생들은 적극적인 학습전략을 사용하다가 실패했을 경우에는 다른 전략을 사용하여 실패의 고리를 끊는다.

이상의 인지적 특징을 살펴볼 때, 학습부진 학생들이 얼마나 괴롭게 공부하고 있는지를 알 수 있다. 결국 즐겁게 공부하는 학생들의 인지적 특징은 독서능력이 풍부해서 책읽기에 능숙하다는 점이고, 정서적 특징은 자신감이 풍부하여 적극성을 띠고 공부한다는 점이다.

# 04 퀴즈풀이식 공부,
## 문제해결식 공부

## 죽 끓이는 방법

한 어머니가 중학교 3학년인 딸이 시험 공부하는 것을 보게 되었다. 딸은 눈을 감고 '죽 끓이는 법'을 "쌀 몇 그램을 물에 불려 몇 리터의 물을 넣고 끓이면……" 하고 중 얼중얼 외우고 있었다. 그런데 잘 안 외워지지 않는지 얼굴을 찡그리며 머리를 쥐어 뜯더라는 것이다. 이것을 보고 있던 어머니가 하도 답답해서 딸에게 말했다.

"애, 차라리 나하고 죽을 끓여보자."

그날, 모녀는 부엌에서 함께 죽을 끓였다. 그런데 불이 너무 강해서 죽이 눌었다. 그래 서 남은 쌀을 가지고 다시 한 번 죽을 끓였는데 이번에는 불 조절을 잘해서 죽이 잘 되 었다. 며칠 후에 학교에서 돌아온 딸이 말했다.

"엄마, 오늘 가정 선생님한테 칭찬받았어요. 이번 시험에서 어떻게 하면 죽이 눌고, 어떻게 하면 죽이 안 눌는 것까지 쓴 애는 나 혼자뿐이래요."

이 이야기는 필자가 전해들은 내용인데, 밑줄을 그으면서 외우는 식으 로 하는 공부와 직접 해보면서 실패와 성공을 통하여 배우는 공부의 차 이점을 극명하게 보여주는 좋은 예이다. 지금 우리 아이들은 어떤 공부 를 하고 있는가?

공부하는 방식에도 여러 가지가 있다. 그 중에서 가장 대표적인 것 두 가지가 위의 예문을 통하여 본 암기식 공부와 실제로 해보면서 배우는 방식이다. 죽 끓이는 방법을 외우는 공부가 '퀴즈풀이식 공부'라면, 어머니와 죽을 끓여보는 공부는 '문제해결식 공부'라고 할 수 있다.

퀴즈풀이식 공부는 시험문제로 나올 만한 정보들을 뽑아서 외우는 방식이다. 예를 들면 '동학농민운동은 몇 년에 일어났고, 그때 동학의 교주는 누구이고' 등 선다형 시험에 써먹을 수 있는 얕은 지식을 외우는 방식이다. 여기에 비해서 문제해결식 공부는 '동학은 왜 일어났는가?', '동학은 우리 민족성에 어떤 영향을 미쳤는가?', '만약에 그때 내가 양반의 자제로 살았다면?', '내가 상민의 자녀로 살았다면?' 등등을 생각하고 탐구하고 판단하는 공부이다.

퀴즈풀이식 공부는 어디서 무엇이 나올지 모르니까 이것저것 널리 폭넓게 외우게 되는데, 이런 식으로 공부한 학생들은 입만 열면 데이터가 줄줄 쏟아져 나온다. 그래서 언뜻 보기에는 매우 박학다식해 보인다. 그러나 조금만 주의해서 보면 왜 그렇게 되었는지에 대하여 외우는 것이 아니라, 교과서에 있는 보편적인 결과만 아는 것이다. 사실, 이런 지식은 안다고 할 수 없는 지식이다. 왜냐하면 이런 지식은 단기기억 속에 저장되어 일정 시간이 지나면 기억에서 지워지기 때문이다.

그러나 문제해결식 공부는 결과를 암기하는 것이 아니라 원리이해, 상황이해 등을 통하여 공부하고, 비판력·추리력을 통하여 새로운 지식을 통찰하게 되기 때문에 장기기억 속에 저장되어 오랜 시간이 지나도 잊혀지지 않고 온전한 나의 지식이 된다.

퀴즈풀이식 공부는 선다형 문제를 푸는 데는 상당한 위력을 발휘할 수 있다. 특히 시간은 짧고 문제 수는 많아서 속전속결로 처리해야 하는 시험일 경우에는 상당한 효과가 있을 것이다. 그러나 이런 공부는 시험이 끝나면 잊혀지고 말기 때문에 지나고 나면 허망할 뿐이다. 우리나라 대학생들이 고등학교 때 공부한 내용을 대학 입시만 치르고 나면 까맣게 잊고 마는 것은 바로 퀴즈풀이식 공부로 일관해왔기 때문이다.

우리나라 학생들이 연간 20조 원씩 학원 과외교육에 들이는 돈을 생각하면 슬프기까지 하다. 대학 가면 사라지고 말 공부를 위해 쏟아 붓는 부모들의 피땀 어린 돈이 너무나 아까운 생각이 든다.

여기에 비해 문제해결식 공부는 서술식 시험에 강하다. 자신이 아는 문제에 대한 서술을 확실히 할 수 있기 때문이다. 그리고 이런 지식들은 대학 공부에 큰 도움이 된다. 이런 공부는 대학 공부를 잘할 수 있는 기초가 된다. 물론 우리가 지향해야 할 바람직한 공부는 문제해결식 공부이다.

그러나 지금 많은 부모들은 갈등을 겪고 있다. 원칙적으로는 분명히 문제해결식 공부를 해야 하는데, 현재 우리나라 대학수학능력시험에서는 객관식 문제가 반 이상 출제되기 때문에 높은 점수를 얻기 위해서는 퀴즈풀이식 공부를 포기할 수 없기 때문이다.

그렇다. 진실을 알고 진실을 이야기할 때, 가장 안타까운 것이 현실이다. 현실이 진실을 적용하기에 좋은 풍토라면 학자들은 연구가 즐겁다. 그러나 현실이 그렇지 못할 때 학문하는 사람들은 괴롭다. 이것이 바로 우리 한국의 현실이다.

그러나 이제 세상은 변했다. 21세기 교육의 패턴이 변했기 때문이다. 그 물결이 서서히 한국 사회에 밀려들어오고 있다. 이제 퀴즈풀이식 공부를 해가지고는 생각하기가 강조되는 새로운 21세기 물결에 적응하기가 힘들게 된다. 그때를 대비하여 우리 아이들로 하여금 미리미리 문제해결식 공부에 습관을 들여야 한다.

## 05 배우기와
### 생각하기

### 💬 일류대에 원서를 낼 수 있었던 원인

대학 입시에서 면접관으로 들어간 국문학과 교수가 학생에게 질문했다.

"학생은 고등학교 때 어떤 소설을 읽었나? 그 중 가장 재미있었던 책의 제목을 말해보세요."

그러자 학생이 눈을 동그랗게 뜨고 교수에게 되물었다.

"교수님, 제가 그런 책이나 읽고 있었다면 지금 일류 대학에 이렇게 원서를 제출할 수 있었겠어요?"

교수는 뒤로 물러설 수가 없다고 생각하며 다시 물었다.

"허, 그래요? 그럼 중학교 때 읽은 책을 말해보세요."

학생이 다시 말했다.

"중학교 때 그런 책이나 읽었다면 제가 일류 고등학교에 들어갈 수 있었겠어요?"


이 장면은 E여대 영문학과 면접에서 있었던 실화이다. 우리나라는 한때, 고등학교 시절에 소설 같은 책을 읽으면 일류 대학에 못 들어가고, 중학교 때 소설을 읽으면 일류 고등학교에 못 들어가던 시대가 있었다. 하루에 14시간씩 앉아서 주입식 입시교육을 받아야 하는 학생들에게 교과서 이외의 책은 아무 의미가 없었다. 그래서 소설이나 시집을 읽는 아이를 보면 부모와 교사는 "공부는 안 하고 왜 쓸데없는 책을 읽느냐?"고 야단을 쳐야 하는 웃지 못할 일이 벌어지기도 했다.

문화심리학자들은 일방적으로 배우기만 하는 학교문화 속에서 자란 아이들은 생각하고 사유하는 문화에 답답함을 느끼고, 세상일을 OX식으로 선택하며, 즉흥적으로 반응하는 문화를 즐기게 된다고 한다. 이러한 청소년들이 주도하는 문화가 현재 대한민국의 젊은 문화이다.

예전에는 대학문화와 대중문화의 구별이 뚜렷했었다. 대학문화는 대중문화를 걱정스러운 눈길로 바라보면서 점잖게 비판하기도 했었다. 사회의 리더로서 위치를 가진 대학문화는 사회의 희망이었다. 그러나 요즘은 '대중문화＝대학문화'가 되었다. 어쩌면 대학은 대중문화의 산실 그 자체인지도 모른다. 이렇게 된 원인은 무엇인가? 그것은 바로 생각할 수 없는 아이들이 만든 문화적 현상일 것이다.

공자는 『논어』 위정편에서 "배우기만 하고 생각하지 않으면 오묘한 진리를 이해할 수 없고, 생각만 하고 배우지 않으면 위태로운 사상에 빠지게 된다"고 경고하였다. 배우기와 생각하기는 학습기술에서 중요한 두 기둥이다.

우리나라 교육이 요즘처럼 배우기 일변도로 간다면, 이는 21세기식 교육에 역행하는 것이다. 과거의 학습은 고정 불변의 지식을 배우는 것으로 충분했다. 과거의 시대는 변화가 적어서 한번 습득한 지식과 정보를 오랫동안 사용할 수 있었기에 이런 학습이 유용하였다. 그러나 20세기 후반, 컴퓨터와 인터넷이 등장하면서 지식은 고정되지도 불변하지도 않고 빛의 속도로 변화하고 있다. 그래서 21세기의 현대인들은 지식의 변화는 시간을 필요로 하지 않고, 언제 어디서나 조합되고 생성된다고 믿는다. 교육은 이제 더 이상 잡혀온 물고기 같은 과거의 지식이나 단순

지식만을 학생들에게 전해줄 수 없게 되었다.

변화하는 지식에 맞춰 새로운 지식을 구성하려면 기억하고 암기하는 수렴적 사고로는 불가능하다. 분석하고, 요약하고, 비판하고, 상상하고, 추리하고, 판단하고, 창의적으로 생각하는 능력이 절대적으로 필요하다.

# 06 정독하는 아이, 속독하는 아이

## 🗨 공자의 책은 왜 깨끗하지 않았나?

공자의 제자들은 언제 어디서나 스승의 책을 금방 알아볼 수 있었다. 왜냐하면 죽간을 묶은 가죽끈이 나달나달 떨어져 그 끈을 여러 번 다시 이은 책은 공자의 책밖에 없었기 때문이다. 공자는 왜 책을 그렇게 험하게 다루었을까? 많은 사람들이 궁금하게 여겼다. 그러나 수제자들은 알고 있었다. 공자는 책을 한번 보고 두는 게 아니라 보도 또 보고 생각하며 보고…… 죽간의 가죽끈이 끊어질 때까지 보았기 때문이다.

요즘 우리 주위에는 자신의 자녀가 남보다 책을 빨리 읽게 되기를 원하는 부모들이 많은 것 같다. 남보다 빨리 읽으면 남보다 더 많은 정보를 갖게 되어 남을 앞지를 것이라는 기대 때문이다. 그러나 그것은 착각이다. 19세기 말, 프랑스의 안과의사 자벨(Emile Javal)은 눈동자의 움직임을 연구하다가 눈동자가 멈추어 있을 때만 글자가 눈에 보인다는 사실을 발견하고, 글을 잘 읽지 못하는 사람은 눈동자의 움직임에 문제가 있기 때문이라는 학설을 발표하였다. 그 뒤, 미국의 지각심리학자 카텔(James M. Cattell)이 순간 노출기 카키스타코프를 이용하여 낱자를 보는 데 소요되는 시간과 의미 있는 낱말을 보는 데 소요되는 시간이 동일하다는 것을 알아내었다. 카텔은 시야의 폭을 넓혀 한눈에 많은 어휘를 보도록 훈련하면 보다 능률적인 독서를 할 수 있다는 가설을 만들어 발표하면서 속독이 독해의 한 방법으로 사용되었다.

속독법은 안구운동을 교정해주면 글을 잘 읽게 된다는 자벨의 생각과 카텔이 검증해낸, 낱말 단위로 읽는 독서행동이론에 근거한 것이다.

그동안 속독법 훈련을 주장한 사람들이 의지해온 가설은 능숙한 독자는 글을 읽을 때 눈동자의 정지 횟수가 적고, 능숙하지 않은 독자는 정지하는 횟수가 많다는 사실이다. 그래서 능숙한 독자는 한번에 낱말을 세 개씩 읽기 때문에 빨리 읽을 수 있는데 능숙하지 못한 독자는 한번에 낱말을 하나씩, 심지어 한번에 한 음절씩 읽기 때문에 속도가 늦을 뿐 아니라 이해력과 IQ에서도 뒤떨어지게 된다고 주장해왔다.

그러나 이 가설은 곧 허상임이 판명되었다. 글읽기에 서투른 독자가 지각의 범위를 넓히고 응시점 사이의 시간을 단축시키면 글자를 빨리 읽을 수 있을지는 모르나, '문자를 통한 의미의 추구'에는 효과가 없다는 것이 독서심리학자들에 의하여 밝혀진 것이다. 능숙한 독자의 훌륭한 독서력은 속독을 많이 했기 때문이 아니라, 풍부한 독서 경험을 통해서 문자의 해독력(decoding)과 어휘력을 늘리고 정보를 분석, 종합, 판단하는 기능에 숙달되었기 때문인 것으로 판명되었다. 이미 완숙한 독서 능력을 보유하고 있는 능숙한 독자의 특징 중 하나인 눈동자의 움직임을 흉내냄으로써 오랫동안 종합적으로 쌓아온 그들의 독서력을 단시일 내에 모방하거나 획득할 수 있다는 발상 자체가 허상이라는 것이 학계의 결론이었다. 그래서 1950년대를 전후하여 서구에서 한때 유행했던 속독 훈련은 급격하게 퇴조하게 되었다.

책읽기의 방법으로 속독이 어린이들에게 유해하다는 이론은 발달심리학자들의 보고에도 나타난다. 인간의 발달 과정을 보면 해당 발달기마다 적절한 학습 방법이 요구된다. 가령 초등학교 시기는 '구체적 조작기'라 하여 실제 상황을 경험하는 데서 정보를 얻게 된다. 반면 중·고등학교 시기만 되어도 '형식적 조작기'라 하여 경험하지 않고도 상상이나 판단 등을 통해 정보를 가공할 수 있다. 우리 사회에서 이러한 인간 발달 과정을 고려하지 않아서 발생된 큰 문제 중 하나가 언어 학습 과정에서 드러난다.

유아 시기에 글자 읽히기에만 주력한 나머지 초독서증 현상(책을 읽기는 하나 내용을 이해하지 못하는 증세)이 급증하고 있다. 이로 인하여 초등학교 입학 후 학습지체 현상이 급증하고, 대충 알고 있는 정보에 대해 안다고 판단하여 수업에 집중하지 못하는 현상으로 인한 학력 저하 등이 빚어지는 것이다.

따라서 초등학교 시기는 내용을 구체적으로 상상하고 판단할 수 있는 정독 방법에 의한 독서교육이 필요하다. 중·고등학교 시기를 지나면서 다양한 정보들을 서로 연계하고 종합하는 훈련을 거친 후 많은 정보를 기본으로 하여야 속독이 의미가 있다. 또한 초·중학교 시기에 속독 방법에 익숙해져버리면 유아 시기의 초독서증 현상처럼 각 정보에 대해 의미를 정확하게 파악하지 못한 채 대충 내용만 훑고 지나치게 된다. 이는 수학능력평가에서 요구하는 판단력과 깊은 사고력, 비판력 등을 상실하게 되는 원인으로 작용한다.

# 07 지능식 공부, 재능식 공부

## 신동은 왜 서쪽으로 갔나?

1970년대에 우리나라에 신동이 나타났었다. 당시 다섯 살이던 그 아이는 세계 역사의 주요 연대는 물론 전쟁 사상자 수도 줄줄 외웠다. 뿐만 아니라 대학생들도 낑낑거리는 어려운 수학 문제를 쉽게 풀었고, 몇십 자리 수 혹은 몇백 자리 수의 제곱근이나 원주율도 척척 계산해냈다. 「신동 출현」이라는 타이틀의 TV 프로그램에 출연한 그 아이는 그 또래 아이들이 가지고 있는 천진난만함보다는 세상 걱정을 혼자서 다 하는 철학자의 얼굴을 하고 있었다. 핼쑥한 얼굴에 키도 몹시 작았다. 사회자는 감격에 찬 목소리로 말했다.

"우리나라를 세계 만방에 빛낼 일꾼이 되어주십시오! 지금 이 프로그램을 보고 있는 많은 국민들의 소망입니다!"

그리고 나서 우리는 그 아이를 볼 수 없었다. 얼마 후에 그 아이가 가족과 떨어져 숨어 산다느니, 시골에서 고등학교를 다니는데 성적이 중간 정도라느니, 지방의 어느 대학에 다니는데 이제는 평범한 젊은이가 되었다느니, 하는 소식들을 풍문으로 들었다.

이런 '신동 탈피 현상'은 우리나라에만 있는 일이 아니라 외국에서도 종종 있는 일이다. 그러면 왜 이런 '신동 탈피 현상'이 생기는 것일까? 학자들은 이런 현상을 지능식 공부에 재능식 공부가 지원을 하지 못해서 생기는 결과라고 설명한다. 다른 말로 하면, 좌뇌식 공부에 우뇌식 공부가 지원을 할 수 없어서 생긴 결과이다.

인간의 두뇌는 컴퓨터보다 100만 배나 많은 기억 용량을 가진다고 한다. 그러나 아무리 많이 암기해도 그 기억이 우뇌의 지원을 받지 못하면 잊혀지고 만다. 지능은 두뇌가 총명한 것을 말하고, 재능은 어떤 일을 잘 해내는 능력을 말한다. 지능은 언어능력, 숫자조작능력, 논리적 사고력, 추상능력 등을 맡는다. 이런 능력들에 우뇌적 사고인 상상력, 창의력, 구성력, 협응력, 문제해결능력과 같은 우뇌적 지능들이 어떤 목적에 맞추어 발휘될 때 비로소 재능이 된다. 앞의 사례는 언어능력, 숫자조작 능력, 논리적 사고력 때문에 신동으로 평가받던 아이가 우뇌의 지원을 받는 교육을 소홀히 한 탓에 재능으로 연결되지 못하고 사라진 예이다.

설사 지능을 갖추었다 할지라도 자신의 능력들을 결합하여 어떤 성취를 하기 전에는 재능이 될 수 없다. 그러기 위해서는 집중력과 끈기, 목적의식이 있어야 한다. 성공이란 한 가지 지능만으로 이루어지는 것은 아니다. 베토벤, 모차르트를 천재라고 하면서 그들이 아무런 노력 없이 천재가 된 것처럼 말하는 것을 종종 보게 된다. 그러나 그것은 오해이다. 그들이 음악에 쏟은 시간과 정열이 없었다면 그들의 천재성은 결코 빛을 발할 수 없었을 것이다.

지능이 높은 사람이 정말 신동이 되려면 좌·우뇌의 균형이 이루어져야 한다. 예를 들어 어휘력과 언어능력이 뛰어난 사람이 자신의 마음을 정확하게 상대방에게 말이나 글로 전달할 때는 언어의 좌뇌 영역과 상대방의 입장, 말하는 목적, 그 뒤의 효과 등을 판단하는 우뇌 영역이 성공적으로 서로 결합한다. 좌뇌 영역이 담당하는 언어능력만 탁월하다고 말을 잘하거나 글을 잘 쓰는 것은 아니다.

현재는 기억력이 우리 교육의 주요 수단이 되고 있다. 학생에게 각종 어문을 전부 암기시키고 시험 볼 때 좋은 점수를 얻게 하는 것이 최대 목적이다. 대부분의 학생들은 높은 점수를 얻기 위해 아직 충분히 이해되지도 않은 내용을 무비판적으로 받아들이려고 안간힘을 쓰며 강제로 대뇌에 기억시키려 한다. 그러나 그렇게 한다고 기억되는 것은 아니다.

예를 들면 영어를 공부할 때 단어를 100번씩 쓰게 한다든지, 100번씩 읽어 외우게 한다든지, 하는 반복 연습을 통하여 통째로 외우도록 하는 경우가 많다. 이런 반복 연습은 학생의 두뇌에 지식을 잠시 저장할 수는 있지만, 영원히 저장하지는 못한다. 오히려 학생의 두뇌가 원활하게 활동하는 것을 막고, 사고할 필요가 없는 뇌로 만들어버린다. 그 결과, 학생들의 두뇌는 중요한 것이 무엇인지 찾아보지도 않고 암기할 것이 들어오기만을 기다리는 수동적인 상태가 된다.

우리의 시험 문화와 영어교육 문화, 수리교육 문화가 이런 반복 연습을 강조하는 것은 우리나라 학생들의 재능 발달에 부정적인 영향을 미치고 있다. 더구나 시험이 다른 나라에 비해 두 배나 많다는 사실과 영어교육 학원이 세계에서 가장 많은 나라임을 감안할 때, 우리나라 청소년의 장래를 걱정하지 않을 수 없다.

이런 암기식 교육을 받고 성장한 사람들은 습관적으로 좌뇌만을 사용하기 때문에 생각하기와 우뇌 사용에 익숙지 못해 창조력 상실이라는 불행을 맞이하게 된다. 진정으로 우려되는 것은 우리나라 학생들이 오랫동안 고생하며 공부하여 마침내 일류 대학을 나와도, 급변하는 21세기 사회에 적응할 수 없는 인간이 되어 낙오자가 되는 일이 생기지 않을까

하는 것이다. 이렇게 된다면 개인과 부모는 물론, 사회 국가적으로 매우 불행한 일이 아닐 수 없다. 따라서 독서교육을 통한 생각하기 교육의 강화가 우뇌식 공부와 재능식 공부를 지원하는 가장 확실한 방법이다.

# 08 정답 찾기 공부,
## 정답 만들기 공부

### 🔊 아이들은 정답을 알고 있다

K선생님이 담임을 맡고 있는 S초등학교 4학년 2반 교실. 과학시간이다. 선생님은 그 전날 돌 하나씩을 주워오라는 숙제를 냈다. 아이들은 가방 속에서 각자 돌 하나씩을 꺼낸다. 삐쭉삐쭉 날이 선 돌, 둥글둥글한 돌, 표면이 거칠거칠한 돌, 손바닥에 쏙 들어가는 수수팥떡같이 생긴 동그란 돌…….

"자, 공책을 꺼내놓고 자기가 주워온 돌이 100년 전에는 어떻게 생겼을지 상상하며 그려보세요. 또 1000년 전에는 어땠을까도 생각해서 그려보세요."

아이들은 "그까짓 것 식은 죽 먹기지" 하듯이 모두들 쉽게 그린다. 그리지 않고 있는 아이는 한 명도 없다. 선생님이 너무 쉬운 문제를 냈다는 듯이 낄낄거리기까지 한다. 반들거리는 돌을 가져온 아이는 거칠거칠한 돌 모양을 그리더니, 그 옆에 삐쭉삐쭉한 돌 모양도 그린다. 하나는 100년 전이고, 하나는 1000년 전이란다.


K선생님은 자신의 수업을 '정답 만들기'라고 칭한다. 그리고 그 반 아이들은 K선생님의 정답 만들기 수업을 무척 재미있어한다. 왜 그럴까?

일반적인 학교 수업은 다음과 같이 전개된다. 우선 가장 먼저 교과서를 읽고 그 속에 들어 있는 중요한 요점에 밑줄을 치고 학생들은 그 내용을 열심히 외운다. 그리고 선생님이 문제를 내면 자신이 외운 것 중에 답이 어느 것인가를 찾아서 써넣는다. 이런 학교 수업의 형태는 정답 찾기 활동이다. 이러한 학습 활동에서 학생들은 수동적인 존재가 된다. 교과서라는 인류의 보편적 지식이 주는 내용 속에서 수동적으로 답을 찾아내야 한다. 따라서 잘못 찾게 되는 아이들은 주눅이 들 수밖에 없다.

그러나 K선생님의 수업은 이런 정답 찾기가 아니라 정답 만들기이다. K선생님은 말한다.

"학생들, 아니 모든 사람은 어떤 문제의 답이든 이미 알고 있습니다. 단지 그들이 자신들의 잠재능력 속에 있는 그 무엇을 적당한 시기에 끌어낼 수 없을 뿐입니다. 교육이란 잠재된 능력 속에서 답을 이끌어내어주는 것입니다. 학생들은 자신이 만든 답을 매우 사랑합니다. 사랑하는 것은 잊혀지지 않습니다. 그래서 온전한 자신의 지식이 됩니다."

학생들은 K선생님의 '정답 만들기 수업'이 너무나 재미있다고 야단이다. 혹시 못하는 아이가 있나 보았더니, 한 명도 빠짐 없이 모든 아이들이 답을 만들어낸다. 특히 이제까지 공부를 못한다고 구박받던 아이들일수록 더욱 활발하게 정답을 만들어낸다.

K선생님은 자신이 만든 답은 장기기억 창고로 들어가서 영원히 잊혀지지 않는다는 것을 강조한다. 잊혀지지 않는 지식이란 얼마나 확실한 지식인가?

# 09 이론으로 공부하기, 이미지로 공부하기

## 🗨 6개의 성냥개비와 4개의 삼각형

6개의 성냥개비로 4개의 정삼각형을 만들어보세요. 주의할 것은 첫째, 성냥개비를 빼거나 더 보태면 안 됩니다. 둘째, 길이가 똑같은 있는 그대로의 성냥개비 6개를 가지고 4개의 삼각형을 만들어야 합니다.

이 문제는 초등학교 때 친구들과 많이 하던 퍼즐이다. 어떤 아이들은 이 문제를 빨리 풀지만, 어떤 아이들은 아무리 궁리해도 풀지 못했다. 빨리 푼 아이들은 종이 위에 6개의 성냥개비 그림을 그려보거나, 실제로 성냥개비를 움직여보며 문제를 푼 아이들이었다. 그러나 머릿속에서만 논리적으로 풀어보려는 아이들은 하루종일 걸려도 이 문제를 풀지 못했다. 이 두 부류 중에 그림을 그리거나 실제로 성냥개비를 가지고 삼각형을 만드는 아이들을 이미지로 공부하는 아이들이라고 한다면, 논리적으로 풀어보려는 아이들은 이론으로 공부하는 아이들이라 할 수 있다. 이론으로 공부하는 것은 이미지로 공부하는 것보다 훨씬 어렵다.

아리스토텔레스는 생각하는 방식이 '이론 사고'와 '이미지 사고'로 크게 나누어진다고 말했다. 여기서 이론 사고는 좌뇌의 영역이며, 이미지

사고는 우뇌의 영역이다. 이미지 사고의 중요성을 제창한 유가와 히데키 박사는 "이론으로 인간을 설득할 수는 있다. 그러나 그 이론을 상대방이 정확히 이해한 후에라도 그는 어딘지 속은 것 같은 느낌을 받게 된다. 그러나 그 이론을 이미지로 보여주면 상대방은 비로소 그 이론을 완전히 믿게 된다"고 말해 이미지로 이해하는 것이 완전한 이해의 방법임을 강조하였다.

그러면 우리나라 학생들은 어떤 공부를 하고 있는가? 대개 초등학교 교육과 그 이후의 교육은 이론적인 문제, 이론으로 해석할 수 있는 문제들로 이루어진다. 이러한 사고 훈련은 어린이들의 두뇌를 혼란스럽게 하면서 공부를 매우 어려운 것으로 인식하게 한다. 이러한 상태를 가리켜 학자들은 두뇌를 평면적으로 만들어서 유연성을 잃게 한다고 말한다.

특히 요즘 조기교육이 성행하면서 많은 부모들이 유아에게 한글, 수학, 영어 등을 가르치면서 유아의 두뇌를 일찍부터 이론적인 틀 속에 가두는 경향이 있다. 이것은 강제로 아이들을 이론적 사고의 틀 속에 가두는 행위이다. 일찍부터 이론적 틀 속에 갇힌 아이들은 사고의 유연성, 민감성 등이 떨어져 창의적인 사고를 하지 못하게 된다. 이 문제는 유아 시절의 신동이 상급학년으로 올라가면서 다른 아이들에게 뒤처지는 경우를 만들어낸다.

# 10

## 나 홀로 공부, 팀워크 공부

### 크라이슬러의 비밀

세계 3대 자동차 회사 중의 하나인 크라이슬러는 엔지니어 신입사원을 뽑을 때 매우 특별한 방법을 사용하는 것으로 유명하다. 이 회사의 신입사원은 매년 미국 내의 28 개 공과대학에서 뽑는데, 그 중 아무리 일류 대학이라 할지라도 한 대학에서 두 명을 뽑지 않는다. 반드시 한 대학에서 한 명씩만 뽑으며, 어느 부서라도 직원 중에 같은 대학 출신은 없다.

무조건 일류대 졸업생만 뽑는 한국의 기업들과는 상당히 대조적인 현상이다. 그렇다면 크라이슬러는 왜 각 대학에서 한 명씩만 뽑는 것일까? 그 이유에 대하여 크라이슬러 측은 다음과 같이 말한다.

현대 사회에서 경쟁력의 원천은 다양성에서 온다. 다양한 관점, 사고, 능력을 구하기 위하여 같은 대학 졸업생을 두 사람씩이나 입사시킬 필요가 없다. 만약에 우리 회사가 어느 우수한 대학의 졸업생들로만 채워져 있다면, 그 개인들이 아무리 똑똑하다 해도 집단적으로 일을 할 경우에 회사는 큰 손해를 보게 된다. 그 대학 졸업생들은 장기간 같은 스타일의 교육을 받았기 때문에 문제를 보는 관점, 문제를 인식하는 방식, 문제를 해결하는 방식이 비슷할 것이다. 이것은 회사의 경쟁력을 떨어뜨리는 원인이 된다.

또 한 가지 이유는 같은 학교 졸업생이 함께 있음으로써 친하게 지내며 융화를 잘하는 것은 좋지만, 서로 허물을 덮어주게 되고 인맥을 형성하여 하나의 파워를 형성하게 된다. 이것은 회사 경영을 무기력하게 만드는 요소이다.

이런 이유들로 해서 크라이슬러는 서로 다른 대학의 졸업생들을 모았고, 팀워크 형식의 작업을 통하여 세계적인 기업으로 성장할 수 있었다.

공자가 말한 삼인행필유아사(三人行必有我師: 세 사람이 길을 가면 거기에 반드시 내 스승이 있다) 정신과 현대의 크라이슬러 경영 이념이 일맥상통한다는 것은 '진리는 변하지 않는다'는 것을 말해준다.

공부할 때 여럿이 함께 하는 것을 '협력적 학습' 혹은 '학습 공동체'라고 한다. 이런 학습형태는 1980년대에 미국의 초등학교에서 활발히 도입되었는데 지금은 대학에서도 유행한다. 왜냐하면 팀워크 학습이 매우 많은 장점을 가지고 있기 때문이다.

학습방법은 '나 홀로 공부'보다 '팀워크 공부'가 3가지 면에서 효과적이다.

첫째, '나 홀로 공부'는 암기식 공부에는 효과가 있으나, 탐구식 공부에는 효과가 적다. 21세기에는 나 홀로 암기하는 공부보다는 여럿이 탐구하는 공부를 해야 하기 때문에 팀워크 공부를 미리부터 익혀둘 필요가 있다.

그렇다고 대형 학원에서 한 강사의 강의를 듣는 방법을 팀워크 공부라고는 하지 않는다. 왜냐하면 인원은 많아도 옆자리 학생과 어떠한 공동 작업도 하지 않기 때문에 학생이 많이 모여 있긴 해도 여전히 '나 홀로 공부'이다.

둘째는 여러 명의 다양한 아이디어가 모인다는 사실이다. 다양함 속에서 가장 훌륭하고 오류가 적은 결과를 찾아낼 수 있다. 그것을 공유하는 학습방법은 누구에게나 플러스를 가져올 수 있다.

셋째는 타인에 대한 이해를 배울 수 있는 절호의 기회로서, 인간관계를 원만하게 유지하는 능력을 기를 수 있다. 타인을 이해한다는 것은 자신의 모습을 확인하는 방법도 된다.

21세기 지구촌 시대에는 팀워크가 특히 중요한 사회적 수단이 될 것이다. 개인들이 모인 팀워크, 도시와 도시의 팀워크, 국가 간의 팀워크 등이 이루어진다. 그러한 팀워크 속에서 혼자서 이질적인 행동을 하거나 규칙을 어기는 행동을 하면 다른 구성원들로부터 배척을 받게 된다. 그래서 많은 나라들이 팀워크 방식을 교육의 덕목으로 채택하고 있다.

그러면 팀워크 공부는 몇 명이 하면 좋을까? 어린이인 경우, 가장 이상적인 인원은 3~5명이다. 2명이 팀을 이루면 높은 효과를 얻을 수 있을 것 같으나 구성원 사이에 의견 차이나 성격 차이가 있을 때 조정해줄 사람이 없게 되어 분쟁이 해결되지 않고, 공부가 비효율적으로 흘러간다. 국가와 국가 간에도 두 나라 사이에 분쟁이 일어났을 때 유엔이나 제3국이 중재를 함으로써 해결의 실마리를 찾는 것과 같다.

그래서 팀워크 공부는 최소한 3명은 되어야 한다. 발이 셋 달린 삼각대가 가장 안전한 것을 생각하면 매우 논리적인 이야기이다. 팀 구성원이 10명 이상이 될 경우에는 구성원들 중에 열심히 하지 않는 팀원이 생길수 있다. 왜냐하면 2~3명쯤은 가만히 있어도 공동 작업이 이루어지는데 큰 지장이 없기 때문이다. 그래서 토론 탐구식 공부에는 3~5명을 최적 인원, 6~7명은 허용 인원으로 본다.

다음으로 중요한 것이 팀의 구성 원칙에 대한 문제인데, 사소한 문제 같지만 사실상 팀워크의 성패를 가르는 중요한 요건이다. 일반적으로 가장 많이 선택되는 방법으로 서로 친한 친구들끼리 팀 만들기, 같은 동네에 사는 아이들끼리 팀 만들기, 성적이 비슷한 아이들끼리 팀 만들기 등이 있다. 말하자면 친밀도 팀워크 방식인데, 이는 좋은 결과를 가져오지 못한다. 이보다는 이질적인 아이들로 구성된 팀이 훨씬 더 다양하고 생동적인 학습 효과를 거둔다는 연구 결과들이 있다.

친한 아이들끼리 팀을 짜면 처음에는 화기애애하고 협응적인 모임이 될 수 있지만, 다양성 면에서 이질적인 집단을 따라가지 못한다. 그리고 비슷비슷한 생각을 하는 아이들끼리 모인 집단은 다양한 아이디어가 나오지 않아 곧 생기를 잃고 수업이 지루하게 흘러간다.

현재 교육 선진국에서는 교사가 사고의 방향이 다양한 아이, 생활 수준이 다양한 아이, 성적 분포가 다양한 아이끼리 묶어주는 방식이 널리 채택되고 있다.

# 무조건 공부, 전략적 공부

## 학습 전략이 없는 아이

교사: 내일 지리 시험이 있다지? 오늘 밤에 어떻게 공부할래?

학생: 그냥 한번 읽어볼 거예요.

교사: 읽어본다는 게 어떻게 공부하는 거지?

학생: 전부 읽어보는 거요.

교사: 교과서를 전부 읽어?

학생: 네. 공책도 읽어봐야지요.

교사: 시간이 많이 걸릴 텐데.

학생: 밤 12시는 넘을 거예요.


이 대화는 중학교 1학년인 희진이와 내가 나눈 대화이다. 희진이는 학습 부진아로 어머니와 함께 나의 연구실을 찾아왔던 아이다. 착한 얼굴에 명랑한 성격이었는데, 엄마는 성적이 나쁜 이유를 알아달라고 찾아온 것이다.

만약에 "내일 지리 시험이 있다지? 오늘 밤에 어떻게 공부할래?"라고 우등생에게 질문을 던졌다면 아마도 다음과 같은 대답이 나왔을 것이다.

교과서와 공책을 읽어본 다음에 중요하다고 밑줄을 쳐놓은 곳을 중심으로 공부할 거예요. 그런 다음 시험에 나올 만한 것을 추려서 별도로 공책에 쓰고 직접 답을 달아볼 거예요. 그러고 나서 친구에게 전화를 걸어 그 아이가 뽑은 문제를 알아볼 거예요. 그 아이가 뽑은 문제가 나하고 다른 게 있다면 나도 그 문제를 공부하겠지요. 흠…… 그리고 내가 낸 문제를 언니나 엄마에게 질문해보라고 하고 내가 대답해볼 거예요. 뭐 이렇게 공부하겠지요. 그리고 아침에 일찍 일어나서 다시 한 번 중요한 부분을 읽어본 다음 학교에 가서 시험을 볼 거예요.

두 아이는 차이가 있다. 엄청난 차이이다. 학습부진아인 희진이는 전략이 없고, 우등생은 전략을 쓴다는 차이이다. 그렇다. 시험을 잘 보고 잘 못 보는 아이의 차이는 지능의 차이라기보다는 전략의 차이이다.

부진아들은 무조건 달려들고 무조건 부딪힌다. 그러다가 머리가 깨지기도 하고 넘어지기도 할 것이다. 그러나 우등생은 무조건 달려들지 않는다. 상대가 어떤 것인지 확인한 다음에 전략적으로 달려든다.

한 학급에서 함께 공부하는 아이들은 아마도 위와 같은 두 부류로 나뉠 것이다. 물론 전략가들은 공부를 잘한다는 말을 들으며 성적이 좋을 것이고, 그렇지 않은 아이들은 성적이 낮아서 자신을 무능하다고 생각할 것이다.

현재 우리나라 학생들은 어떠한가? 하루에 14시간씩 공부하는 아이들은 세계에서 한국 학생밖에 없다. 공부를 많이 하는 것이 무슨 흠이냐고 할 수도 있겠지만, 우리 아이들이 공부하는 방식은 오로지 책을 보고 외우는 공부다. 결코 전략적인 공부가 아니다.

성적이 오르지 않는 아이들, 공부에서 실패의 고리를 자꾸만 잡게 되는 아이들, 해도 안 된다고 생각하는 아이들에게 가르쳐줄 것은 지식이 아니라 공부하는 방식이다. 공부의 내용을 가르쳐주는 곳은 많지만 정작 공부하는 방식과 전략을 가르쳐주는 곳은 드물다. 그런 의미에서 공부하는 방식과 공부하는 전략은 독서능력이 담당해야 한다.

# 12 너는 외워라, 나는 이해한다

## 규칙만 나오면 맥을 못 추는 아이

영미는 공식과 규칙의 희생자이다. 창의적으로 하는 공부는 잘하지만, 규칙이 나오고 거기에 대입하는 공부가 나오면 갑자기 무능력자가 된다. 그래서 수학, 물리, 화학 등에서 형편없는 성적을 받는다. 이 아이는 규칙이 적은 초등학교 때는 즐겁게 공부했다. 그러나 중학생이 되면서 성적이 나빠졌다. 문법 규칙, 수학 규칙, 영어 규칙······. 초등학교 때까지는 그것을 외워서 적당히 했지만, 이제는 외워서 할 수 있는 정도를 넘어서 힘들다.

영미를 괴롭히는 규칙이 가장 많이 나타나는 시간은 문법 시간이다. 영미는 글을 읽고 주제나 저자의 의도, 주인공의 심정 등을 알아내는 데는 천재적인 소질을 가졌다. 그러나 문법이 나오면 갑자기 머리에 전기를 쏘인 것처럼 멍해진다. 이것은 영미가 문법을 몰라서라기보다는 문법의 필요성을 인정하지 않기 때문이다.

"선생님들은 자기들에게 유리한 규칙만 만든다. 떠들지 마라, 조용히 해라, 움직이지 마라······" 이 불평은 영국의 작가 안토니 부커리지의 『제닝스는 꼴찌가 아니야』에서 제닝스가 한 말이다.

그렇다. 학교는 온갖 규칙들이 넘쳐난다. 어딜 보아도 규칙이다. 복도에서, 화장실에서, 식당에서 규칙은 행동을 지배하고 예절을 강조한다. 그밖에도 수학 공식, 국어 문법, 발음 규칙 등 수많은 규칙들이 아이들을 괴롭힌다. 학교에서 배우는 과목들은 어쩌면 규칙을 알면 참 편해진다. 그런데 규칙에 서툰 아이들은 그것이 괴로움으로 변한다. 바로 영미 같은 아이들이다.

이런 아이들은 일반적으로 문법, 외국어, 수학, 물리, 화학 과목에서 어려움을 겪는데, 이들에게는 규칙을 이해시키는 별도의 방법이 필요하다. 규칙을 이해하고 사용하는 훈련을 시키면 규칙적으로 일어나는 예상 가능한 상황을 손쉽게 대처해나갈 수 있다. 철자 규칙을 알게 되면 모르는 낱말의 철자를 예상할 수 있고, 철자 규칙을 위반한 불규칙 낱말도 알게 된다. 그러나 그 많은 규칙과 개념을 외워가지고는 승산이 없다. 이해해야 한다.

자녀가 점점 성적이 떨어지면 다음과 같은 자문을 해보아야 한다.

'우리 아이가 규칙과 개념을 이해하고 나가는 것일까, 올바로 이해하지 않고 임기응변식으로 외워서 공부하는 것일까?'

이러한 의문을 확인하는 가장 쉬운 방법은 아이의 교과서나 공책을 보고  최근 배운 내용 중에서 몇 가지 중요한 개념을 찾아낸 다음 아이에게 말로든지 아니면 표로 그리든지 그 개념을 설명해보라고 하는 것이다. 그러면 아이가 개념의 특징을 파악했는지 못했는지가 금방 드러난다. 만약에 아이가 개념을 파악하지 못하고 달달 외워서 시험을 보고 있다면, 이 아이는 머지않아 더 이상 공부를 잘해나갈 힘을 잃게 된다.

우리나라의 교사나 학생들은 공식을 매우 중요시한다. 따라서 거의 모든 공식을 철저하게 암기하는 것이 기본이라고 생각한다. 공식을 알고 그것을 어떻게 적용할지 알면 웬만한 문제들은 기계적으로 풀리기 때문에 그럴 법도 하다. 사실 공식은 가장 효율적이고 정확하게 문제를 해결하는 수단이다. 문제해결을 위한 지름길이다. 이것은 수학에만 국한되지 않는다. 모든 과목에서 요점 위주로 암기하고 자주 출제되는 문제 중심으로 암기하는 공부도 동일한 형태이다. 그러나 이렇게 암기 위주로 하는 공부는 오래가지 못한다. 학년이 올라갈수록 암기할 공식과 요점은 점점 더 늘어간다. 이것을 힘들게 암기한다고 해도 제때에 꺼내 활용하기도 어렵다.

공식이나 요점정리를 외워서 답을 맞히기는 했는데, 정작 그 문제에 담긴 내용을 깊이 있게 이해하거나 설명할 수는 없다. 그러니 그것을 바탕으로 새로운 학습을 한다거나 새로운 아이디어로 발전시킨다는 것은 상상할 수도 없다. 우리나라 학생들이 새로운 문제의 유형에 약한 것은 바로 이런 암기식 공부 때문이다. 2003년 대학수학능력시험에서는 문제가 쉽게 출제되어 2002년보다 평균이 20~30점 정도 높아질 것이라는 예상과는 달리 평균점수가 낮아졌다. 이것은 공식, 요점 위주의 암기식 공부에 길들여진 아이들이 같은 문제를 조금 변형한 것을 제대로 소화하지 못해서 생긴 현상으로 분석되었다.

이제 우리도 가르치고 배우는 방식이 근본적으로 달라져야 한다. 공식과 개념을 외우기보다 이해하는 쪽으로 교육 혁명을 일으켜야 한다. 미국이나 유럽의 교육 선진국들은 예습조차 별로 달가워하지 않는다. 왜냐하면 학교 학습에 흥미가 줄어들기 때문이다.

이런 나라의 학생들은 공식보다는 기본 원리 이해에 많은 시간을 투자한다. 기본 원리를 바탕으로 하면 어떠한 문제도 다 풀 수 있기 때문이다. 이제 우리도 좀 미련해 보이지만, 원리 이해 방식으로 나가야 한다. 고등학교에서 공식 외우기 공부로 대학에 들어간 학생들은 대학에 가면 갑자기 높은 장벽을 만난다. 왜 어떤 과정을 거쳐 그런 답이 나왔는지를 모른 채 답을 쓰면 대학교수는 그것을 공부했다고 인정하지 않기 때문이다. 오히려 공식은 해당 단원을 다 배운 다음에 참고삼아 가르쳐주는 것이 선진국의 교육 방식이다. SAT 같은 시험에서는 꼭 필요하거나 중요한 공식은 아예 가르쳐주는 경우도 있다.

# 13 음악으로 집중하기, 침묵으로 집중하기

## ● 음악은 정신 집중에 도움이 되는가?

어느 날 한 교수가 학교 스터디실에서 공부하고 있는 학생들을 보았다. 그런데 조용히 공부하는 게 아니라 시끄러운 음악을 틀어놓고 몸을 흔들면서 공부하고 있는 것이 아닌가. 교수는 들어가서 공부를 하려면 조용한 곳에서 해야지 이렇게 시끄럽게 음악을 틀어놓고 공부가 되느냐고 말했다. 그들 중 한 학생이 "교수님, 음악을 틀어놓고 공부하면 정신 집중이 잘돼서 공부가 더 잘된다는 말 못 들으셨나요?" 한다. 다른 아이들을 둘러보니 모두들 이의가 없다는 얼굴이었다.

교수는 다음 중간고사 기간에 직접 시험관으로 들어가 그 학생들이 틀어놓고 공부하던 음악을 크게 틀어놓았다. 그랬더니 학생들이 모두 음악 좀 꺼달라고 말한다. 그 중에서 가장 큰 소리로 말하는 학생은 음악을 틀어야 정신 집중이 잘된다던 바로 그 학생이었다.

"교수님, 제발 음악 좀 꺼주세요. 정신 집중이 안 돼요!"


학생들이 말한 "음악을 틀어놓으면 정신 집중이 잘된다"는 말은 옳은 말인가, 아닌가?

최근 대뇌생리학 연구에서 '마음이 긴장된 상태에서는 집중력이 약화되고, 마음을 편안히 가질 때는 다른 소리들의 흡수력이 약해져서 집중력이 높아진다'는 연구 결과들이 발표되었다. 그래서 강제로 아이를 장시간 긴장 상태에 놓고 공부를 시킨다든가, 책을 억지로 외우게 한다든가 하는 학습방법은 옳지 않다는 것이 일반화되었다.

이런 이론에 더하여 학습할 때는 전신을 편안하게 하기 위하여 3~5분 동안 음악을 듣게 하여(여유가 있으면 10~15분) 정신 집중이 잘되게 한 후, 정신 집중이 잘되었다 싶을 때 음악을 끄고 공부를 시작하면 효과가 있다는 방법론도 발표된 적이 있다. 이렇게 음악으로 정신 집중을 하다 보면 나중에는 음악을 듣지 않아도 집중이 잘된다는 것이다. 이 실험은 바흐의 음악, 바로크 음악, 실내악처럼 조용하고 가사가 없는 음악이 효과가 있는 반면에 가사가 또렷이 들리는 유행가나 시끄러운 음악은 오히려 집중력을 방해하는 것으로 보고되었다.

# 14 학교의 학생,
## 학원의 학생

### 이상한 선행학습 – 초등학생이 대입 과외

"아이들이 철없을 때 공부를 최대한 많이 하도록 가르쳐야 합니다. 크면 말을 잘 안 듣거든요."

2003년 9월 말 서울 동작구 사당동 D입시학원에서 '초등학생이 고교 수학을 공부하는 비법 설명회'가 열렸다. 사전에 예약한 학부모 150명에게 대학 입시반 강사가 '수학 정석 초등학생반' 모집에 대해 설명하고 있다.

"고등학생도 힘들어하는 정석을 정말 초등학생이 배울 수 있을까요?"

"5학년만 해도 좀 힘이 들지만, 6학년 학생은 수월하게 따라옵니다."

"우리 아이는 초등학생 과외도 어려워 학원 강의를 제대로 듣기 위해 별도 과외를 받는데, 좀 쉬운 반도 만들어주시면 안 될까요?"

(동아일보 2003. 10. 6)

과외는 입시 경쟁이 치열한 나라에서 행해지는 이상한 형태의 학습인데, 전 세계적으로 우리나라와 일본이 가장 심하다. 일본은 일류 대학을 가기 위한 고등학교 과외인 반면에 우리나라 과외는 초등학교부터 시작된다. 우리나라 학생의 일인당 과외 비용은 일본 학생 일인당 과외비보다 3~4배가 높다.

이런 현상은 교육에 대한 부모의 과다한 열성에 의해 생성되는데, 일본의 학부모는 35%, 미국은 12%가 자식을 대학에 보내기를 희망하는 반면 한국은 98%가 희망한다. 또 일본은 자식을 대학원에 보내고 싶어하는 비율이 2%인데, 한국은 45%로 세계에서 가장 높다. 지금까지 우리나라 교육개혁의 역사는 과외와의 전쟁이라고 해도 과언이 아니다.

조사기관에 따라 사교육비 산출이 다르지만, 한국교육개발원 보고서에 의하면 1998년 우리나라 사교육비는 29조 원, 이 중 과외비가 절반인 14조 원이며 이는 국민 GNP 6.5%에 해당한다. 우리나라의 과외는 한 달 먼저, 때로는 한 학기 먼저 배우는 형태를 띠는데, 초등학생이 대입 과외까지 한다니 10학기 정도를 먼저 배우는 이상한 형태의 교육이 된 것이다.

그런데 문제는 그런 선행학습이 실제로 효과가 있느냐 하는 것이다. 비록 집안 살림이 쪼들리고, 아이들이 밤낮으로 공부하느라 파김치가 된다고 해도 선행학습을 통하여 좋은 성적을 올릴 수만 있다면 그까짓 고생쯤 감내할 수 있다는 학부모도 있을 것이다. 그러나 반대로 별로 효과가 없다면 돈과 시간을 너무나 아깝게 낭비하게 된다.

한국교육개발원이 2000년부터 2002년까지 3년 동안 초·중·고 학생 5000명, 학부모 3500명을 대상으로 연구한 「선행학습이 학생의 성적에 미치는 영향 연구」를 보면 한국교육의 좌표를 알 수 있다.

학원에서 학기 전에 미리 교과서를 배우는 선행학습이라는 과외를 받은 학생들은 학기 초 1개월 정도는 학습이 앞서가지만 2개월째부터는 학습 태도와 학습결과가 나쁘고, 시험 성적은 선행학습을 하지 않은 아이들과 같거나 오히려 낮은 편이다. 특히 3~5년 이상 이런 선행학습 과외를 받은 학생들의 성적을 조사해본 결과, 과외를 받지 않은 학생들의 성적에 비하여 현저히 떨어지고 있었다. 그래서 한국교육개발원 연구팀이 내린 결론은, '먼저 배운다고 앞서가는 것은 아니다'라는 것이었다.

02

# 잠깐만 공부해도 성적이 올라가는 독서 기술

**Part 01**

# 책과 친한 아이로 만들어주는
# 독서 준비 기술

# 01 책에 대한 친밀도는 유년의 기억이 결정한다

## 책 읽어주는 엄마

그래 그래 너희 집엔 대리석 계단과 아름다운 정원
그래 그래 너희 집엔 비단옷과 번쩍이는 보석
그래 그래 너희 집엔 맛있는 음식과 공손한 하녀들
그러나 그러나 우리 집에는 책 읽어주는 엄마가 있단다.

영국과 유럽에서 예부터 전해오는 전래동요를 모아놓은 '머더 구즈(Mother Goose)'에 나오는 노래이다. 책 읽어주는 엄마란 이렇게 세상의 그 어떤 것보다도 어린이들에게는 자랑스러운 존재이다.

실제로 '책에 대한 친밀도'의 정도는 유년시절의 추억이 깊이 관여한다는 연구 결과들이 있다. 책이 많은 가정 분위기, 책 읽는 부모의 모습, 부모와 갔던 책방이나 도서관으로부터 입력된 기억, 부모로부터 받은 책 선물, 책과 관련된 칭찬 한마디, 책을 읽고 토론할 때 친구로부터 들었던 멋진 말 한마디, 감기로 누워 있던 어느 날 동화책을 읽어주시던 어머니의 부드러운 목소리, 동네 책방 주인의 친절한 미소, 처음 내 책을 갖게 되었을 때의 감격, 좋아하는 주인공이 생겼을 때의 기억……. 이런 것들은 책과의 친밀도를 높여준다.

반대로 책이 없던 삭막한 가정 분위기, 책을 찢어서 매를 맞았던 기억, 책이 밥 먹여주느냐고 야단치던 부모, 공부는 안 하고 책이나 보느냐고 힐책하는 부모, 책으로 머리를 때리던 선생님으로부터 받은 불쾌한 기억, 책을 잘 못 읽는다고 벌 받던 기억 등은 책과의 친밀도 형성에 부정적인 결과를 만든다.

가정뿐 아니라 유치원, 초등학교, 자라난 마을이나 도시도 아이들의 책과의 친밀도 형성에 중요한 변인이 된다. 책이 없는 학교, 책을 읽지 않는 담임선생님, 책방이나 도서관이 없는 문화적으로 일천한 마을이나 도시환경은 아이들의 책과의 친밀도 형성에 부정적으로 작용한다.

국가적으로는 경제에 우선순위를 두는 사회, 소위 3S(Sport, Screen, Sex) 정책으로 국민들을 환락으로 몰아넣는 사회에서는 책 읽는 문화가 자리잡지 못하게 되고, 이런 시대나 사회 분위기 속에서 자라난 아이들은 책과의 친밀도가 낮게 나타난다.

책과의 친밀도가 낮은 아이들은 책읽기를 싫어하고, 책읽기가 주요 방법인 공부를 싫어하게 되어 학교 부적응아가 되며, 나아가서는 인생 부적응아로 자라나게 된다. 이런 아이들의 태도상의 특징을 보면 도서관이나 교실에서 책 읽는 친구들을 방해하거나 심지어 책읽는 친구를 미워하거나 집단 따돌림을 시키는 행동을 하는 것으로 나타난다.

| 우리 아이가 어렸을 때 나는 | 매우 많이 | 많이 | 보통 | 조금 | 전혀없음 |
|---|---|---|---|---|---|
| 잠자리에서 책을 읽어주었다 | 5 | 4 | 3 | 2 | 1 |
| 아플 때 책을 읽어주었다 | 5 | 4 | 3 | 2 | 1 |
| 책방(도서관)에 함께 다녔다 | 5 | 4 | 3 | 2 | 1 |
| 책을 함께 읽으며 놀았다 | 5 | 4 | 3 | 2 | 1 |
| 책 선물을 한 적이 있다 | 5 | 4 | 3 | 2 | 1 |
| 책 읽는 모습을 보여주었다 | 5 | 4 | 3 | 2 | 1 |

**해당 점수를 모두 더해보세요**

♣ 26~30점 : 훌륭한 독서교육자입니다.

♣ 20~25점 : 독서교육에 소질이 있으십니다.

♣ 15~19점 : 독서교육을 이해하고 계십니다.

♣ 10~14점 : 독서교육에 대한 이해를 넓혀주세요.

♣ 6~9점 : 독서교육에 대한 공부가 필요합니다.

---

Tip : 이렇게 해보세요

 **하나.** 책을 찢거나 낙서하는 유아

아기가 책을 찢으면 책이 아플 거라며 책을 '호호' 해주고 쓰다듬어주세요. 유아들은 물활론적 사고를 하기 때문에 책도 아플 수 있다고 생각합니다. 그러면 아기들은 미안한 얼굴을 하며 자기도 '호호' 하면서 쓰다듬어줍니다. 이런 기억은 아기가 자라나서 책을 소중하게 다루는 첫 번째 습관이 됩니다.

 **둘.** 책을 읽어달라고 조르는 초등학생

반대상황을 연출해주세요. 어느 날 아이가 학교에서 돌아오면 엄마가 아프다면서 누워 있다가 책을 읽어달라고 하고, 아이가 책을 읽어주면 재미있다고 감동적인 표정을 지으세요. 그러면 아이는 책 읽어주는 것이 듣는 기쁨보다 더 크다는 것을 알게 됩니다. 일단 책 읽어주는 기쁨을 알게 된 어린이는 스스로 읽는 것은 물론, 다른 사람에게 책 읽어주기를 즐깁니다. 어떤 아이는 노인정에까지 가서 책을 읽어주더군요.

셋. 책을 본숭만숭하는 아이들

① 책방이나 도서관에 자주 데리고 가세요. 자주 그렇게 하면 견물생심이라고 흥미가 생깁니다.

② 부모님이 책 읽는 모습을 자주 보여주세요. 부모는 자녀의 거울입니다.

③ 생일잔치를 책 잔치로 열어주세요. 먹고 노는 것보다 품위 있고 멋지답니다.

④ 책 이벤트가 열리는 어린이 도서관을 찾아가세요. 재미가 있으면 끌립니다.

⑤ 책을 좋아했던 위인들 이야기를 읽어주세요. 어린이는 모방의 천재입니다.

# 02 관찰력이 높으면
## 책과 세상이 보물지도가 된다

### 🔍 철조망을 만든 목동

열두 살의 조셉은 목동이었다. 책읽기를 좋아한 조셉은 양들이 풀을 뜯을 동안 풀밭에 앉아 책을 읽곤 했다. 어느 날 조셉은 책읽기에 빠져서 양들이 목장 울타리 밑으로 도망가는 것도 모르고 있다가 그만 주인에게 호되게 야단을 맞았다. 주인은 조셉의 책을 찢어버리면서 한번만 더 그런 짓을 했다가는 쫓아내겠다고 했다.

조셉이 며칠 동안 양들을 관찰해보니 양들은 장미 울타리 옆으로는 얼씬도 하지 않는 것이었다. '아하! 그렇구나' 조셉은 대장간을 하는 아버지에게 부탁하여 장미처럼 가시가 달린 두 가닥의 철사를 꼬아서 철조망을 만들었다. 그 후 조셉은 자신의 아이디어를 특허국에 제출하여 특허를 받았다.

'장미 가시가 달린 두 가닥의 철사'

이 철조망은 장장 15년 간 독점 보호를 받는 국제 특허품이 되었다.


이렇게 남들은 무심히 보아 넘기는 것을 관찰하여 큰 성공을 거둔 사람들이 많다. 사람이 들어가면 목욕탕 물이 넘치는 것을 보고 '아르키메데스의 원리'를 발견했던 아르키메데스, 곤충들을 관찰하여 『파브르 곤충기』를 쓴 곤충학자 앙리 파브르 등은 모두 관찰력이 뛰어났던 사람들이다.

관찰력은 이렇게 자세히 보고 대상이 가지고 있는 의미나 가치를 발견하는 능력으로 사물의 방향, 위치, 크기, 모양, 거리를 입체적으로 파악하는 사고력이다. 사고능력이 뛰어난 아이들은 사물에 대한 시각적 인지능력이 정확하여 공간의 변화를 빠르게 인지하고 적응한다. 그럼으로써, 미래 변화에 대한 예측을 정확히 하여 사물의 원인과 결과를 도출하는 데 빠르고 정확한 힌트를 발견하게 된다.

이런 능력은 특히 독서와 공부에 매우 적극적인 태도를 가지게 하여 똑같은 책을 읽어도 남보다 많은 내용을 알게 하고, 남이 발견하지 못한 것을 발견함으로써 성공의 지름길로 가게 한다. 이러한 능력은 책을 읽어나가는 데도 필요하지만 세상을 살아가는 데도 절실히 필요하다.

반대로 관찰력이 낮은 어린이는 사물에 대한 시각적 인지 능력이 떨어져 놀이터 같은 곳에서 자주 넘어지고, 놀이를 할 때 시행착오를 일으키게 된다.

관찰력에는 식별과 암기, 모양 지각, 공통성 찾기, 모양 완성, 모양 회전, 기억 능력 등이 동원된다. 이런 관찰력은 탐구심과 창의성으로 이어진다. 그래서 관찰력은 '창의성의 할머니'라고 말해지기도 한다. 여기서 탐구심이란 반드시 과학적인 것을 의미하지는 않는다. 탐구심은 과학은 물론 예술, 사회, 경제 등 어느 분야에나 필요한 능력이다.

관찰력이 높은 아이들은 책을 읽을 때 천천히 읽는 특징이 있고, 관찰력이 낮은 아이들보다 더 많은 정보를 찾아낸다. 관찰력은 특히 초등학교 입학 전에 길러주어야 한다.

놀이터 같은 곳에서 자주 넘어지는 아이

시각 관찰력이 낮은 아이입니다. 자세히 보는 훈련을 다음과 같이 시켜주세요.

① **찾아내기**: 같은 것 찾아내기, 숨은그림찾기, 빠진 것 찾아내기, 빨리 보고 개수 알아 맞히기 게임 등을 시키세요. 이런 게임들은 자세히 보는 습관을 길러줍니다.

② **식물원 구경하기**: 아이와 함께 꽃밭이나 식물원을 구경하세요. 아무 지시 없이 그냥 꽃들을 구경하게 합니다. 그리고 집에 돌아와서 꽃밭이나 식물원에서 보았던 꽃들을 그려보게 하세요. 정도를 높이려면 어머니가 지적하는 꽃이나 나무를 그려보게 하세요. 만약에 생각이 나지 않으면 아이는 다음에는 그런 것을 볼 때 자세히 보는 습관이 길러집니다.

③ **시장이나 백화점 구경 가기**: 그곳에서 보았던 물건들의 모양, 쌓아놓았던 모습 등을 말해보거나 그려보게 합니다.

④ **도로 표지판 관찰하기**: 여행에서 돌아온 후, 여행 중에 보았던 도로 표지판을 그려보게 하세요. 표지판의 뜻을 말해보게 하는 것도 좋습니다.

 자주 길을 잃어버리거나 찾지 못하는 아이

공간 지각력이 낮은 아이입니다. 다음과 같은 훈련을 시켜주세요.

① **친척집에 가기**: 친척집에서 돌아와 갔던 길을 그림이나 지도로 그려보게 하세요. 다음에는 한번 갔던 친척집을 혼자 찾아가보게 하세요.

 들은 소리를 다 기억하지 못하는 아이

청각 관찰력이 낮은 아이입니다. 잘 듣는 습관을 들여주세요.

① **동물원 구경 가기**: 동물원을 구경하고 와서 어떤 동물이 어떻게 울었는지 소리를 흉내내게 하세요.

② **시장이나 백화점 구경하기**: 그곳에서 만난 사람들과 나눈 대화를 기억해보게 하세요. 가능하면 목소리까지 비슷하게 말해보게 하세요.

③ **재래시장 가기**: 많은 사람들이 동시에 외치는 소리를 듣고 무슨 소리들이 있었는지 구별하는 게임을 해보세요.

# 03 변별력이 높으면
## 새로운 학습에 능숙해진다

### 아이가 혼자서 한글을 읽어요

혜민이는 3년 8개월 된 여자아이다. 어느 날 혼자 중얼거리며 놀고 있는 딸을 보던 엄마는 깜짝 놀랐다. 아이가 한글을 읽고 있는 것이다. 가끔 틀리는 글자도 있었지만, 거의 글자를 알고 있는 것으로 보였다. 물론 한글을 가르친 적도 없었고, 집에는 언니나 오빠도 없다. 혜민이 엄마는 가슴을 두근거리며 회사에 있는 남편에게 전화를 거는데 눈물이 핑 돈다.

"여보, 우리 혜민이가 천재인가 봐요."

"아니, 여보! 갑자기 그게 무슨 말이야?"

"한글을 읽어요. 혼자서요."

"그게 정말이야?"

그로부터 며칠 후에 부부는 아이를 데리고 나의 연구실을 찾아왔다. 아이에게 몇 가지 진단을 실시해본 결과 혜민이는 뛰어난 변별력을 가진 아이였다. 많은 단추들 중에서 다른 단추를 순식간에 구별해낸다. 또 아무리 많은 글자 뭉치들 속에서도 같은 글자와 다른 글자를 순식간에 찾아낸다. 혜민이 부모님에게 말했다.

"천재인가 아닌가는 중요하지 않습니다. 변별력이 뛰어난 아이입니다.

한글뿐 아니라 앞으로 외국어도 쉽게 배울 것입니다. 그러나 이런 능력을 헛되이 쓰지 말고 자신이 하고 싶은 일을 할 때 집중적으로 쏟는다면 정말 천재가 됩니다. 한 가지 주의하실 일은 이제부터 쓰기를 가르치려고 하지는 마세요. 읽기처럼 스스로 배우면 할 수 없지만요."

변별력은 어떤 사물을 자세히 보고 다른 사물과 비교하여 차이점과 유사점을 구분해내는 능력으로, 문자학습을 하는 아이들에게 특별히 요구된다. 이 능력은 단순히 모양의 차이점만이 아닌 용도, 재료, 목적, 결과 등을 변별하는 능력까지 포함된다. 글을 읽는 것은 많은 글자 뭉치들 속에서 같은 글자와 다른 글자를 구분하는 능력으로부터 출발한다. 이 능력이 높은 아이들은 혜민이처럼 문자학습을 스스로 하는 예가 많다.

글자 뭉치들 속에서 구별해낸 글자를 의미 있는 덩어리로 이해하는 단계를 글자 읽기(판독 단계)라고 한다. 글자 읽기는 단순히 낱자를 읽는 것이 아니라, 의미 있는 단어로 이해하는 과정이다. 글자가 눈에 들어오면 어린이는 낱자 하나하나를 붙여서 의미를 만들어나간다. 글자 읽기 과정은 발음하기 → 낱자 읽기 → 단어(의미) 이해 과정을 포함한다.

한때 우리나라에 유아 한글교육이 유행하던 때가 있었다. 학교에 가서 뒤처지지 않게 한다는 목적으로 가르치는 이런 문자 조기교육은 부모들의 기대와는 달리 얻는 것보다는 잃는 게 많은 것으로 알려지고 있다.

학교교육의 시작을 몇 살로 정할 것인가 하는 문제는 문자교육의 적정 시기를 놓고 오랜 실험 연구 끝에 결정하게 되었다. 전 세계적으로 초등학교의 시작을 만 6세로 정하는 것은 그 연령이 문자교육을 하기에 가장 적정한 시기이기 때문이다. 앞의 혜민이처럼 스스로 한글을 깨치는 것이야 관계없지만, 만 6세 이전에 강제로 한글을 가르치는 것은 유아의 두뇌를 경직되게 하여 신경질적인 아이, 창의성이 떨어지는 아이로 만드는 주요 원인이 될 수 있다.

한국교육개발원(KEDI 1988년)에서 필자 외 3인이 수행한 「초등학교 1학년 초기 독서 연구」의 결과를 보면, 취학 전에 한글을 익히는 것이 초등학교 공부에 도움이 된다는 증거는 없다.

연구자들은 1학년에 갓 입학한 어린이들 중에 읽기와 쓰기를 완전히 익히고 입학한 아이들, 읽기만을 익히고 온 아이들, 전혀 익히지 않고 온 아이들을 세 그룹으로 나누어 조사해본 결과, 1학년 1학기 초에는 읽기, 쓰기를 익히고 온 아이들이 발표도 잘하고 앞서가는 듯하지만, 5, 6월로 접어들면서는 읽기만을 배우고 온 아이들에게 추월을 당한다. 또 읽기, 쓰기를 하고 온 아이들은 학교에 대한 흥미가 떨어지는 것이 발견된다. 아이들은 학교란 매우 신기한 곳인 줄 알았는데, 이미 배운 것만 가르친다는 실망감을 감추지 못한다.

1학년 2학기가 되면 가장 뒤처지던 읽기, 쓰기를 배우지 않고 입학한 아이들이 맹렬히 추격해온다. 그 아이들 중에는 학교에 대한 호기심이 많고, 하나씩 알아가는 배움의 기쁨이 얼굴에 가득하다. 그래서 2학년이 될 때에는 이 아이들 그룹이 모범적인 학생, 우등생으로 자리잡게 된다.

변별력은 빠르게 구별하는 지각 속도력을 요구한다. 지각 속도력은 주변 상황을 변별하는 감각의 인식작용과 빠른 인지능력으로 구성된다. 지각 속도력은 한번 슬쩍 본 것도 속도감 있게 파악하는 재빠른 간파능력으로, 흔히 말하는 눈썰미에 해당한다. 비슷한 모양의 여러 그림 중에서 다른 것을 찾아내는 것도 지각 속도력의 하나이다.

변별력이 높은 어린이는 상황 변화에 민감하여 사태 파악이 예리하기 때문에 대처능력 또한 빠르다. 수업 중에도 선생님의 시선 파악이 잘되어 선생님과 일치되는 수업을 할 수 있어서 집중력이 높아지게 된다. 이런 어린이는 눈썰미가 있어 슬쩍 본 것도 잘 기억하여 공부를 잘하게 된다. 또 운동신경이 뛰어나고, 불규칙한 운동을 즐긴다.

변별력이 낮은 어린이는 상황 변화에 둔하며 머리 회전이 느리고 많은 시간을 책상 앞에 앉아 공부해도 진도가 느리다. 상대방의 표정이나 태도를 파악하지 못해서 자기 생각대로 하는 경향이 많다. 운동신경이 둔하고 불규칙한 운동을 하지 못한다.

 **TIP ; 이렇게 해보세요**

**하나. 사물의 구별이 늦는 아이**

① 단추놀이
- 아이 앞에 비슷한 단추 두 개, 다른 단추 한 개를 놓고 다른 것 찾기 게임을 해보세요.
- 아이 앞에 큰 단추와 작은 단추를 흩어놓고 큰 단추를 빠르게 찾게 하세요.
- 아이에게 여러 개의 단추를 주고 어머니가 단추 하나를 고른 후에, 어머니가 고른 단추와 비슷하거나 같은 단추를 고르게 하세요.

② 나뭇잎 놀이: 단추놀이와 비슷한 방법으로 진행해주세요.

**둘. 문자교육에 어려움을 겪는 초등학생**

① 글자 모형을 흩어놓고 같은 글자 고르기, 다른 글자 고르기 게임을 하세요.
② 닿소리, 홀소리 모형을 흩어놓고 같은 것, 다른 것 고르기 게임을 하세요.
③ 책 속에서 어머니가 지정하는 글자를 찾아보게 하세요. 5개 찾기, 10개 찾기 등으로 점차 늘려나가세요.

**셋. 상황 변화나 상대방의 기분을 빨리 알아차리지 못하는 아이**

① 그림책에서 등장인물의 표정을 보고 왜 그런 표정을 지었는지 생각해보게 하세요.
② 영화나 비디오를 보면서 다음 장면을 추측해보게 하세요.
③ 등장인물들의 대화를 통하여 다음 사건을 추측해보게 하세요.
④ 불규칙적인 움직임이 들어간 운동이나 놀이를 자주 하게 하세요.

# 04 집중력은
## 독서와 공부를 모두 가능하게 한다

### 머릿속의 지휘자를 잃어버린 아이

초등학교 4학년인 재동이는 잘하는 것이 참 많은 아이다. 말을 또박또박 잘하고, 반짝이는 아이디어로 선생님을 놀라게도 한다. 기발한 유머로 친구들에게 인기도 있다. 노래도 잘하고, 춤도 잘 추고, 그림도 잘 그린다. 그러나 재동이의 일상은 엉망이다. 신발을 짝짝이로 신고 학교에 올 때도 있고, 숙제나 준비물을 챙겨오지 않아 이틀에 한 번 정도는 할머니가 학교에 오셔야 한다. 시험을 볼 때는 차분하지 못하고 좌불안석이다. 어떤 때는 시험을 잘 쳐서 성적이 좋지만, 어떤 때는 5분도 안 돼서 교실을 나가버린다. 공부시간에도 제멋대로이고, 아이들에게 장난을 걸어 공부를 방해하기도 한다. 야단을 쳐도 1분이 지나면 그대로이다. 그래서 재동이네 학교 선생님들은 학기 초가 되면 재동이를 맡게 될까 봐 걱정을 한다.

새로 담임을 맡게 된 4학년 담임선생님이 재동이 때문에 수업을 할 수 없다면서 우리 연구실로 데리고 왔다. 몇 가지 진단을 해본 결과 재동이는 자신의 의지를 스스로 통제하지 못하는 것으로 나타났다. 언어능력이 뛰어나고 수리능력과 감성도 풍부하다. 그런데 이렇게 우수한 능력들을 지휘하여 끌고 갈 지휘자가 머릿속에 없는 것이다. 그래서 행동에 통일성과 일관성, 지속성이 없는 것으로 나타난다. 또 재동이의 주의력은 항상 똑같은 것이 아니라 높아질 때도 있고, 낮아질 때도 있어서 일관성 있는 행동을 하지 못하였다.

재동이는 아버지와 어머니가 이혼을 하고 할머니의 손에 길러지고 있었다. 일곱 살 때 할머니의 집에 오기 전에 3, 4년을 아버지와 살았는데, 아버지는 술만 먹으면 재동이한테 엄마 욕을 하며 스트레스를 풀었다고 한다. 어린 재동이로서는 감당하기 어려운 시간이었을 것이고, 그것이 어린아이의 행동을 조절하는 기능에 이상을 일으킨 것으로 보였다.

집중력이란 마음을 한 곳에 응축시키는 힘을 말한다. 1960년대부터 아동문제 연구가와 학습문제 연구가들에 의하여 어린이의 주의력 결핍과 사회적 상호작용의 관련성에 관심이 모아지면서 어린이의 집중력은 연구의 대상이 되어왔다. 어린이의 집중력 장애는 학자들에 따라 정서불안, 학습장애, 주의력장애, 행동장애, 과잉행동 등으로 명명되는데, 이러한 연구들은 집중력 장애가 일종의 정신질환적 측면을 포함하고 있는 것으로 보고한다.

집중력을 키우는 것은 생리적으로 3분 이상 집중하기 어려운 유아들에게 집단생활과 독서생활을 가능하게 해준다는 점에서 교육에서는 매우 중요한 의미를 띤다. 집중력이 낮은 어린이들은 책을 읽거나 배우는 것조차 힘들고 앞으로 학교 수업에 적응하기 어렵기 때문이다.

그동안 학습방법과 인지심리학 연구들은 학습능력이 높은 아이들의 가장 큰 특징으로 강력한 집중력을 꼽고 있다. 나아가 영재나 천재들의 특징에도 집중력은 빼놓을 수 없는 요소로 알려져왔다. 집중력이 약한 학생들은 일반적으로 학교 성적이 낮거나 들쭉날쭉 일관성이 없고, 성공적인 학생이나 사회인이 되지 못한다. 구체적으로 지적해보면 다음과 같다.

· 집중하려고 마음을 먹어도 집중이 안 된다.

· 외부 자극에 쉽게 주의가 산만해진다.

· 다른 사람의 지시를 정확하게 따르지 못한다.

· 남의 질문이 끝나기 전에 대답한다.

· 규칙이나 순서를 지키기 어렵다.

· 지속성과 일관성이 부족하여 한 가지 일을 완성하지 못한다.

· 청취력이 약하고 생각 없이 말을 많이 한다.

· 분실사고를 많이 낸다.

· 조용히 있는 것이 어렵다.

한편 소아과 의사인 멜 레빈은 『아이의 뇌를 읽으면 아이의 미래가 보인다』는 그의 탁월한 저서에서 다음과 같이 주장하였다.

"우리의 머리는 거대한 교향악단처럼 움직인다. 두뇌의 각 부분은 교향악단을 구성하는 연주자에 해당한다. 언어, 기억, 순서 정렬, 공간 정렬 등이 서로 힘을 합치면 감미롭고 정확한 화음을 만들어내지만, 그러기 위해서는 지휘봉을 든 유능하고 강력한 지휘자가 필요하다. 아이의 정신을 지휘하는 임무는 두뇌의 여러 기능이 어우러져 하나의 조화를 이룬 주의력 조절계라 부르는 곳에서 맡아 한다."

선생님이 이야기하는 동안 장난을 치고 싶은 유혹을 뿌리치는 것에서부터 신발 짝을 찾아 신는 것, 준비물을 챙기는 것 등 주의력 조절계는 삶의 사소한 부분과 중요한 부분을 관리한다. 따라서 주의력이 약하면 두뇌를 지휘하는 능력이 미흡하여 집중력이 약화된다. 주의력 조절 기능이 제 구실을 다하면 집중력이 풍부하여 학습을 잘 해나갈 뿐만 아니라 인내력을 발휘하여 생산적인 일을 하게 되지만, 그렇지 않을 경우에는 상황에 맞지 않는 행동을 하게 된다.

멜 레빈은 인간의 집중력이 약화되는 원인으로 긴장 상태의 지속, 수면 부족, 하고 싶지 않은 일을 억지로 하게 되는 것 등을 꼽는다. 다시 말해서 마음이 편안하지 않고 불만족스러울 때 우리의 몸은 집중력을 잃고 비정상적으로 행동하게 된다는 것이다.

---

**TIP : 잠깐 테스트**

| 우리 아이는? | 매우<br>그렇다 | 조금<br>그렇다 | 보통이다 | 아닌<br>편이다 | 전혀<br>아니다 |
|---|---|---|---|---|---|
| 한번에 30분 이상 공부나<br>독서를 지속하지 못한다 | 5 | 4 | 3 | 2 | 1 |
| 공부나 독서를 할 때<br>필요 이상으로 몸을 움직인다 | 5 | 4 | 3 | 2 | 1 |
| 기뻤다 슬펐다 기분이 자주 바뀐다 | 5 | 4 | 3 | 2 | 1 |
| 신발이나 양말을 짝짝이로<br>신을 때가 있다 | 5 | 4 | 3 | 2 | 1 |
| 해야 할 일을 깜빡 잊을 때가 있다 | 5 | 4 | 3 | 2 | 1 |
| 글씨를 꼼꼼하게 쓰지 못한다 | 5 | 4 | 3 | 2 | 1 |
| 공부나 일을 할 때 주위를<br>자주 둘러본다 | 5 | 4 | 3 | 2 | 1 |
| 책을 볼 때 차례대로 읽지<br>못하고 여기저기 본다 | 5 | 4 | 3 | 2 | 1 |

**해당 점수를 모두 더해보세요**

♣ 31~40점: 매우 걱정스럽습니다. 원인이 무엇인지 찾아보세요.

♣ 21~30점: 집중력이 좋아지도록 좀더 지도해주세요.

♣ 11~20점: 안정감 있는 아이입니다.

♣ 1~10점: 집중력 있는 아이입니다.

**TIP ; 이렇게 해보세요**

 학교에서 집중이 안 되는 아이

① 잠을 푹 재우고, 제때 자고 제때 일어나는 규칙적인 습관을 들이면 마음이
　 안정됩니다.
② 걱정 근심이 많아서 그렇습니다. 긴장 상태나 스트레스 상태를 제거해주고 엄마와
　 함께 명상을 해보세요. 처음에는 조용한 음악을 틀어놓고 하다가 나중에는 그냥 합
　 니다.
③ 하고 싶은 놀이를 하게 하여 집중하는 시간을 갖도록 하세요. 집중할 수 있는 시간
　 이 늘어날수록 아이는 안정감을 찾게 됩니다.
④ 종이접기, 블럭놀이, 동전 쌓기, 젓가락으로 콩 줍기 등의 집중놀이를 자주 하게 하
　 세요. 처음에는 짧은 시간을 할애하고 차츰 시간을 늘려나가세요.
⑤ 꼼꼼하게 오리기, 색칠하기 등을 하면 집중력이 향상됩니다.

 숙제할 때 집중이 안 되는 아이

① 어린이가 좋아하는 공부를 먼저 하게 한 후에 싫어하는 공부를 하게 합니다.
② 조용한 음악을 들려주고 마음을 안정시킨 직후에 공부를 하도록 합니다. 음악은 가
　 사가 없는 실내악이 좋습니다. 정기적으로 이런 시간을 갖습니다.

셋, 책 읽을 때 집중이 안 되는 아이

① 아이는 눈을 가리고 엄마가 이야기를 읽어줍니다. 듣고 나서 등장한 동물의 이름 말
　 하기, 등장인물이 한 말 기억해내기 놀이를 합니다.
② 눈을 감고 마음을 안정시킨 뒤에 예전에 소풍 갔던 장면을 회상하여 말해보고 그려
　 보게 하세요.
③ 끝말 잇기, 말 빼놓고 하기, 말놀이 게임, 낱말 퍼즐 등을 즐겨하게 하세요. 언어에
　 대한 흥미는 독서 집중력을 높여줍니다.
④ 조용한 장소, 편안한 마음, 알맞은 조명, 읽고 싶은 책들은 어린이가 책 속에 몰입하
　 는 것을 도와줍니다. 푹 빠져 읽으면 주인공과 동일시를 경험하게 되고, 동일시가
　 잘되면 집중하게 됩니다.

# 05 '독서 이력서'는 '두뇌의 지도'이다

## 🗨 독서 이력서는 어디에 내나요?

"선생님, 우리 아이는 3학년인데요. 어떤 책이 좋을까요?"

"선생님, 좋은 책 좀 골라주세요."

"우리 아이를 과학자로 만들려고 하는데요, 어떤 책이 좋을까요?"

메일이나 전화로 이런 질문을 자주 받는다. 그럴 때마다 나는 자녀의 '독서 이력서'를 받아보라고 대답한다.

"독서 이력서요? 그런 이력서도 있나요?"

"네, 이제까지 읽은 책의 목록을 쓴 것이 독서 이력서입니다. 그 이력서를 보면 이제까지 아이의 정신이 걸어온 길이 보이고, 앞으로 어느 쪽으로 걸어가야 할지 방향이 보입니다."

독서 이력서란 이제까지 읽은 책의 목록이다. 이 목록을 보고 있으면 그 목록으로 여러 가지를 진단할 수 있다. 아이들이 읽은 책의 양과 종류는 독서교육을 시작하려는 모든 학부모와 교사에게 가장 기초적인 자료가 된다. 읽은 책이 명작 위주인가, 판타지 위주인가, 공상과학 위주인가, 만화 위주인가, 전쟁물 위주인가, 역사물 위주인가 하는 것은 그 아이의 미래 방향을 알려주는 단서이다. 이러한 단서 속에는 그 사람의 머릿속에 들어 있는 스키마(schema)의 종류, 생각의 방향, 가치관, 미래관이 들어 있기 때문이다.

또, 독서 이력서 쓰기에는 생각나는 주인공의 이름을 쓰게 하는 란도 있을 수 있는데, 주인공을 얼마나 쓸 수 있느냐에 따라 책읽기의 방법을 진단해낼 수 있다. 90% 정도 읽은 책의 주인공을 기억하고 있는 아이는 책을 꼼꼼히 읽는 모범 독자이다. 이런 아이들은 책 읽는 기쁨도 알고 공부도 잘한다. 그러나 50~60% 정도 기억하는 아이들은 읽긴 읽어도 대충대충 읽는 아이들이다. 이런 아이들은 책읽기의 기쁨을 느끼기보다는 줄거리만 파악하며 읽는 아이들이다. 물론 학교 공부도 썩 효과적이지는 못하다. 주인공의 이름을 20% 이내로 기억하는 아이들은 이해력에 문제가 있는 아이들이다. 이런 아이들은 읽긴 읽어도 전혀 이해가 되지 않는 아이들이다.

한 실험에 의하면 주인공을 기억하지 못하는 경우는 너무 많은 양의 책 읽기를 강요받는 아이들 중에서 자주 발견된다고 한다. 이런 아이들은 자신의 읽기 속도보다 빨리 읽은 아이들이다.

읽기 속도는 문자가 눈에 각인되는 시간, 문자를 두뇌가 지각하는 시간, 두뇌가 생각하는 속도의 평균치로 결정된다. 글을 읽었는데도 내용을 기억하지 못하거나 줄거리를 불완전하게 이해하는 어린이는 자신의 절대 속도보다 너무 빨리 읽었기 때문이다. 너무 빨리 읽는 어린이들은 적당한 속도로 읽는 어린이보다 이해력이 떨어지게 된다. 가장 적당한 속도는 독해와 감상을 충분히 하면서 읽는 속도이다.

**TIP : 이렇게 해보세요**

###  하나. 판타지만 읽는 아이

판타지에 심취한 아이들은 상상력이 풍부하다는 장점은 있지만, 과도하게 심취하면 현실감을 잃어버리고 현실과 환상을 구별하지 못하게 되는 경우가 발생합니다. 현실과 환상이 조화를 이루도록 해주세요.

둘: 폭력물만 읽는 아이

어려서부터 폭력물의 세례를 받으면 폭력이 매우 자연스러운 현상으로 인식됩니다. 폭력 가정에서 폭력 자녀가 생긴다는 말과 같은 이치입니다. 폭력물을 보는 아이들은 어휘도 폭력성을 띕니다.

###  둘. 만화만 읽는 아이

처음에는 어휘력이 달려서 만화를 봤지만 시간이 경과하면서 어휘력은 물론 상상력까지 달리게 됩니다. 가끔은 괜찮지만 만화로만 읽는 것은 학습능력에 큰 문제가 발생합니다.

###  셋. 명랑 · 유머물만 읽는 아이

세상은 웃음과 눈물, 기쁨과 슬픔이 함께 존재합니다. 그런데 명랑만화만 읽고 슬픈 내용의 책을 외면한다면 세상의 반만 알게 됩니다. 명랑 · 유머물 읽는 아이들은 심각한 문제에 직면했을 때 웃음으로 문제를 회피하려 한다는 연구 결과도 있습니다.

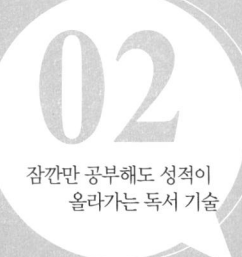

**Part 02**

# 정확하게 읽고 확실하게 기억하는 분석 독서 기술

# 어휘력이
## 뛰어난 아이는 만화가 재미없다

### 💬 우리 아이는 왜 만화만 좋아할까요?

제 딸은 초등학교 4학년인데 만화로 된 책만 읽으려고 해서 걱정입니다. 만화가 아닌 책을 주면 어렵다고 하면서 안 읽으려고 해요. 그러면서 글씨가 많은 책은 1,2학년 수준의 책만 읽으려고 해요. 그런데 더 큰 걱정은 4학년에 들어오면서 공부하기를 부쩍 싫어한다는 것입니다. 학교 성적도 뚝뚝 떨어지고 있어요. 혹시 공부와 만화가 관계가 있는 것일까요? 우리 아이를 어떻게 지도하면 좋을지 가르쳐주세요.

〈충남 공주시 반죽동에서 혜원 엄마〉

필자가 운영하는 사이버 독서학교 엄지북(www.umjibook.co.kr)에 올라오는 상담 중에 이런 하소연이 가장 많다. 만화는 그만큼 어린이들의 읽을거리의 많은 부분을 차지하고 있으면서 어린이의 독서 형태를 바꾸어가고 있다. 실제로 문화관광부와 한국출판연구소의 2002년 판 「국민 독서실태 조사 연구」에 나타난 바로는 어린이의 독서량과 독서시간은 매년 20% 정도씩 떨어지고 있는데, 그 중에서 유독 만화 독서량과 독서시간은 꾸준한 증가 추세를 나타내고 있다. 연령별로 보면 만화를 가장 많이 보는 연령층은 고등학생이며, 그 다음이 중학생, 초등학생 순으로 내려간다. 또 성별로 보면 남학생이 여학생보다 만화를 많이 보는 것으로 나타난다.

한편, 한국독서교육개발원(KREDI)에서 실시한 전국 초등학교 독서능력 진단 결과를 보면 남자 어린이의 어휘력이 여자 어린이의 어휘력보다 낮고, 여자 어린이가 남자 어린이보다 책을 많이 읽는 것으로 나타났다. 또 독서량에서 보면, 초등학생 중에서 1,2학년이 독서를 가장 많이 하고 5,6학년이 되면 독서량이 현격히 줄어든다. 즉, 학년이 높아질수록 독서량이 줄어들면서 어휘력도 낮아지고 있는 것이다.

어휘력이 낮아서 독서량이 줄어든 것인지, 독서량이 적어지면서 어휘력이 낮아진 것인지에 대한 상관관계에 대한 연구는 아직 이루어지지 않았지만, 그동안의 연구 결과로는 어휘력 빈곤이 글씨가 많은 책을 보는 데 장애를 일으켜 독서를 기피하는 현상을 초래하는 것으로 보고되고 있다. 독서심리학 연구 결과들도 책읽기를 싫어하는 어린이의 85%가 어휘력이 부족하다고 보고하고 있다.

이러한 결과들을 종합해볼 때 독서와 어휘력의 관련성을 짐작할 수 있고 어휘력 부족이 독서자료 중에서도 시각적인 지원이 많은 책을 선택하게 한다는 것을 알 수 있다.

반대로 만화를 읽지 않는 아이들을 조사한 결과 만화는 생각할 것이 없어서 오히려 심심하다는 반응을 보였다. 다시 말해서 독자가 스스로 상상하고 추리할 내용을 모두 그림으로 나타내기 때문에 독자의 할 일이 줄어들어 심심하다는 것이다.

책 링컨전: '링컨은 언제나 복숭아뼈가 쑥 나오는 바지를 입고 다녔다.'
만화 링컨전: (복숭아뼈가 쑥 나온 바지를 입은 아이 모습)

책으로 링컨전을 읽은 아이는 키가 크고, 말랐으며, 성격이 털털한 아이를 상상할 것이다. 요즘 어린이들은 복숭아뼈가 나온 바지에 대한 추리로 '가난한 아이'보다는 '유행감각이 뛰어난 아이'를 추리할 수도 있다. 그러나 어쨌든 만화로 보는 아이는 이런 상상도 할 필요가 없다. 만화가가 친절하게 다 보여주기 때문이다.

그런데 어휘력이 풍부한 독자는 만화가가 상상하여 그려준 것에 불만을 느낀다. '링컨은 이런 얼굴이 아닐 거야. 좀더 어두운 표정일 거야. 링컨은 더 말랐을 거야⋯⋯.' 이런 불만 때문에 만화가 시시해진다. 한편 만화가가 해석해주는 대로 따라가는 아이들은 스스로 생각할 기회를 잃게 되어 머지않아 상상력에 치명타를 입게 된다.

이와 같이 어휘력은 독서를 하는 데 가장 기초적인 자료가 된다. 어휘력은 책 선택에서부터 책의 이해에까지 독서를 관장한다. 어휘력이 낮은 아이는 책에 나오는 단어의 뜻을 모르기 때문에 책을 읽어도 재미가 없고, 그러다 보니 자연히 책이 싫어지게 된다.

질문을 하면 대충 대답하는 아이, 핵심이 없는 말을 하는 아이, 조리 있게 말하지 못하는 아이, 부적절한 어휘를 자주 쓰는 아이, 말을 재미있게 하지 못하는 아이, 고학년으로 올라갈수록 성적이 떨어지는 아이 등은 일단 어휘력을 의심해볼 필요가 있다.

'어휘의 한계가 세계의 한계'라는 말이 있다. 많은 어휘를 알수록 그만큼 이해하는 세계가 넓고, 다양한 어휘를 알수록 그만큼 이해하는 세계가 다양하게 된다.

어휘는 사고의 원천이다. 어휘가 들어 있지 않은 머리는 텅 빈 창고와 같다. 남의 이야기를 잘 알아듣는 사람, 책을 읽고 이해를 잘하는 사람, 자신의 생각을 잘 표현하는 사람, 창의적인 생각을 많이 하는 사람의 특징은 어휘력이 풍부하다는 것이다.

말을 하거나 글을 쓸 때 의미를 결정하는 것은 어휘의 선택이다. 아무리 좋은 의미의 말을 하려고 마음먹었다 하더라도 어휘를 잘못 선택하면 다른 말이 되고 만다. 그런데 이때 사용할 수 있는 어휘는 자신의 내부에 있는 사전 속에서만 나온다. 자신이 평소에 가지고 있던 단어 이외에는 사용하지 못한다. 어휘력이 풍부하다는 것, 좋은 어휘를 많이 가지고 있다는 것은 독서와 공부에 가장 기초적인 자료이다.

어휘력이란 단순히 알고 있는 어휘가 많다는 것을 의미하는 것이 아니라 알고 있는 어휘를 적절하게 사용하는 능력을 말한다. 많은 어린이들이 자신이 이미 알고 있는 어휘를 선택하고 배치하는 데 서툰 경우가 많은데 이는 양적인 확장과 질적인 확장이 동시에 이루어지지 않아서 생긴 현상이다.

말에는 주술성이 있다. 우리 속담에 '부모의 말이 문서' 혹은 '말이 씨가 된다'는 것이 있다. 이것은 매우 과학적인 속담이다. 실제로 언어학자들의 연구에 의하면 '사람이 소유하고 있는 어휘의 질은 그 사람의 미래에 큰 영향을 미친다'고 한다.

우리는 어떤 단어를 듣거나 볼 때 머릿속에 이미지를 만들게 되고, 그 영상을 실현시키기 위해 노력하게 된다. 그래서 자살, 마약중독, 폭력, 성행위 등에 탐닉하는 청소년들을 조사해본 결과 어린 시절에 책이나 환경에서 그런 단어를 많이 접한 아이들이라는 통계도 있다. 좋은 어휘를 많이 아는 것이 좋은 인생으로 연결된다고 볼 때 어린이가 소유한 어휘의 질은 매우 중요한 의미를 갖는다.

일반적으로 초등학교 1, 2학년까지의 어휘력은 환경의 지배를 받는다. 어린이의 어휘력은 부모가 사용하는 어휘량과 어휘의 종류에 영향을 받는데, 부모의 학력이 높은 아이가 낮은 아이보다 어휘력이 풍부하고, 부모가 품위 있는 어휘를 사용하는 어린이가 그렇지 못한 부모 밑에서 자라는 아이보다 품위 있는 어휘를 많이 알고 있다.

그러나 초등학교 3, 4학년이 되면 부모보다는 자신의 독서량과 읽은 책의 종류에 더 많은 영향을 받게 된다. 독서량이 많은 어린이는 당연히 많은 어휘를 알게 된다. 읽은 책의 종류에 따라 사용하는 어휘도 달라진다. 명작을 즐겨 읽는 아이들은 불량 만화를 즐겨 읽는 아이들보다 사용하는 어휘가 부드럽고 다양하다.

**TIP : 잠깐 테스트**

| 우리 아이는? | 매우 그렇다 | 조금 그렇다 | 보통이다 | 아닌 편이다 | 전혀 아니다 |
|---|---|---|---|---|---|
| 말하기를 싫어한다 | 5 | 4 | 3 | 2 | 1 |
| 질문을 하면 대충 대답한다 | 5 | 4 | 3 | 2 | 1 |
| 부적절한 어휘를 자주 사용한다 | 5 | 4 | 3 | 2 | 1 |
| 이야기를 재미있게 끌어가지 못한다 | 5 | 4 | 3 | 2 | 1 |
| 학년이 높아질수록 성적이 떨어진다 | 5 | 4 | 3 | 2 | 1 |
| 대화에 유머나 위트를 섞지 못한다 | 5 | 4 | 3 | 2 | 1 |
| 글쓰기를 싫어한다 | 5 | 4 | 3 | 2 | 1 |
| 자기 학년용 책을 어려워한다 | 5 | 4 | 3 | 2 | 1 |

**해당 점수를 모두 더해보세요**

♣ 31~40점 : 매우 걱정스러운 수준입니다. 원인을 치료해주세요..

♣ 21~30점: 어휘 공부가 필요합니다.

♣ 11~20점: 평균적인 어린이입니다.

♣ 1~10점: 매우 뛰어난 어린이입니다.

### 하나. 어휘량을 풍부하게 하고 싶을 때

① 정확하고 구체적인 말로 지시한다.

저거 가져와 → 부엌에 가서 아버지 수저를 가져오너라

이것 봐 → 라일락 가지에 앉아 있는 참새를 보아라

② 정확하고 구체적인 말로 질문한다.

무슨 꽃이니? → 저 파란 기와집 담장에 무슨 꽃이 피었니?

뭐 먹고 있니? → 저 아저씨들이 무얼 먹고 있니?

③ 아이의 불완전한 문장을 고쳐준다.

어린이가 "엄마, 차!" 하면, "그래 초록색 자동차가 빨리 달리는구나."

어린이가 "엄마, 밥!" 하면 "점심때가 지나서 네가 배가 고프구나?"

④ 어휘 연상법으로 많은 낱말을 알게 한다.

하나의 단어를 주고 관계되는 낱말들을 말하게 한다.

예) 학교 → 선생님 → 학생 → 교과서 → 시험 → 교실

　　의사 → 병원 → 간호사 → 흰 가운 → 청진기 → 수술 → 죽음 → 아기

⑤ 말놀이 게임을 즐긴다.

끝말 잇기 / 첫말 잇기 / 말놀이 퍼즐하기 / 같은 글자로 끝나는 말 찾기

### 둘. 특정 단어를 가르쳐주고자 할 때

동화구연을 통하여 동화를 실감나게 읽어주는 것이 효과적인데, 그 중에서도 가르쳐주려는 어휘를 좀더 실감나게 읽어주면 그 어휘가 머릿속에 쉽게 각인될 뿐 아니라 어떤때 사용되는지도 알게 된다.

### 셋. 아름답고 품위 있는 언어를 가르쳐주고 싶을 때

① 상황에 꼭 맞는 말 찾기

② 예쁜 말, 아름다운 말 찾기

③ 상대를 즐겁게 하는 말, 기분 나쁘게 하는 말을 찾아 비교해보기

④ 품위 있는 말, 품위 없는 말 비교해보기

# 02

## 줄거리 파악을
### 파악을 잘하면 딱딱한 교과서가 동화책이 된다

### 🗨 자꾸만 뒷장이 보고 싶어요

엄지 박사님! 제 고민은요, 책을 보다가 자꾸만 뒷장이 보고 싶어지는 거예요. 그래서 책을 잘 읽지 못하고 건성으로 읽게 돼요. 엄마는 그런 습관을 고치라고 야단을 하시지만 책만 들면 다음 이야기가 궁금해서 못 견디겠어요. 엄지 박사님, 저는 나쁜 어린이일까요? 저는 초등학교 2학년 남자아이랍니다. 꼭 답장 주세요. 꼭꼭꼭.

〈서울 서초구 서초동 S초등학교 2학년 김영진〉

사이버 독서학교 엄지북을 방문한 어린이의 하소연이다. 자신이 나쁜 어린이일지도 모른다는 강박관념까지 가지고 있는 걸 보면 어머니와 선생님에게 뒷장 먼저 보면 안 된다는 주의를 단단히 받은 모양이다. 그러나 이런 현상은 아주 흔한 일이다. 책읽기가 바로 언어적 추측게임이기 때문이다. 이 어린이는 스토리 찾는 기쁨을 이미 만끽하고 있는 어린이이다. 이런 어린이들은 책을 볼 때마다 자꾸만 궁금하여 뒷장을 보게 되는데 이는 매우 자연스러운 현상이다.

초보적인 독자는 줄거리에 의지하여 읽게 된다. 초보적인 독자에게 줄거리가 없는 글은 읽기가 매우 어렵다. 그래서 유아나 초등학교 1,2학년 대상의 책은 줄거리가 탄탄한 전래동화가 선정된다. 초등학교 1,2학년용 교과서를 국어는 물론 도덕, 사회, 수학, 과학 과목까지 스토리가 있는 동화식으로 구성하는 것은 초보적 독자가 줄거리에 의지하여 읽기 때문이다.

이야기가 가지고 있는 줄거리(스토리)에는 독자를 책 속에 몰입하게 하는 강력한 힘이 있다. 책 속에서 이야기가 굽이굽이 흘러갈 때 독자는 추측과 확인이라는 게임 속으로 들어가게 된다. 이야기가 흘러가는 방향이 추측한 대로 될 때는 희열을 느끼게 되고 빗나갔을 때는 실망하지만, 곧 다음 장면을 추측하게 되면서 작품 속에 몰입하게 된다. 그런데 이런 추측과 확인을 통하여 독자의 머릿속으로 들어간 스토리는 이제는 작가의 것이 아니라 독자의 것이다. 왜냐하면 그 줄거리는 독자의 개성이 만들어낸 것이고, 독자마다 다르기 때문이다. 그래서 한 권의 책을 읽었을 때 독자는 줄거리를 완성하게 되고 또 하나의 희열을 느끼게 된다. 이것이 독서가 주는 최초의 기쁨이자 독자를 행복하게 만드는 요소이다.

작가가 길고 긴 작품 속에 숨겨놓은 스토리를 찾아 완성했을 때 독자는 작가들이 작품을 완성한 후에 느끼는 창조의 기쁨과 유사한 기쁨을 느끼게 된다. 이러한 창조의 기쁨이 독서에 대한 흥미를 지속시키고 더욱 유발한다. 이 기쁨은 책을 끝까지 읽어나갈 수 있는 인내력의 원천이 되기도 한다. 그렇기 때문에 특히 집중력이 약한 어린이들에게는 탄탄한 스토리가 있는 동화책이 필수이다.

줄거리 읽기란 작가가 써놓은 글을 차례대로 읽어나가며 머릿속에다 책의 내용을 구슬 목걸이처럼 순서를 정하여 저장하는 것이다. 이때 어떤 독자도 100쪽이나 200쪽의 글을 차례대로 빠짐없이 기억하지는 못한다. 내용 중에서 취사 선택하여 기억한다. 취사 선택의 가장 중요한 기준은 사건이다. 중요한 사건을 순서대로 구슬에 꿰는 작업이 곧 줄거리 읽기이다.

줄거리 읽기란 긴 글을 줄거리의 형태로 간편하게 이해하고 기억하는 독해 기술이다. 그러나 책의 내용이 독자의 머릿속에 저장되는 순서가 책의 순서와 같다고는 할 수 없다. 책의 내용 순서가 현재 → 대과거 → 중과거 → 과거 → 현재로 기술되어 있다 할지라도 독자의 머릿속에 저장된 줄거리는 대과거 → 중과거 → 과거 → 현재라는 시간 순서대로 기억된다. 즉, 줄거리 읽기란 시간적 순서에 따라 내용을 재배치하는 독특한 읽기의 형식을 띤다. 특히 줄거리는 원인과 결과 법칙의 지배를 받고 인과관계를 중요시한다. 그래서 줄거리 읽기에 숙달된 독자는 어떤 책을 봐도 원인과 결과를 한눈에 파악하는 눈을 갖게 된다.

| 우리 아이는? | 매우 그렇다 | 조금 그렇다 | 보통이다 | 아닌 편이다 | 전혀 아니다 |
|---|---|---|---|---|---|
| 동화책을 손에 들면 단번에 끝까지 읽는다 | 5 | 4 | 3 | 2 | 1 |
| 책을 읽고 다른 사람에게 이야기해주기를 좋아한다 | 5 | 4 | 3 | 2 | 1 |
| 이야기할 때 원인과 결과가 포함되어 있다 | 5 | 4 | 3 | 2 | 1 |
| 시간 순서대로 이야기를 재구성할 줄 안다 | 5 | 4 | 3 | 2 | 1 |

**해당 점수를 모두 더해보세요**

♣ 15~20점: 줄거리 파악능력이 높은 어린이입니다.

♣ 10~14점: 독서의 재미를 알고 있는 어린이입니다.

♣ 5~9점: 이야기의 재미를 알도록 지도해주세요..

♣ 1~4점: 걱정되지만 체계적인 독서교육으로 고칠 수 있습니다.

## 줄거리 찾기가 미숙한 어린이를 위한 처방

① 주인공의 삶을 시간 순서대로 찾아보게 한다.

　　줄거리를 찾지 못하는 아이들의 대부분은 무엇이 줄거리가 될 것인지를 모른다. 그런 경우 주인공이 언제 어디서 태어나고, 어떻게 자라서, 어떤 일을 했는가를 이야기해보게 하는 방식이다.

② 중요한 사건을 시간 순서대로 이야기하게 한다.

③ 책 속에서 언제, 어디서, 누가, 무엇을, 왜 했는지를 찾아서 밑줄을 긋게 한다.

④ 책 속에서 뽑아낸 줄거리를 공책에 순서대로 사슬 그림으로 그리게 한다.

⑤ 자기가 만든 이야기를 다른 사람에게 말해보도록 한다.

⑥ 빵이나 김치 만드는 법을 읽고 순서대로 적어보게 한 다음 말로 이야기하게 한다.

# 요점 읽기

## 능력이 높은 아이는 시험문제를 미리 알게 된다

### 🗨 교과서를 보면 성적표가 보여요

필자가 한 중학교를 방문했을 때 3학년 1반은 역사 시간이었다. 선생님은 프랑스의 시민혁명에 대하여 설명하고 있었다. 수업이 끝나고 선생님에게 학생들의 교과서와 노트를 볼 수 있게 해달라고 부탁했다. 그것을 살펴본 후 필자가 말했다.

"○○○는 성적이 좋고, ○○○는 성적이 시원치 않지요?"

"아니, 그걸 어떻게 아세요?"

아마도 정확했는지 교사가 놀라는 표정이다.

"교과서를 보니까 중요한 핵심 밑에 줄을 친 아이가 있는 반면에 별로 중요하지도 않은 내용 밑에 줄을 친 아이가 있더군요. 또 노트에 빽빽하게 필기는 했지만 중요하지 않은 것이나 선생님이 예로 든 것만 써놓은 아이도 있고, 조금밖에 쓰지 않았지만 요점만 써놓은 아이도 있고요. 선생님이 중요하지 않은 것을 시험에 내시지만 않는다면, 요점을 파악한 아이들이 시험을 잘 보는 것은 당연하겠지요?"

출제의 심리에서 보면 중요하지 않은 것을 학생들에게 답하게 하는 출제자란 없다. 따라서 우수한 출제자는 중요한 것을 출제하게 되고 그 답을 학생들이 찾기 어렵게 숨겨놓기를 좋아한다. 그래서 선다형 시험문제를 낼 때는 밖으로 돌출되어 있는 1번이나 4번보다는 2번, 3번에 정답을 숨기는 경향이 있다. 과거에는 이런 출제 심리를 이용하여 수험생들이 모르면 무조건 3번을 찍어서 성공하는 예가 많았다. 그러나 이제는 출제자 측에서 모든 문항에 답을 골고루 배치하여 응시자의 그런 '찍기'를 차단하고 있다.

시험이란 이렇게 출제자와 응시자의 두뇌싸움이다. 그러나 여전히 변하지 않는 시험의 진실은 모든 출제자들이 한정된 텍스트 내에서 학생들이 꼭 알아야 할 중요한 내용을 출제한다는 사실이다.

영화를 보고 나온 관객에게 영화에 대해 이야기해달라고 부탁하면 정확하고도 재미있게 말해주는 사람이 있는가 하면, 중언부언 무슨 내용인지 모르게 말해주는 사람이 있다. 교사나 교수들 중에도 어려운 이론을 귀에 쏙쏙 들어오게 강의하는 사람이 있는가 하면, 무슨 말인지 모르게 강의해서 학생들에게 재미없는 선생님이라는 불명예를 얻는 교수들이 있다.

이 두 가지 부류의 사람들을 관찰해보면 요점을 말하느냐, 그렇지 못하냐의 차이를 발견하게 된다. 즉 요점을 말하는 사람은 다른 사람을 설득하고 재미있게 말하는 것이 가능하나, 그렇지 못한 사람은 모호하고 재미가 없다. 물론 요점을 말한다는 것은 영화나 책에서 요점을 읽어낼 수 있는 능력이 있어야만 가능하다. 줄거리 읽기가 있는 그대로의 줄거리를 순서대로 배치하는 것이라면, 요점 읽기는 독자가 스스로 중요한 부분을 골라 읽는 방법이다.

요점 읽기는 긴 글을 간편하게 기억하기 위한 독해의 한 방법이다. 줄거리 읽기가 눈에 보이는 사건을 읽는 것이라면, 요점 읽기는 눈에 안 보이는 얼마쯤은 숨어 있는 어떤 생각이나 의도를 읽어내는 기술이다. 요점은 중심 화제, 주제, 저자의 의도 같은 것들 속에 숨어 있다.

요점 읽기가 부족한 학생들은 오랜 시간 글을 읽어도 글의 내용이 정리되지 않아서 머리가 어수선하다. 그래서 이야기를 해보라고 하면 중언부언하거나 중요하지 않은 부분을 장황하게 이야기하게 된다. 그런 아이들은 중요하지 않은 것과 중요한 것을 구분하지 못해서 각종 시험에서 높은 점수를 받지 못한다. 놀지도 않고 책상에 오랫동안 앉아서 늦도록 공부를 해도 성적이 좋지 않은 아이들은 대개 이러한 요점 읽기 능력이 부족하다.

요점이란 독서 재료와 독서 목적에 따라 다를 수 있다. 교과서와 같은 설명문을 읽을 때는 정의나 규칙, 문학책을 읽을 때는 주제가 요점이 된다. 또 위인전을 읽을 때는 성장 동기가 요점이 된다.

| 우리 아이는? | 매우 그렇다 | 조금 그렇다 | 보통이다 | 아닌 편이다 | 전혀 아니다 |
|---|---|---|---|---|---|
| "무슨 책이니?" 하고 물어보면 모른다고 대답한다 | 5 | 4 | 3 | 2 | 1 |
| 시험 볼 때 쓰긴 많이 쓰는데, 점수가 좋지 않다 | 5 | 4 | 3 | 2 | 1 |
| 읽은 책을 간결하게 말하지 못한다 | 5 | 4 | 3 | 2 | 1 |
| 교과서를 보면 중요하지 않은 곳에 밑줄이 쳐져 있다 | 5 | 4 | 3 | 2 | 1 |
| 읽은 내용을 물어보면 싫어한다 | 5 | 4 | 3 | 2 | 1 |
| 읽은 내용을 다른 사람에게 말해주지 않는다 | 5 | 4 | 3 | 2 | 1 |

**해당 점수를 모두 더해보세요**

♣ 26~30점: 책읽기에 흥미가 없군요. 요점 읽기 훈련을 시켜주세요.

♣ 20~25점: 집중해서 읽는 훈련이 필요합니다.

♣ 15~19점: 평균적인 어린이입니다.

♣ 10점 이하: 요점 읽기 능력이 높은 어린이입니다.

T<sub>IP</sub> ; 이렇게 해보세요

 **하나.** 동화를 읽으며 중요한 문장이나 문단 골라보기

책 속에서 중요한 낱말을 찾아내어 밑줄을 긋는다.

만든 요점을 다른 사람에게 말로 이야기해본다.

 **둘.** 설명문이나 논설문 속에서 중요한 명사나 키워드를 골라내기

명사를 이어 글의 요점을 만든다. 일반적으로 글의 요점이 되는 사항은 글의 첫머리에 있거나 끝에 있을 때는 찾아내기 쉬우나 중간에 있을 때는 어렵다(이것은 초등학교 3학년 이상 어린이에게만 실시한다).

# 04 논리적
## 사고력이 높으면 분명하고 정확한
## 사람이 된다

### 걸어가세요

오랜 여행으로 지친 나그네가 길에서 놀고 있는 소년에게 물었다.

"애, 여기서 올림푸스 산까지 가려면 얼마나 걸리느냐?"

"걸어가세요."

"아니, 무슨 대답이 그러니? 올림푸스 산까지 가는 데 얼마나 걸리냐니까?"

"글쎄 걸어가세요."

"아니 이 녀석이 노인을 놀리나?"

"할아버지, 글쎄 걸어가시라니까요."

"아니 뭐라구? 노인을 그 따위로 놀리면 너 천벌받는다!"

격분한 노인이 아이를 때리려고 지팡이를 번쩍 들었다.

"할아버지, 걸어가시면 될 텐데 왜 자꾸 시간을 끄세요? 할아버지가 얼마나 빨리 걸으시는지 알아야 제가 시간을 말할 수 있지 않겠어요?"

소년의 말을 듣고서야 노인은 들었던 지팡이를 슬며시 내리고 고개를 끄덕이며 말했다.

"현명한 아이구나. 네 이름이 무엇이냐?"

"이솝입니다."

이 이야기는 우화작가 이솝의 어린 시절 이야기이다. 인간의 폐부를 찌르는 이솝의 우화들은 그의 이런 논리성을 밑바탕에 두고 있는 것으로 해석된다. 어린 소년의 논리적 사고력은 지팡이를 휘두르던 노인을 꼼짝 못하게 한다. 이솝은 강한 논리로 노인을 제압한 것이다.

논리가 무엇인지 잘 모르는 어린아이일지라도 사람은 매일매일 부딪히는 크고 작은 문제들을 생각하고 해결할 때 나름대로의 논리를 사용한다. 문제는 너무 쉽게 무너지는 허약하고 시시한 논리가 아닌 타당하고 강한 논리를 갖추게 하는 것이 중요하다는 것이다. 이것이 바로 독서교육의 목적이기도 하다. 논리가 약해서는 남에게 지기만 하고, 세상에서 강한 사람이 될 수가 없다. 인류의 역사는 올바른 논리, 강한 논리를 가진 사람들에 의해서 발전했고, 그런 사람들에 의하여 지배되어왔다.

논리적 사고력이란 생각하고 분별하는 이치로서, 어떤 말이나 글과 주장 또는 구성 요소를 이루는 원리를 분별하고, 원인과 결과를 연결시키는 원칙을 생각해내는 힘이다. 논리는 이치와 원칙을 기본으로 하기 때문에 많은 사람을 이해시키고 설득시킬 수 있는 요인이 된다. 논리적일수록 지적이고 발전적이다.

논리적 사고력은 어떠한 일을 보다 합리적으로 해결할 수 있도록 도울 때 비로소 가치가 있다. 흔히 논리는 권위도 허문다는 말이 있다. 논리는 정의이기 때문에 논리에 맞지 않는 것은 정의도 아니고 권위도 될 수 없다는 말이다.

셰익스피어의 희극 『베니스의 상인』에서 샤일록이 돈의 대가로 안토니오에게 받고자 했던 살 1파운드는 포샤의 논리를 이길 수 없어서 허물어지고 만다. 법의 논리인 샤일록의 논리는 정의의 논리인 포샤의 논리를 이길 수 없었던 것이다.

그런데 세상에는 잘못된 논리들에 의존하는 예도 많다.

남태평양 주변의 여러 섬들 가운데 뉴헤브리디스라는 섬이 있다. 이 섬에 살고 있는 사람들은 누가 자신에게 "자네 건강한가?" 하고 물으면 병에 걸리지 않은 경우에는 다음과 같이 대답한다고 한다.

"걱정 말게, 몸에 이가 바글바글하니까."

뉴헤브리디스 섬 주민들은 여러 세기를 걸쳐 살아오는 동안 조상들로부터 들은 말과 자기 자신들의 관찰을 통하여 이런 논리를 세워놓고 있었던 것이다. 그래서 한 외국 학자가 이 문제를 파헤치기 위하여 직접 원주민 마을에 들어가서 연구한 뒤 다음과 같은 결과를 발표하였다.

"뉴헤브리디스 섬은 열대지방이기 때문에 열병을 앓게 되는 경우가 많다. 열병으로 인해 체온이 올라가면 몸에 기생하던 이들이 살아가기가 적당치 않아 그 환자의 몸을 떠난다. 그런데 알고 보니 사실 그 열병의 발생 원인은 이가 옮기는 데에 있었다."

책읽기는 논리적 사고력을 길러주는 가장 큰 보고이다.

논리적 사고란 생각의 흐름, 생각의 연결, 생각의 순서, 생각의 줄기를 조리에 맞는지 보고 판단하게 한다. 책을 읽으며 글의 짜임을 파악한다면 복잡하고 어려운 글이라도 간단하고 정확하게 이해할 수 있다. 논리적 사고력은 저자의 주장이 얼마나 타당하고 믿을 만한 것인지를 판단하게도 하고 그러한 논리가 문제를 해결할 수 있을지도 판단하게 한다. 논리는 비판적 사고력과 판단력의 모체가 된다.

논리적 사고력을 기르기 위해서는 순서 알기, 원인과 결과 알기, 구조화하기, 관계 알기, 비교하기 등의 방법이 사용된다.

논리적 사고력이 높은 어린이는 생각과 행동이 일치하고 지속적이며 분명하다. 지적 사고와 행동에 충실하려고 노력하고, 규칙적 변화를 쉽게 터득하며, 일관된 합리성을 갖고 있다. 특히 규칙적 변화에 민감하고 변화의 원리를 잘 포착한다.

반면 논리적 사고가 낮은 어린이는 행동과 생각이 불분명하고 목적의식이 약하다. 무슨 일을 하다가도 중간에 장애가 생기면 쉽게 포기하는 경우가 많다. 목표 달성을 위한 줄기찬 노력을 기울이는 끈기가 부족하고, 중심이 자주 흔들려 주변의 변화에 희생이 될 가능성이 높다.

## TIP : 잠깐 테스트

| 우리 아이는? | 매우 그렇다 | 조금 그렇다 | 보통이다 | 아닌 편이다 | 전혀 아니다 |
|---|---|---|---|---|---|
| 말싸움을 하면 먼저 운다 | 5 | 4 | 3 | 2 | 1 |
| 원인과 결과가 맞지 않는 글을 쓴다 | 5 | 4 | 3 | 2 | 1 |
| 원리 이해보다 암기를 선호한다 | 5 | 4 | 3 | 2 | 1 |
| 말과 행동이 일치하지 않을 때가 있다 | 5 | 4 | 3 | 2 | 1 |
| 규칙이나 시간을 잘 지키지 못한다 | 5 | 4 | 3 | 2 | 1 |
| 자고 일어나는 시간이 일정하지 않다 | 5 | 4 | 3 | 2 | 1 |
| 다른 아이의 잘못을 뒤집어쓰는 경우가 있다 | 5 | 4 | 3 | 2 | 1 |
| 스무고개 같은 게임을 하지 못한다 | 5 | 4 | 3 | 2 | 1 |

**해당 점수를 모두 더해보세요**

♣ 36~40점 : 집중력이 부족하거나 마음의 안정감을 잃어버린 듯합니다.

♣ 26~35점: 체계적인 독서교육이 필요합니다.

♣ 16~25점: 논리적인 어린이입니다.

♣ 15점 이하: 매우 논리적인 어린이입니다.
　　　　　무리 중에 리더로 활동하고 있겠지요?

TIP ; 이렇게 해보세요

### 하나. 흩어져 있는 사물들 속에서 규칙 발견하기

① 시장에 가서 상인들이 물건을 쌓아놓은 광경 속에서 규칙을 발견하게 한다.
② 교실 속에서 책상들이 놓인 규칙, 자리 배치의 규칙을 말해보게 한다.

### 둘. 전래동화를 읽으면서 규칙 발견하기

전래동화 속에는 '삼세 번', '점층적으로 나아가기', '인과응보' 등의 독특한 규칙이 있다. 동화를 읽으면서 이런 것을 발견할 수 있도록 지도하면 논리적인 사고가 싹트게 된다.

### 셋. 아이에게 "왜?"라는 질문 던지기

아이와 손을 잡고 동네 산책을 나간다. 씹던 껌을 버린 것이 길바닥에 검은 점으로 남아 있는 것을 보고 "왜 저런 거지?"라는 등의 질문을 해본다.

### 넷. 눈에 보이는 모든 현상에 대한 원인과 결과 찾기

학교생활, 상벌, 성적표, 친구간의 우정, 왕따 현상, 선거와 당선, 사회, 역사 등 어떤 분야든 어린이들이 내면 속에 들어 있는 규칙을 보도록 유도한다.

### 다섯. 부분으로 전체 찾기 게임 하기

부분을 보여주고 전체적인 모습을 알아보게 하는 게임을 하면 논리적 사고력이 확장된다.

# 05 관계 읽기
## 능력을 기르면 복잡한 내용이 간단한 도표로 보인다

 머릿속의 지휘자를 잃어버린 아이

A: 철수는 어머니와 아버지가 계십니다. 철수 어머니의 아버지의 성함은 김석원 씨입니다. 김석원 씨는 따님을 두 분 두셨는데, 작은딸의 이름은 김영숙 씨입니다. 김영숙 씨는 최영석 씨에게 시집을 갔습니다. 최영석 씨는 두 아들을 낳았는데, 큰아이 이름은 철수이고, 작은아이는 영수입니다. 김석원 씨와 철수는 어떤 관계입니까?

B:

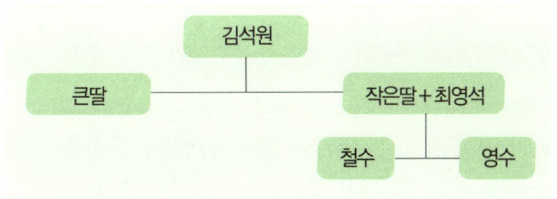

위의 글 A는 매우 복잡해 보인다. 그러나 이것을 관계식으로 나타낸 B는 매우 쉽게 이해된다. 어린아이라도 쉽게 알 수 있다. 이와 같이 관계 짓기란 글을 읽어가면서, 또는 읽고 난 후에 혹은 중요한 낱말 사이에 어떤 관계가 있는가를 쉽게 이해할 수 있도록 그림이나 도표로 나타내는 방법이다. 아무리 단순한 글이라 할지라도 중요한 낱말들 사이의 관계를 이해해야만 그 뜻을 알 수 있게 되고, 아무리 복잡한 글이라도 중요한 낱말들 간의 관계만 간단하게 이해하면 그 의미를 쉽게 알 수 있게 된다. 관계짓기란 문장과 문장, 문단과 문단 사이의 관계도 다룰 수 있다.

관계 읽기란 글 속의 아이디어나 중요한 개념들의 의미관계를 시각적으로 바꾸어 읽는 독해방법이다. 의미관계를 시각화한다는 것은 선형의 글을 비선형의 입체적 표상으로 시각화하는 것이다.

미국의 인지심리학자 앤더슨(Anderson)은 인간의 기억 속에 저장된 정보들은 문장이 계속적으로 이어지는 것과 같이 왼쪽에서 오른쪽으로 선형적인 형태로 조직되어 있는 것이 아니라 모든 정보들이 서로 연결된 그물망 형태(network)로 되어 있음을 밝혔다.

관계 읽기의 방법에 사용되는 중요한 방법은 예시, 특성, 정의, 유사, 비교, 순서, 인과관계 등을 따져보며 읽는 것이다. 이 중에 비교의 방법을 예로 들어보자. '스피츠는 불독보다 작다'는 문장을 읽을 때 독자는 머릿속에서 스피츠와 불독의 관계를 '스피츠 < 불독'으로 시각화하게 된다. 그러나 만약에 관계짓기가 잘못되어 스피츠 > 불독, 혹은 스피츠 = 불독이 된다면 독해에 문제가 생기게 된다.

또 '지구상의 인종은 피부 색깔에 따라 황인종, 흑인종, 백인종으로 나눌 수 있다'는 문장을 읽을 때 머릿속에

| 인종 | | |
|---|---|---|
| 황인종 | 흑인종 | 백인종 |

이라는

관계짓기 그림을 그리게 되면 바른 독해가 되지만,

| 황인종 | | |
|---|---|---|
| 인종 | 흑인종 | 백인종 |

이라는 그림을 그리면 바른 독해가 이루어지지 않는다.

일반적으로 관계 읽기 방식은 다음과 같다.

(1) 예시 읽기: A는 B의 한 가지 예이다.

▶ 진달래는 우리나라 봄꽃 중의 하나이다.

| 우리나라 봄꽃 |
| --- |
| 진달래 |

(2) 분류 읽기: A에는 a, b, c가 있다.

▶ 사람은 남자와 여자로 나눌 수 있다.

| 사람 | |
| --- | --- |
| 남자 | 여자 |

(3) 특성 읽기: A는 B의 특성이다.

▶ 꿀벌은 부지런하다.

| 꿀 벌 |
| --- |
| 부지런하다 |

(4) 정의 읽기: A는 B이다.

▶ 외할아버지는 어머니의 아버지이다.

외할아버지 = 어머니의 아버지

(5) 유사 읽기: A는 B와 닮았다.

▶ 한국의 전통적 그림과 중국의 그림은 비슷하다.

한국의 전통적 그림 ≈ 중국 그림

(6) 비교 읽기: A는 B보다 크다.

▶ 코끼리는 생쥐보다 크다.

코끼리 > 생쥐

▶ 남한의 인구는 북한의 인구보다 많다.

남한의 인구 > 북한의 인구

(7) 순서 읽기: A는 B 전에 발생했다.

▶ 꽃이 피고 난 후에 열매가 맺힌다.

| 꽃이 피다 | ⇒ | 열매 맺는다 |

(8) 인과관계 읽기: A가 B를 야기했다.

▶ 공장의 폐수를 먹은 물고기가 죽었다.

| 공장 폐수 | ⇒ | 물고기 죽음 |

(9) 이음말 읽기: A와 B, A 또는 B, A 그리고 B

▶ 그는 허겁지겁 밥을 먹고, 그리고 물을 마셨다.

| 밥을 먹다 | ⇒ 그리고 ⇒ | 물을 마시다 |

---

**TIP ;** 이렇게 해보세요

**하나.** 머릿속에 관계짓기 부호를 익혀주세요.

① 특성: 꿀벌 – 부지런하다
② 분류: 사람(남자, 여자)
③ 정의: 외할아버지 = 어머니의 아버지
④ 유사: 한국 그림 ≈ 중국 그림
⑤ 비교: 코끼리 > 생쥐
⑥ 순서: 꽃이 피다 ⇒ 열매 맺는다
⑦ 인과관계: 공장 폐수 ⇒ 물고기의 죽음

**둘.** 글을 읽으며 항상 관계짓기 연습을 시켜주세요.

① 글을 읽으며 큰 말과 작은 말의 위치를 따져보게 한다.
② 글을 읽으며 큰 범위와 작은 범위를 구분하는 연습을 시킨다.

**셋.** 일상생활에서 관계짓기 그림을 응용하도록 연습시켜주세요.

① 가족의 촌수를 알고 그림으로 그려보게 한다.
② 친척의 가계도를 그려주고 자신이 어디에 위치하는지를 알려준다.
③ 친척이 찾아오면 그 사람의 위치를 머릿속에 그려보게 한다.

# 구조 읽기
## 능력을 기르면 주제가 저절로 나타난다

### 말의 이빨은 몇 개인가?

한 학자가 말했다.

"말의 이빨은 위턱, 아래턱에 한 개씩 있습니다. 만약에 말의 이빨이 여러 개라면 풀을 뜯어먹을 때 이빨 사이에 낄 것인데 말이 이빨을 쑤시는 것을 못 보았으니 하나인 것이 틀림없습니다."

다른 학자가 말했다.

"말도 안 됩니다. 똑같이 풀을 뜯어먹는 소나 양도 이빨이 여러 개인데 말만 하나일 수가 있나요?"

또 다른 학자가 말했다.

"말은 이빨이 없습니다. 왜냐하면 말은 해로운 적이 나타나면 뒷발질로 물리칩니다. 말이 이빨이 있으면 사자나 호랑이처럼 물어뜯을 겁니다."

토론을 지켜보고 있던 어린 소년이 말했다.

"선생님들의 말씀을 들으니 한 가지 궁금한 것이 있습니다. 말의 이빨이 몇 개인지 알려면 말을 데리고 와서 직접 세어보면 되지 않을까요? 제가 말 한 마리를 끌고 올까요?"

이 이야기는 17세기 영국의 경험주의 철학자 프랜시스 베이컨이 사용했던 일화이다. 베이컨은 이 이야기를 경험주의의 중요성을 설명하기 위해 이용했지만, 우리는 이 이야기를 읽으면서 이 글의 구조를 보게 된다. 즉, 가설로 증명하려는 쪽과 경험으로 증명하려는 쪽의 두 가지 태도를 보게 된다. 이 글은 가설과 경험의 대립 구조를 띤다.

이와 같이 독자는 글을 읽어가면서, 혹은 읽은 후에 글이 무엇과 무엇을 대립시켜놓았는지를 찾아내면 쉽게 주제에 접근하게 된다. 이 이야기에서 학자들의 잘못은 사실을 알아봄으로써 해답을 간단하고 정확하게 알아볼 수 있는 것을 그렇게 하지 않았다는 점이다.

사람의 생각에는 구조가 있다. 글의 의미를 파악하는 일은 이 생각의 구조를 이해하는 일이다. 줄거리 읽기가 글의 내용을 시각화하는 일이라면, 구조화하기는 글의 내용을 공간화하는 일이다.

첫째, 문학책은 구조화를 통해서 글 속에 녹아 있는 복잡한 주제가 선명하게 드러난다. 문학책의 구조는 일반적으로 2항 대립으로 되어 있다.

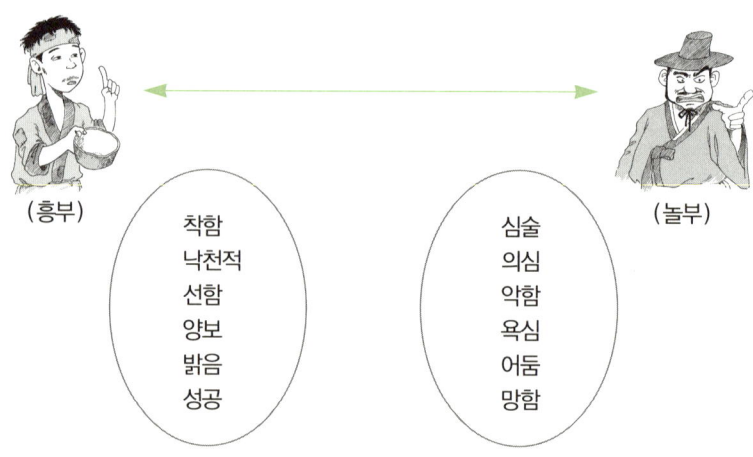

이 책을 읽는 어린이들의 머릿속에는 『흥부 놀부』의 내용이 이렇게 대립되는 구조 속에 배치된다. 그리고 그 배치를 통하여 선한 사람은 잘되고, 악한 사람은 망한다는 권선징악의 주제를 알게 된다.

『장발장』처럼 3항 대립의 구조를 보이는 작품도 있다.

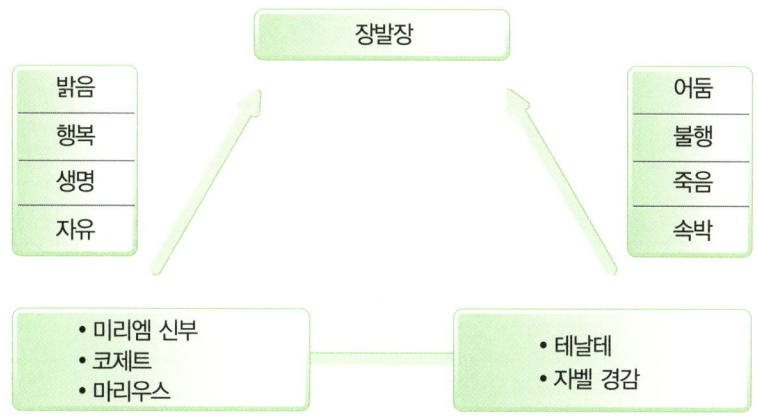

장발장을 중심으로 장발장을 밝은 쪽으로 이끄는 미리엠 신부가 속한 항과 장발장을 어둠으로 몰아 넣으려는 자벨 경감이 속한 항이 있다. 이 작품은 이 세 항으로 구성된 이야기이다.

지식이 담겨 있는 책도 구조화 작업을 통하여 더 잘 이해된다. 교과용 도서의 지식체계는 망구조, 연계구조, 위계 구조의 3가지로 되어 있다. 예를 들면 '개는 용맹성, 복종성, 민첩성, 후각 발달이라는 특성을 가지고 있다'라는 문장을 망구조로 설명하면 다음과 같다.

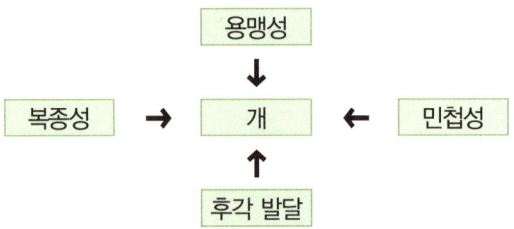

개구리의 성장 과정을 나타내는 알 – 올챙이 – 개구리의 지식구조는 연계구조(사슬구조)인데, 이런 구조는 원인과 결과, 전후 등의 관계를 나타내는 데에 알맞다.

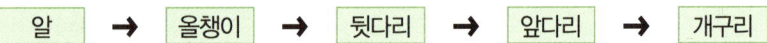

정부 조직은 행정부, 사법부, 입법부로 나뉜다. 그리고 이것은 더욱 세분화되는데 이런 구조를 상호 범주적 위계를 이루는 위계구조(트리 구조)라고 한다.

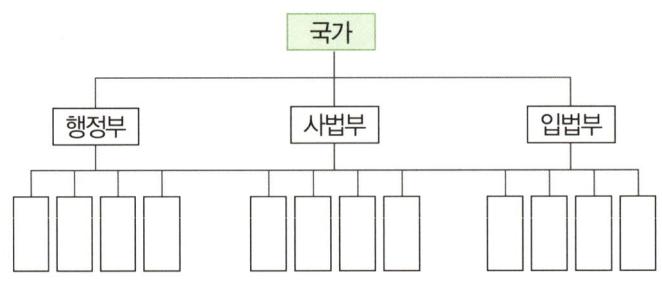

복잡한 글을 이런 그림으로 공간화하는 연습을 하면 아무리 어려운 글도 쉽게 구조를 파악할 수 있게 된다.

**하나** 책을 읽으며 대립 구조 익히기

① 동화책을 읽고 무엇과 무엇이 대립되는 이야기인지를 찾아보게 한다. 그러면 주제
나 중심 생각을 금방 찾게 된다.

② 논설문을 읽고 무슨 생각과 무슨 생각이 대립을 이루는지 말해보게 한다. 그러면 논
지를 금방 알게 된다.

**둘** 뉴스를 보며 무엇과 무엇의 대립 현상인지 파악하기

사회에서 일어나는 뉴스를 보고 대립 구조를 통하여 그 현상의 핵심을 파악해보게 한
다.

예) 남북 분단은 무엇과 무엇의 대립인가?

부안 원전반대 시위는 무엇과 무엇의 대립인가?

**셋** 교과서와 참고서의 내용을 구조 그림 속에 넣어보기

① 교과서, 참고서, 백과사전 등 학습용 책에서 일정 부분을 골라 '그물구조', '사슬구
조', '트리 구조' 속에 넣어보는 연습을 시킨다.

② 이 연습을 많이 한 아이들은 아무리 길고 복잡한 글이라도 구조 그림 속에 넣어 간
단하게 기억한다.

# 07 요약 능력은
## 사회적 · 학습적으로 자신감을 준다

### 💬 말을 지루하게 한대요

우리 아이는 공부도 열심히 하고 엄마 말도 잘 듣지요. 무엇 하나 나무랄 것이 없는데, 한 가지 속상한 점은 학교 성적입니다. 아이가 노력하는 것만큼 결과가 나오지 않는 것을 넘어 아주 바닥입니다. 아이는 열등감에 시달리며 자신을 바보로 알고 있어요. 담임선생님은 우리 아이가 말을 지루하게 한대요. 글도 지루하게 쓴다고 하세요. 그러니까 시험 볼 때 다른 아이들과 똑같은 시간을 주면 절반도 못한다고 하시며 빨리빨리 하는 법을 가르치라고 하세요. 선생님, 빨리빨리 하려면 어떻게 해야 할까요?

부산에 사는 한 어머니가 전화로 상담해온 내용이다.

아이를 전화로 인터뷰해본 결과 지능도 보통이고, 특히 정서지능인 EQ는 매우 우수한 아이였다. 즉, 다른 것에는 아무 흠이 없는데, 단지 요약하기 능력이 떨어져서 학교에서 열등감에 시달리고 있었다.

생각을 말이나 글로 뭉뚱그리는 능력이 떨어져서 다른 사람에게 지루함을 느끼게 해주는 타입의 어린이였다. 이런 현상은 어린이에게만 나타나는 것은 아니다. 어른들도 생각을 뭉뚱그려 요약하는 능력이 없으면 친구들과 이야기할 때 대화에 끼지 못한다. 무슨 말이든지 짧고 분명하게 말하지 못해서 말할 기회를 잃는다. 대개 어느 모임의 지도자격인 리더들은 말을 분명하고 힘차게 한다. 사람들은 그런 사람을 리더로 정한다. 이런 추세로 볼 때 요약하기 능력이 낮다는 것은 사회적으로나 학습에서나 매우 불리한 위치에 처하게 된다.

글을 이해한다는 것은 글의 내용을 한마디나 몇 개의 문장으로 뭉뚱그릴 수 있다는 말과 같다. 긴 글을 읽고 한마디로 요약하여 말할 수 없다면 글을 이해했다고 할 수 없다.

독서란 수백 장의 글을 읽고 한마디로 뭉뚱그리거나 요약하는 과정이다. 책을 읽은 사람에게 그 책의 내용을 물었을 때 한마디로 대답하지 못하고 길게 말하는 사람은 뭉뚱그리는 능력이 부족한 사람이다. 특히 동화나 소설과 같은 문학책을 읽을 경우에는 뭉뚱그리기 기술이 더욱 필요하다.

뭉뚱그리기 기술은 종합적 사고력을 요구한다. 종합적 사고력이란 나열되거나 대립되어 있는 사물의 개념을 통일시켜 하나의 의미로 정립시키는 능력을 말한다. 종합적 사고력이 발달한 사람은 한 권의 책을 한마디말로 요약할 수 있다. 오랜 세월 동안 입에서 입으로 구전되어오는 속담이나 격언들은 모두 종합적 사고의 결정체들이다. 한마디의 말 속에 인생의 진리가 담겨 있기 때문이다.

교과서를 공부할 때에는 대개 뭉뚱그리기 방법이 이용된다. 중심 생각 알기, 주제 찾기 등의 학습방법은 모두 이 뭉뚱그리기 능력을 필요로 한다. 흔히 학생들이 책을 암기할 때 문장을 있는 그대로 암기하려고 하면 잘 되지 않지만, 한마디로 뭉뚱그려 암기하면 금방 암기할 수 있을 뿐만 아니라 오래오래 기억할 수 있다.

뭉뚱그리는 것은 글의 내용을 핵심 단어나 핵심 문장으로 바꾸어내는 요약 작업이다. 그렇다고 자기 마음대로 요약하거나 뭉뚱그리는 것은 아니다. 요약이나 뭉뚱그리기란 주어진 글을 짧게 정리하는 것이다. 요약은 원칙적으로 원문의 내용에서 빗나가지 않도록 짧게만 하는 것이다. 내용을 그대로 유지하면서 길이만 짧게 하자면 글 속에서 중요한 요소를 뽑을 수 있어야 한다. 또 요약이나 뭉뚱그리기 속에는 글을 비판하는 자신의 의견을 넣어서는 안 된다.

뭉뚱그리기는 초등학교 1학년부터 성인에 이르기까지 누구에게나 필요한 능력이다. 뭉뚱그리기의 과정은 일반적으로 다음과 같다.

1. 읽은 글을 충분히 이해하였는지 확인한다.

   이 글은 무엇에 관한 글인가? 필자는 이 글에서 무슨 말을 하려고 했는가? 등의 질문을 해본다. 그러고 나서 글의 중심 내용(주제)을 생각해본다.

2. 주제를 생각할 때는 중요하다고 생각되는 단어나 문장 밑에 줄을 그어놓고, 그 단어나 문장과 관련지어 생각해본다.

3. 내용이 유사하거나 같은 범주에 속하는 것들을 한데 묶어 통합한다. 이런 통합은 문장을 단위로 해도 좋고, 문단을 단위로 해도 좋다.

4. 불필요한 작은 내용들은 삭제한다. 같은 내용인데 표현만 다른 것은 무시하고, 별로 중요하지 않은 내용도 지운다.

5. 이렇게 해나가면 중요한 줄기만 남는다. 그 줄기를 공책에 적는다.

지시하는 내용을 짧게 한마디로 줄여서 외우게 하기

① 시장에 가서 여러 가지를 사오라고 지시한다. 아이는 종이에 짧게 요약하여 메모하
　도록 한다.
② 할머니 댁에 심부름을 보낸다. 지시 내용을 길게 하고 아이는 짧게 요약하
　여 메모하도록 한다.

 그림동화 요약하기

① 그림책을 보고 먼저 이야기를 하게 한다.
② 그림책에서 빼놓으면 안 되는 페이지를 표시하도록 한다.
③ 처음에는 절반으로 줄이고, 다음에는 1/3로 줄이는 방식으로 점점 줄여
　나간다.
④ 중요한 것을 빼놓지 않게 지도한다.

**셋.** 전래동화 요약하기

① 처음에는 100자, 그 다음에는 50~30자, 한 문장, 한 단어로 줄이는
　연습을 한다.
② 요약한 내용에 중요한 것이 빠졌는지 알아본다.
③ 요약한 내용에 자기 의견이 들어가 있으면 뺀다.

**넷.** 교과서 1쪽의 내용을 30자 → 20자 → 10자로 줄이는 연습하기

① 중요한 내용에 밑줄 긋기
② 중요한 내용들을 모아 요약하기
③ 요약한 내용 외우기
④ 다른 사람에게 요약하여 말하기

# 기억력을
## 강화하면 지식의 억만장자가 될 수 있다

### 다른 때는 똑똑한데, 공부할 때만 바보가 돼요

우리 아이는 이상해요. 놀지도 않고 공부를 하는 데도 아무런 성과가 없어요. 글쎄 어제는 12시가 넘도록 책상에 앉아 있었어요. 아마 책을 백 번도 더 읽는 것 같았어요. 이번에는 꼭 좋은 성적을 받겠다고 결심을 했대요.

그런데 결과가 좋지 않았나 봐요. 시험이 끝나고 집에 돌아왔는데 얼굴이 핼쑥하고 풀이 죽어서 자기 방으로 들어가더니 울고 있는 거예요. 그래서 위로해주려고 들어가니까 글쎄 제 품에 뛰어들며 "엄마, 난 바보인가 봐" 그러는 거예요.

선생님, 우리 아이는 바보가 아니에요. 아주 어렸을 때 함께 갔던 소풍 장소도 기억하고, 제가 사준 인형이 입고 있던 옷도 기억한답니다. 노래도 잘하고 스케이트도 잘 타고, 이야기도 재미있게 해서 친구들도 많답니다. 그런데 공부할 때만 그래요. 1학년 때는 참 잘하는 것 같았는데 학년이 올라갈수록 왜 이렇게 힘들어하는지 모르겠어요.

학습방법을 위한 강연 도중, 잠깐 쉬는 시간에 휴게실로 찾아온 한 어머니의 하소연이었다. 기억창고에 저장하고 꺼내는 데 약간의 문제가 있어 보이는 아이였다.

166

나는 그 아이 어머니에게 기억창고에 저장하고 꺼내는 몇 가지 방법을 알려주었다. 작은 목소리로 속삭이게 하는 방법, 두 눈으로 뚫어지게 보아 사진을 찍어놓는 방법 등과 같이 간단한 방법과 더불어 요약하기, 압축하기 등의 형태를 띤 재구성 방법도 가르쳐주었다. 그러고 나서 얼마 후에 어머니로부터 전화를 받았다.

"아이가 많이 좋아졌어요. 기억의 구멍이 많이 메워졌는지, 책을 읽고 물어보면 더 많이 알아요. 이번 시험에서는 성적이 많이 올랐어요."

학교에서 좋은 성적을 얻기 위해서는 그 어떤 사회생활에서보다도 더욱 광범위하고 강도 높은 기억력이 필요하다. 과목마다 아이들이 기억해야 할 규칙과 개념들이 산더미같이 쏟아져 나온다. 학년이 높아지면서 학교에서 요구하는 기억력 수준은 계속 높아간다.

초등학교 1,2학년 때는 어떤 말소리에 어떤 글자가 맞는지 기억해야 하고, 그런 다음에는 책에 나오는 낱말을 보고 곧바로 어떤 뜻인지 알아야 하는 어휘학습이 시작된다. 이때부터 머릿속 기억은행에는 수많은 글자와 숫자들을 채워 넣어야 한다.

학년이 올라갈 때마다 새로 기억해야 할 내용들이 머릿속으로 밀려들어온다. 어떤 학생들은 특정한 시기 혹은 학창 시절 내내 우수한 기억 용량을 자랑하며 이 모든 과목을 기억하고 필요한 때에 적절하게 쏟아내지만, 어떤 학생들은 그것이 서툴러서 좌절감을 맛본다.

어린이의 기억 발달은 장소에 대한 기억이 가장 먼저 발달하고, 그 다음에는 리듬 있는 내용을 기억한다. 그래서 유아들에게는 노래로 만들어 가르치면 빨리 기억하게 된다. 그러나 노래로 된 기억은 한 덩어리로 기억되기 때문에 중간의 한 부분을 떼어서 꺼내지는 못한다. 재생시키려면 처음부터 노래를 불러보아야 한다. 세 번째로 기억하는 것은 '얼굴

기억하기' 같은 그림으로 기억하는 것이다.

일반적으로 기억력에는 단기기억, 능동기억, 장기기억의 3가지가 있다. 단기기억은 '정신의 중계소'라고 하는데 매우 좁다. 그래서 많은 자료들을 오랫동안 보관하지 못한다. 단기기억의 예를 들면 우리나라 학생들이 영어 단어를 무조건 외우는 것을 들 수 있다. 또 문제의 답을 무조건 외우는 것도 단기기억에 저장되는 것이다. 이런 것들은 시험만 끝나면 금방 잊혀지는 것이 특징이다.

능동기억은 단기기억과 장기기억이 만나는 장소를 제공한다. 단기기억을 장기기억으로 보내는 일, 어떤 질문을 받았을 때 장기기억에 들어 있는 내용을 끄집어내는 일 등을 담당한다. 그리고 책을 읽을 때 맨 뒷부분을 읽으면서 앞부분의 것을 기억하여 종합하는 일, 계획을 세우고 그것을 실행하는 일등을 한다.

능동기억은 머리가 편안해야 잘 돌아간다고 한다. 걱정이나 근심은 컴퓨터 바이러스처럼 능동기억을 갉아먹는다. 능동기억 창고도 매우 좁다. 그래서 가정환경이 불우한 아이들은 능동기억 창고가 이미 걱정으로 차버려 학교에 가면 공부가 머리에 들어오지 않게 된다.

장기기억은 거의 영원히 담아두는 기억창고이다. 이를테면 우리 몸의 하드 드라이버에 해당한다. 사람들은 평생을 이 기억창고에 들어 있는 기억에 의지하여 살아간다. 이 기억창고에 들어간 지식은 빠져나가지 않는다고 한다. 기억이 나지 않는 것은 뒤죽박죽으로 들어가 있어서 꺼내지 못하기 때문이라고 한다. 아는 사람의 이름이 생각나지 않다가 갑자기 생각나는 경우도 바로 그런 이유에서이다.

그런데 장기기억은 감정에 깊이 관여될수록 오래 기억에 남는다. 다시 말해서 감수성이 강한 아이일수록 기억을 잘한다고 한다. 슬픈 일, 놀란

일, 즐거운 일 등의 감정에 새겨진 기억이 오래가고 잘 회상되는 것은 장기기억과 감정의 결합이 강력하기 때문이다.

학습 관련 연구자들에 의하면 공부를 잘하기 위해서는 장기기억 속에 저장하는 지식을 나중에 찾기 쉽게 체계적으로 저장하는 방법에 숙달되어야 한다고 한다. 장기기억 창고가 일하는 방식으로는 저장할 때는 '철하기(filing)', 꺼낼 때는 '접근(access)'이라는 두 가지 주요 방식이 있다. 저장하는 철하기에는 짝지어 철하기, 과정에 따라 철하기, 범주에 따라 철하기, 규칙과 유형에 따라 철하기 등 4가지 방식이 있다.

'짝지어 철하기'는 낱말과 낱말의 의미, 노래와 노래의 제목, 사건과 사건이 일어난 날짜를 서로 짝지어 기억하는 방법이다. 이 방법의 장점은 하나를 꺼내면 그 짝이 같이 올라온다는 것이다.

'과정에 따라 철하기'는 일을 어떻게 처리하는지를 기억하는 방법으로, 운동 과정을 청사진으로 저장한다. 운전하는 법, 컴퓨터 작동하는 법 등이 적힌 설명서와 같다. 이것이 저장되면 어떠한 행동을 일부러 기억해 내지 않아도 자동으로 할 수 있게 된다.

'범주에 따라 철하기'는 학생들은 누구나 수많은 지식을 가지고 머릿속의 백과사전을 만든다. 이 백과사전이 체계적으로 범주화되어 있느냐에 따라 각종 시험에서 점수를 잘 받는지가 결정된다. 예를 들면 동물이라는 범주를 다시 야생동물과 애완동물로 나누고, 애완동물이라는 범주에는 햄스터, 고양이, 개 등으로 나눈다. 이런 체계 덕분에 관련 정보가 필요할 때 곧바로 찾아낼 수 있다.

'규칙과 유형에 따라 철하기'는 규칙을 한꺼번에 기억하는 방법이다. 예를 들면 '직사각형에는 각이 네 개 있다, 조사는 앞말에 붙여 쓴다, 인용문은 작은따옴표 안에 넣는다, 대화는 큰따옴표 안에 넣는다' 등이다.

때때로 이미 안다고 생각하던 것이 기억나지 않아서 쩔쩔 맬 때가 있다. 이것은 장기기억 속에 들어 있는 정보를 꺼내지 못하기 때문이다. 장기기억 속에서 정보를 꺼내는 방식에는 회상방법, 재인방법, 자동접근법이 있다.

회상(recall)방법은 필요한 정보를 덩어리째 퍼내는 기술이다. 학생들은 수업시간에 질문을 받으면 짧은 순간에 대답을 해야 하는 경우가 많은데 이럴때 회상방법을 쓰면 좋다. 대답을 빨리 못하는 학생들에게는 기억을 인출할 수 있는 시간을 더 많이 주면 인출하는 데 도움이 될 수도 있다.

재인(recognition)방법은 학생에게 꼭 필요한 정보 위치 탐지기이다. 아는 정보를 끄집어낼 때 전에 보았던 것, 전에 알던 것임을 기억해내는 장치이다. 수학문제를 풀 때는 풀이법을 재인할 수 있어야 하고, 소설을 읽을 때는 앞에서 그 인물이 한 말을 기억할 수 있어야 소설 감상이 이루어진다. 수학문제를 풀 때마다 생전 처음 보는 문제인 양 어려워하는 학생들은 이 재인 능력이 부족하기 때문이다.

자동접근(automatization)법은 이해된 것들이 자동으로 나와주는 방법이다. 예를 들면 작문을 할 때 필요한 단어들이 자동으로 나와주어야 하는데, 자동으로 나와주지 않으면 작문하기가 너무 힘들어진다. 읽기, 쓰기 능력이 떨어지는 아이들이 가지고 있는 문제는 개별 낱말들이 자동으로 나와주어야 하는데 그렇지 못하여 머리를 쥐어짜서 단어를 찾아내어야 한다는 것이다. 그렇기 때문에 시간과 노력이 많이 드는 것이다. 자동화가 더딘 아이들은 규칙적인 연습이 필요하다.

| 우리 아이는? | 매우 그렇다 | 조금 그렇다 | 보통이다 | 아닌 편이다 | 전혀 아니다 |
|---|---|---|---|---|---|
| 시끄러운 음악을 틀어놓고 공부한다 | 5 | 4 | 3 | 2 | 1 |
| 시험이 끝나면 바로 친구와 장시간 전화를 한다 | 5 | 4 | 3 | 2 | 1 |
| 다 배운 것인데 시험 시간에는 생각이 안 난다고 호소한다 | 5 | 4 | 3 | 2 | 1 |
| 글쓰기를 할 때 단어 선택에 어려움을 겪는다 | 5 | 4 | 3 | 2 | 1 |
| 책을 읽을 때 뒤를 읽다가 앞을 자꾸 들춰본다 | 5 | 4 | 3 | 2 | 1 |
| 노래는 아는데 제목을 모를 때가 있다 | 5 | 4 | 3 | 2 | 1 |
| 이름과 얼굴이 따로 노는 때가 있다 | 5 | 4 | 3 | 2 | 1 |
| 시험이 끝나고 나면 다 잊어버린다고 한다 | 5 | 4 | 3 | 2 | 1 |

**해당 점수를 모두 더해보세요**

♣ 31~40점: 기억하기에 문제가 있어 보입니다.

♣ 21~30점: 체계적인 기억방법을 익혀주세요.

♣ 11~20점: 기억력이 좋습니다.

♣ 1~10점: 우수한 기억력의 소유자입니다.

**하나.** 장기기억이 가장 잘 정리되는 시간은 잠자기 직전입니다.

시험 전날 공부를 끝내고 잠자려고 할 때 친구에게 전화를 걸거나 받는 일은 시험을 망치는 일이다. 일단 친구에게 전화를 먼저 한 다음에 공부를 하고 그런 다음 잠자리에 들기 전에 공부한 것을 다시 한 번 읽어보면 장기기억에 쏘옥 들어간다.

**둘.** 선생님은 수업을 할 때 장기기억으로 저장될 시간을 주어야 합니다.

선생님이 40~50분 동안 열심히 가르치고 나서 종이 울리면 아이들은 밖으로 뛰어나가 논다. 이런 패턴은 지식을 머리에 장기저장하는 데에 좋은 방법이 아니다. 수업이 끝나기 전에 5~10분 동안 아이들에게 정리할 시간을 주면 이때 배운 것들이 고스란히 장기기억으로 이동한다.

**셋.** 책을 읽으면서 밑줄을 긋거나 표시를 하면 장기기억에 도움이 됩니다.

**넷.** 회상과 재인은 자주 사용할수록 향상됩니다.

'연습이 대가를 만든다'는 말은 기억 저장하기, 기억 꺼내기에도 해당된다. 그러기 위해서는 늘 규칙적으로 공부를 하는 것이 좋다.

**다섯.** 머리를 쓰는 게임을 하는 것도 기억력을 향상시킵니다.

예를 들면 '아버지는 나귀 타고 장에 가시고……'란 노래를 '고'자를 빼고 부르는 것과 같은 방법들이다.

# 배운 것을
## 노트에 재현하면 장기기억 속으로
## 저장된다

### 엄마, 머릿속에 있는 어떤 주머니가 새는 것 같아요

중학교 1학년인 우리 아이는 배운 것을 절반도 기억하지 못합니다. 물론 학교 성적은 바닥이죠. 그런데 선생님께 여쭤보면 공부시간에는 열심히 듣는다고 합니다. 열심히 들었는데 그것은 다 어디로 가고 시험만 보면 바닥일까요? 그런데 어느 날 우리 아이가 말하기를 "엄마, 머릿속에 있는 어떤 주머니가 새고 있는 것 같아요"라고 하는 거예요. '얼마나 열심히 공부했으면 저런 소리를 하는 것일까?' 생각하니 가슴이 미어지는 것 같았습니다. 선생님, 우리 아이를 도와줄 수 있는 방법이 없을까요?

이 학생은 기억 속으로 들어가는 양이 적거나 기억된 것을 불러오는 능력이 약한 경우이다. 저장도 잘하고, 불러오기도 잘하면 얼마나 좋을까? 이 두 가지를 만족시킬 수 있는 훈련 방법이 몇 가지 있는데, 그 중에 가장 손쉬운 방법은 '배운 것을 노트에 재현해보기'이다. 학교에 다녀와서 잊어버리기 전에 그날 배운 내용을 재현해보는 것이다. 교과서를 보고 하는 게 아니라 눈을 감고 그날 선생님이 말씀하신 내용을 떠올려 노트에 적어보면 된다.

우선, 조용히 집중하여 무슨 과목이었는지, 어떤 선생님이었는지, 선생님은 어떤 옷을 입으셨는지, 몇 과를 배웠는지 등을 생각하여 그것을 적어본다. 만약에 생각나지 않는 것이 있다면 그것은 빼고 생각나는 것만 떠올리면 된다. 다 쓰고 나서 생각나지 않는 부분은 교과서를 보고 보충하여 써 넣는다. 이렇게 정리한 노트를 보면서 중요한 것에 밑줄을 치고 기억한다. 이것은 학교 수업을 다시 한 번 재현하는 방법인데, 기억력을 강화시켜준다. 이때 필기 방법으로는 관계짓기, 구조화하기, 분석하기 등의 방법을 사용하는 것이 좋다.

한국교육개발원 연구팀에 의하면 예습보다는 복습이 효과가 큰 것으로 보고되고 있다. 예습과 복습의 비율은 20 : 80 정도가 적당하며, 예습인 경우에도 바로 다음날 배울 것을 조사해가는 정도의 예습이 바람직하며 한 달 전에 미리 배운다거나, 1년 전에 미리 배우는 식의 선행학습은 아무런 효과가 없다고 한다.

| 우리 아이 노트를 보았더니 | 매우<br>그렇다 | 조금<br>그렇다 | 보통이다 | 아닌<br>편이다 | 전혀<br>아니다 |
|---|---|---|---|---|---|
| 중요한 내용보다 쓸데없는<br>내용이 더 많다 | 5 | 4 | 3 | 2 | 1 |
| 선생님의 기침 소리까지 적는<br>타입이다 | 5 | 4 | 3 | 2 | 1 |
| 선생님 말을 그대로 받아쓰는<br>타입이다 | 5 | 4 | 3 | 2 | 1 |
| 도형이나 표가 보이지 않는다 | 5 | 4 | 3 | 2 | 1 |
| 노트에 다시 공부한 흔적이 없다 | 5 | 4 | 3 | 2 | 1 |

**해당 점수를 모두 더해보세요**

♣ 26~30점: 노력의 대가가 성적과 연결되지 못하는 경우입니다.

♣ 21~25점: 체계적인 교육이 필요합니다.

♣ 10~20점: 공부 방법을 알고 있습니다.

♣ 1~9점: 성적이 우수한 학생일 것입니다.

Tɪᴘ ; 이렇게 해보세요

 3 · 3 시스템을 사용해보세요.

일본의 효고현 야마구치 초등학교 교사인 가게야마 히데오 씨의 실험에 의하면, 하나의 정보를 학생들에게 하루에 세 번씩 3일간 계속 읽고 쓰게 했더니 잊어버리지 않았다고 한다. 그는 이 연구 결과를 가지고 '3 · 3 시스템'이라는 이름을 붙여 발표했다. 이러한 연구 결과는 반복 기억을 하면 장기기억에 더욱 효과적으로 저장된다는 것을 증명하는 예라고 할 수 있다.

 수업 중 필기에 신경을 쓰게 하세요.

공부 잘하는 학생들은 노트 필기를 효과적으로 한다. 반면에 공부 못하는 학생들은 필기에 그다지 신경을 쓰고 있지 않거나 완벽하게 하지 못한다. 공부 못하는 아이들은 선생님이 쓰라고 할 때만 쓴다. 5, 6학년이 되면 필기 방법을 별도로 배워야 한다.

# 족집게
## 학생이 되려면 족집게 선생에게 배우지 마라

### 🔔 수능 지문이 소설처럼 재미있었어요

유난히 어려웠던 이번(2003학년도) 수능시험 언어영역에서 유일한 만점자인 휘경여고 3학년 손수아 양. 손양의 성적은 재수생 강세 속에서 재학생이 거둔 쾌거다. 입시학원의 족집게 강의 한 번 들은 적이 없고, 문제풀이반 강의도 들은 적이 없는 학생이라 입시학원가에서 화제가 되고 있다.

어릴 때부터 명작 소설과 신화, 판타지를 많이 읽었다는 손수아 양은 시험에서 지시문이나 지문만 봐도 전체 내용이 금방 파악되어 모의고사 언어영역에서 늘 최상위권인 110점대를 유지했다.

이 학교 국어과 ○○○교사는 "최근 수능 언어영역에 생소하고 긴 지문이 많아 독해력이 필요합니다. 손양의 경험이 귀감이 될 것입니다"라고 말했다. 서울대 인문학부 수시모집에 합격한 손양은 "앞으로 중국문학이나 중국사를 전공해 번역가나 역사소설가가 되는 것이 꿈"이라고 했다.

(중앙일보 2002. 12. 9)

학생과 학부모가 바라는 일 중의 하나는 시험에서 높은 점수를 받는 것이다. 특히 성적이 낮은 아이들은 더욱더 그런 욕구가 강하다. 주관식 시험이나 논술식 시험에서 좋은 점수를 받는 학생들의 특징을 연구한 결과들을 종합해 보면 다음과 같다.

- 문제의 의도를 확실하게 파악한다.
- 출제자가 원하는 답의 형태를 파악한다.
- 긴 지문을 정확하게 읽어내는 독해력을 가지고 있다.
- 답은 논리적이고 정확한 문장으로 쓴다.
- 짧고 명쾌한 문장으로 첫부분을 시작한다.
- 수식어와 피수식어의 관계를 분명하게 한다.
- 정답 유형의 글을 쓰지 않고 창의적으로 쓴다.

이상에서 볼 때 시험이란 출제자와 수험생의 머리싸움이다. 수험생은 출제자가 원하는 것을 파악해야 한다. 그런데 시험을 잘 못 보는 학생들의 첫번째 특징이 출제 의도를 파악하지 못하는 것이다. 둘째는 기억을 효과적으로 끄집어내어 쓰지 못하는 것이다. 시험 답안을 채점하다 보면 출제 의도를 알고 쓴 것인지 의심이 가는 답을 보게 된다. 공부를 못하는 학생일수록 엉뚱한 답을 쓴다. 이것은 문제와 지문을 파악하는 능력이 없기 때문이다.

수학 교사 모임에서 들은 이야기인데, 대학수학능력능력 시험을 치르고 난 학생들과 문제풀이를 해볼 때, 시험을 잘 못 본 학생의 70% 이상이 지시문을 잘 읽지 못해서 틀린 답을 썼다고 한다. 지시문만 확실히 읽었어도 훨씬 높은 점수를 받을 학생이 낮은 점수를 받고 억울해한다는 것이다. 학교나 학원에서 공부할 때는 선생님이 문제를 해석해주어서 잘했는데, 시험 중에는 혼자서 문제 해석을 하려니 알던 것도 틀리게 된다는 것이다.

이런 경우는 독해능력의 부족이 원인이다. 독해능력이 부족하면 어떤 시험도 잘 볼 수 없다. 시험을 보고 나서 아는 답을 쓰지 못했다고 하거나 착각했다고 하는 학생은 틀림없이 독해력이 부족한 것이다. 이럴 경우, 왜 문제를 잘 안 읽었느냐고 물어보면 읽었다고 대답한다. 읽긴 읽었지만 잘못 읽은 것이다.

시험과 관련된 연구 중 학원의 족집게 선생 밑에서 찍어주는 문제들로만 공부하던 학생들은 대학에 가면 시험을 못 본다는 통계가 있다(한국

## TIP ; 잠깐 테스트

| 시험 볼 때 어떤 일이 일어나나요? | 매우 그렇다 | 조금 그렇다 | 보통이다 | 아닌 편이다 | 전혀 아니다 |
|---|---|---|---|---|---|
| 내가 찍은 문제들은 시험에 잘 나오지 않는다 | 5 | 4 | 3 | 2 | 1 |
| 알던 문제인데 엉뚱한 답을 쓰는 경우가 있다 | 5 | 4 | 3 | 2 | 1 |
| 지시문의 뜻을 정확히 모르고 답을 쓸 때가 있다 | 5 | 4 | 3 | 2 | 1 |
| 분명히 썼는데 점수가 낮게 나온다 | 5 | 4 | 3 | 2 | 1 |
| 시험 볼 때 어려운 문제부터 풀어나간다 | 5 | 4 | 3 | 2 | 1 |
| 틀린 것을 검토하고 왜 틀렸는지를 알아낸다 | 5 | 4 | 3 | 2 | 1 |
| 과외 공부를 끊으면 성적이 금방 곤두박질한다 | 5 | 4 | 3 | 2 | 1 |

**해당 점수를 모두 더해보세요**

- ♣ 31~35점: 요약하기, 기억 꺼내기에 문제가 발생했군요.
- ♣ 21~30점: 시험 보는 방법을 잘 모르는 학생입니다.
- ♣ 11~20점: 조금만 훈련하면 우등생이 될 수 있습니다.
- ♣ 10점 이하: 매우 우수한 학생입니다. 시험도사죠?

교육개발원 2003). 이런 학생들은 족집게 선생과 헤어지면 성적이 곤두박질한다. 가장 좋은 방법은 직접 문제를 만들어보는 것이다. 시험을 잘 보려면 족집게 선생이 찍어주는 문제로 공부해선 안 된다. 스스로 시험 문제를 만들어보아야 한다.

**T**IP ; 이렇게 해보세요

**하나.** 중요한 문제를 찾는 연습하기

시험을 잘 보는 아이들은 문제 고르는 실력이 있다. 과외 선생님이 찍어주는 문제로만 시험을 보던 아이는 과외 선생님이 없으면 공부를 포기하게 된다. 미리미리 중요한 문제를 알아내는 훈련을 시킨다. 물론 처음에는 시행착오가 있을 것이다. 실패는 성공의 어머니라는 말도 있듯이 자꾸 해보면 능력이 생긴다.

**둘.** 문제 의도 파악하기

아는 것을 틀린 아이들의 70% 정도가 문제 의도를 잘못 파악한 경우이다. 아는 것을 틀리다니 얼마나 억울할까? 문제의 의도를 파악하는 것은 독해력이지만, 문제를 정신 차려 읽는 것도 중요하다.

**셋.** 출제자가 원하는 답안 형태 파악하기

모든 문제에는 출제자가 원하는 정답의 유형이 있다. 그 유형을 알아내는 것도 시험 기술이다. 답안의 형태에는 비교형, 결론 제시형, 문제 제기형, 의문 제기형 등이 있다. 답안의 형태가 문제의 성격과 어울리면 시험 예습이 된다는 말도 있다.

**넷.** 논리적인 문장으로 쓰기

원인과 결과가 분명한 문장으로 기술한다. 그러기 위해서는 '어쨌든, 좌우지간' 등과 같은 표현은 금물이다. 형용사를 많이 쓰는 것도 논리적인 문장에 흠이 된다.

**다섯.** 수식어와 피수식어 제대로 쓰기

우리나라 학생들이 특히 어려워하는 것이 바로 수식어와 피수식어의 혼동이다. 무엇이 무엇을 수식하는지를 연습시킨다.

### 여섯 창의적인 답안 쓰기

수능시험에서 흔히 일어나는 일 중 학교에서 가르쳐준 대로, 혹은 예상 문제집에 나와 있는 대로 썼는데 점수가 형편없이 나오는 경우가 있다. 그것은 출제자가 창의적인 답을 요구했는데 그 요구를 만족시켜주지 못했기 때문이다. 특히 논술고사에서는 예상 문제집에서 본 답안을 쓰면 최하 점수를 받게 된다. 예상 문제집의 답은 기억력 테스트이지 사고력 테스트가 될 수 없기 때문이다.

### 일곱 답을 쓰고 나서 문제 다시 읽기

출제 의도를 제대로 파악하고 썼는지를 다시 한 번 확인하는 절차가 필요하다. 시험에서 낭패를 보지 않으려면 이 과정은 반드시 필요하다.

### 여덟 시험문제 만들어보기

시험도사가 되려면 시험문제를 스스로 만들어보는 것이 매우 효과적이다. 그래야 시험문제를 만드는 출제자의 심정을 알게 된다. 내가 출제해본 문제가 현실로 시험에 난다면 얼마나 기쁠까?

### 아홉 품위 있는 문장으로 쓰기

요즘 학생들 중에는 은어나 속어, 컴퓨터 언어 등을 쓰는 경우가 있다. 이것은 감점 요인이 되므로 주의해야 한다.

### 열 맞춤법에 맞는 반듯한 글씨로 쓰기

맞춤법이 틀린 답안에 좋은 점수를 줄 수 있을까? 머릿속에 아무리 많은 지식이 들어 있어도 맞춤법에 맞지 않는 문장으로 표현한다면 아무 소용이 없다. 그리고 글씨를 괴발개발 쓰는 버릇도 고쳐야 한다.

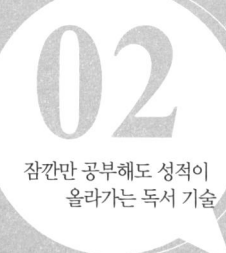

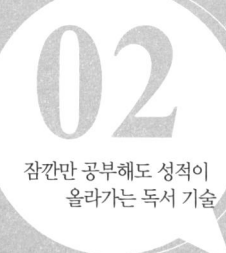<br>**02**

잠깐만 공부해도 성적이
올라가는 독서 기술

**Part 03**

# 하나를 배우면 열을 알게 되는
# 심층 독서 기술

# 01 감성이
## 풍부하면 동기부여가 잘된다

### 🎤 마음이 움직여야 열심히 한다

겨울방학이 시작되던 날, 다섯 명의 고등학생이 미술학원에 등록했다. 한 학생은 혼자 왔고 네 명은 어머니와 동행했다. 혼자 온 학생은 집이 강원도인데 미술을 공부하고 싶어서 무작정 상경했다고 한다. 그 학생은 마땅히 먹고 잘 곳이 없다며 심부름이라도 시켜주면 열심히 하겠다고 말했다. 네 명의 학생은 자신의 희망이라기보다는 어머니의 손에 이끌려 온 학생들이었다.

데생을 시작해보니 네 명은 어느 정도 기본 실력이 있었고, 시골에서 온 아이는 연필 쥐는 법부터 가르쳐야 했다. 그러나 1개월 후에 놀라운 사실을 발견했다. 시골에서 온 아이는 엄청난 발전을 보인 반면 다른 아이들은 진전이 없었던 것이다. 그들은 처음에 왔을 때와 달라진 것이 별로 없었다. 가만히 생각해보니 그들의 차이점을 만든 것은 동기부여였다. 시골에서 온 아이는 스스로 원해서 왔기 때문에 동기부여가 된 상태였고, 어머니에게 이끌려 온 아이들은 동기부여가 안 된 상태에서 그림공부를 시작한 것이다.

어느 미술학원 원장님으로부터 들은 이야기이다. 그렇다. 미술공부만이 아니라 세상의 모든 공부, 모든 직업은 자기 내부로부터 동기부여가 강하게 일어났을 때는 열심히 하고 적극적이 되지만, 그렇지 않은 경우에는 성과가 없고 성공하기도 어렵다. 그래서 교사들과 부모들은 학생들에게 동기부여를 해주기 위하여 온갖 방법을 다 동원하게 된다. 학교에서 공부를 잘하는 학생에게 상을 준다든가, 장학금을 주는 것은 이런 종류의 동기부여 방식이다.

교과서에 위인전이 자주 등장하는 것도 학생들에게 동기를 부여하는 한 방법이다. 가정에서 부모가 시험에서 좋은 성적을 내면 선물을 사준다고 하는 것도 동기부여의 일종이다. 학교에서는 이런 동기부여의 기회가 모든 아이에게 동일한 조건으로 주어지지만, 어떤 아이는 동기부여가 되어 열심히 공부하는데, 어떤 아이는 동기부여가 되지 않아 공부를 열심히 하지 않는다. 심리학자들은 인간이 가진 감수성이 동기부여를 일으키는 요인이라고 한다. 이는 느낌 혹은 필링(feeling)이라고 불리는 능력이다.

마음과 행동의 원천이 되는 감성능력의 구체적인 모습은 어떤 것일까? 느낌이 무엇인지 간단명료한 답을 요구하지만 않는다면, 누구나 답을 알고 있다. 왜냐하면 누구나 일상생활에서 느낌이란 것을 만나고 경험하기 때문이다. 그래서 '느낌이 없는 사람에게선 인간미가 느껴지지 않는다'라고 하기도 하고, 느낌이 없는 사람을 '목석'이라고 말하기도 한다.

사람은 누구나 눈으로 보고 귀로 듣고 코로 냄새를 맡는다. 그런 감각기관을 통하여 사물을 감지하고 판단한다. 먹음직한 사과를 보면 침을 꿀꺽 삼키고 라일락 향기가 풍겨오면 코를 벌름거린다. 이러한 현상은 느낌으로부터 시작된다. 이렇게 감지된 내용은 그냥 멍하니 정지되어 있지는 않다. 사과를 보고 침을 삼킨 사람은 사과를 사러 가고, 라일락 향기에 취한 사람은 향기를 더 많이 맡기 위해 나무 옆으로 가든가 라일락한 그루를 사서 마당에 심을 것이다. 이렇게 인간의 사고와 행동은 느낌으로부터 시작된다.

19세기 말, 많은 심리학자들이 인간의 마음을 움직이는 데 필수적인 느낌에 대하여 관심을 가졌다. 그러나 20세기에 들어와 행동주의, 과학만능주의가 세상을 지배하면서 느낌에 대한 관심은 퇴조를 보였다. 그러나 21세기를 눈앞에 두고 다시 정신문명이 고개를 들면서 느낌의 중요성이 부각되었다. 특히 독서학계와 학습방법 연구가들 간에 느낌의 연구가 중요시되고 있다.

느낌은 책과 독자를 연결하는 고리라고 볼 수 있다. 그동안의 연구에 의하면 느낌이 풍부한 감성적인 사람은 독서활동을 왕성히 하고 공부도 열심히 하지만, 느낌이 빈약한 사람들은 독서에 미온적인 태도를 보이고 공부에도 적극성이 없는 것이 일반적인 현상으로 나타났다.

인간의 인생 여정은 강한 느낌을 필요로 한다. 어떠한 사건을 당했을 때나 어떠한 조건이 주어졌을 때, 느낌이 강한 사람은 많은 것을 감지하여 강한 반응을 보이고 깊은 생각을 하게 되어 논지가 풍부해지지만, 느낌이 빈약한 사람은 감지된 사실이 빈약하여 반응도 약하고 행동도 약하다. 그러므로 풍부한 느낌을 갖는다는 것은 성공의 문턱에 들어선 것과 마찬가지이다. 존 듀이가 "지식은 느낌의 중개를 거쳐 발생한다"고 말한 것처럼, 책이란 느낌의 중개 없이는 독자의 머릿속으로 들어가지 못한다.

독서를 지루하게 생각하는 사람들은 대부분 몇 가지 특징을 지니는데, 그 중 하나가 책 내용에 몰입하지 못하는 현상이다. 책에서는 한창 총알이 날아가는 전투 장면이 벌어지고 있는데, 읽는 사람은 예전에 소풍 갔던 일을 회상하고 있다면 그 책이 재미있을 리가 없다. 이렇게 책에 몰입하지 못하는 현상은 집중력이 약한 사람에게 자주 일어나는데, 집중력 또한 느낌이 없을 때는 일어나지 않는 특징이 있다.

늘 근심을 안고 사는 아이는 시간이 지날수록 주의력 부족 현상이 일어나고, 기억력까지 떨어지며, 느낌이 사라져 동기부여가 안 되면서 모든 학습이나 독서를 기피하게 된다. 의기소침하고 소극적인 아이도 느낌이 약해짐에 따라 자신을 표현하거나 깊이 생각하기를 꺼려 학교생활 전반에 걸쳐서 문제가 발생하게 된다.

학습에 문제가 발생한 아이들은 자신의 체면을 세워보려고 학급에서 과격한 행동을 하게 된다. 가장 흔한 예로, 공부 잘하는 아이들을 힘으로 제압하려 한다든가 어릿광대 행동을 하여 학습부진에 따른 수치심을 감추어보려고 하는 것을 들 수 있다.

이와 같이 걱정과 근심은 동기부여에 치명적이다. 동기부여가 잘되는 아이로 자라나게 하기 위하여 다음과 같은 점에 유의할 필요가 있다.

- 가정생활을 모범적으로 이끌어 가정적인 걱정을 없애준다.
- 아이의 감정을 존중해준다.
- 아이들 스스로 생각하고 판단할 수 있는 기회를 준다.
- 하루가 끝날 때, 그날의 느낌을 말이나 글로 표현해보도록 한다.
- 텔레비전이나 신문을 보다가 언뜻 스치는 느낌을 소중히 반추해보도록 한다.
- 흥미 있는 문제가 언뜻 떠오를 때, 발전시켜볼 수 있는 방법을 가르쳐준다.
- 미래에 대한 긍정적인 방향을 제시한다. "너 같은 게 무슨……", "우리는 다 죽었다" 이런 말들은 아이의 동기부여에 치명적인 결과를 초래한다.
- 모범적인 인물의 성공담, 특히 실패를 거듭하다가 성공한 사람의 이야기는 아이들에게 많은 동기부여를 안겨준다. 따라서 위인전을 읽는 것은 동기부여에 큰 도움을 준다.

- 아이가 자신을 무능하다고 생각하는 부분을 찾아내어 그 원인을 치료해준다. 아이들은 자신이 무능하다고 생각하면 빨리 포기해버린다.

- 자긍심이 부족한 아이들은 자기 자신에 대하여 화가 치밀고, 항상 덫에 걸린 느낌 속에서 산다. 교육 과정은 수치심의 연속이며 자신의 열등함을 확신시켜줄 뿐이라고 생각한다. 이런 아이들의 가슴속에는 반항 의식, 폭력성, 잔인성이 싹튼다. 우리는 자식을 지나치게 좌절시킨 아버지와 자식 간에 일어난 살인사건을 보았다. 이런 예는 아버지가 아이의 열등감을 조성한 결과로 보인다. 학교에 열등감을 느끼는 아이들은 학교 공포증으로 발전하여 학교를 떠나게 되는 일도 발생한다.

---

**TIP ; 이렇게 해보세요**

① 책을 읽으며 자신을 주인공과 동일시하려고 노력한다.
② 주인공이나 등장인물의 심정을 느끼며 읽는다.
③ 인물의 행동을 자기의 경험과 결부시키며 읽는다.
④ 배경과 장면을 상상하며 읽는다.
⑤ 책 속에 표현된 냄새나 향기를 맡아본다.
⑥ 추운 겨울날 길에 앉아 있는 걸인의 마음과 추위를 느껴보게 한다.
⑦ 체육경기에서 우승한 사람의 마음과 상태를 느껴보게 한다.
⑧ 내가 나쁜 일을 저질렀을 때 엄마의 기분을 느껴보게 한다.
⑨ 8번과 반대의 경우를 느껴보게 한다.

# 02 상상력은
## 가능성을 창조한다

### 🗨 아저씨, 수염을 기르세요

저는 열한 살 난 여자아이예요. 오늘 아저씨 사진을 보면서 만약에 아저씨가 수염을 기르면 어떨까 하는 생각을 했는데, 아저씨가 수염을 기르면 훨씬 잘생겨 보일 것 같아요. 그러면 더 많은 사람들이 아저씨에게 투표할 거예요.

(1860년 10월 19일, 그레이스 베델로부터)

이 편지는 링컨을 미국의 제16대 대통령으로 당선되게 한 주요 인물 중의 하나였던 어느 소녀의 편지이다. 링컨은 그레이스 베델의 편지를 받고 "수염을 기르면 어색하지 않겠느냐?"는 답장을 보냈는데, 이 소녀가 "인자해 보일 것 같다"고 재차 권해서 수염을 기르기 시작했고, 선거유세를 다닐 때에는 우리가 사진에서 보는 그 수염 투성이의 얼굴이 되었다. 수염을 기르고 난 후에 링컨의 이미지는 달라졌다고 한다. 그의 우울하고 어두운 인상은 미국인들이 좋아하는 얼굴이 아니었다. 그래서 링컨은 정치적으로 고전을 면치 못하고 있었는데, 수염을 기르자 인자하고 품위 있어 보였다. 그래서 많은 사람들이 링컨에게 투표했다고 한다.

'만일 ……라면 어떨까?' 이것은 마술의 언어이다. 이것은 우리 눈앞에 존재하지 않는 새로운 세상을 현실 속에 추가시키는 말이다. '만일 내가 두 개의 막대기를 비비면 어떻게 될까?' 어떤 원시인은 이런 생각을 함으로써 불을 발견했다. 16세기 영국에서 한 젊은이가 '만일 배를 저어 계속 서쪽으로 나간다면 어떻게 될까?'라고 스스로에게 물었다. 그 선원은 바로 크리스토퍼 콜럼버스(Christopher Columbus)로, 신대륙을 발견했다. 독일의 열여섯 살 난 한 학생은 이런 상상을 했다. '만일 빛을 방출하여 계속 유지한다면 어떻게 될까?' 그 소년이 바로 10년 후에 상대성 원리를 발견한 대과학자 아인슈타인이다. 상상력이란 이와 같이 우리의 현실에다 가능한 신세계를 추가시켜준다.

한국독서교육개발원(KREDI)에서 그동안 우리나라 초등학생들의 독서 능력을 진단한 결과 우리나라 학생들은 상상력이 매우 부족한 것으로 나타났다. 이런 현상은 무엇에 기인하는 것일까?

미국 플로리다 주 초등학교 3학년 교과서에 'What is Poem?'이라는 단원에 다음과 같은 설명이 있다.

> '시란 너와 네 친구가 같은 시를 함께 읽어도 머릿속에 서로 다른 그림을 그리게 되는 것이다. 만약에 같은 그림을 그리게 된다면 그것은 시가 아니다.'

우리는 어떤가? 같은 시를 읽고 서로 다른 그림을 그리는 것을 허용하는가? 만약에 다른 그림을 그리는 아이가 있다면 그 아이는 시험에서 매우 낮은 점수를 받게 될 것이다. 학생은 교과서 집필자, 참고서 편집자, 국어선생님이 상상한 그림과 같은 그림을 그리기를 요구받는다. 그리고 그것이 정답이 된다. 정답이 아닌 것은 오류로 판정되는 것이 현실이다.

상상력은 창조적인 사람들조차 설명할 수 없는 신비한 정신 작용이다. 그러나 그것은 백일몽이나 거짓말과는 다른 차원의 고등 정신 작용이다. 인류는 상상력이 풍부한 사람들에 의해 발전해왔다.

우리가 책을 읽으며 울고불고 하는 것은 상상력에 의한 반응이다. 그 책속의 주인공과 나와는 아무 상관이 없지만, 우리는 상상력을 통해 책 속의 주인공과 이야기를 하기도 하고, 슬픔을 공유하기도 하고, 의견을 나누기도 한다. 이러한 일을 대리 체험 혹은 간접 체험이라 하는데, 이는 우리의 실제 인생이 줄 수 없는 보다 넓은 세계를 경험하게 한다. 그래서 책을 많이 읽은 사람은 그렇지 않은 사람들보다 상상력이 풍부하고 정신적인 세계도 풍부하다.

상상하며 읽는 것은 머릿속 혹은 가슴속에 어떤 이미지를 떠올리며 읽는 것이다. 그 이미지는 읽고 있는 내용과 관계된 것이지만, 독자가 과거에 경험한 내용과 관련되어 나타난다. 즉 책 속의 이미지를 자신의 이미지로 바꾸는 것이다.

"그녀는 사람의 마음을 잡아끄는 아름다운 눈을 가지고 있었다."

이 문자 기호를 읽을 때 독자가 상상하는 이미지는 사람마다 다르다. 어떤 이는 쌍꺼풀진 서구적인 눈을 상상할 것이고, 어떤 이는 가느스름한 동양적인 눈을 상상할 것이다. 또 어떤 이는 웃고 있는 눈을 상상할 것이며, 어떤 이는 샐쭉 흘기는 눈을 상상할 것이다. 이렇게 다른 상상을 하게 되는 것은 각자의 경험 속에 간직된 아름다운 눈의 스키마 (schema)가 작용하기 때문이다.

책을 읽으며 상상할 때 누구에게나 동일한 장면이 떠오르는 것은 아니다. 떠오르는 것은 자신이 공감할 수 있는 장면뿐이다. 그러므로 작품을 읽고 이해한다는 것은 일종의 '승인이며 공감'이라고 할 수 있다.

마음에 보이는 것이 이미지이다. 이런 이미지가 마음속에 형성되는 것은 과거의 지각적 경험에 기인하는 재생 작용이며, 매우 자연스럽고 수동적인 작용이다. 그러나 이야기나 소설 읽기에서 얻은 이미지가 그대로의 이미지로서 언제까지나 마음속에 머물러 있는 것이 아니다. 이미지는 상상력에 의해서 수시로 변화되어간다.

일반적으로 상상력의 특징으로 다음과 같은 것들이 제시된다.

1. 상상력은 가능성을 창조하는 활동이다.

   상상력이 뛰어난 사람들은 '만약에 ……한다면?'식의 사고를 자주 한다. 위대한 발명가나 발견자들은 이 같은 사고를 즐겼다.

2. 상상력은 민첩하게 사고하는 활동이다.

   상상력이 풍부한 사람들은 사고가 매우 민첩하게 움직인다. 예를 들면 말놀이 처럼 단어를 빠르게 생각해내는 일 등을 잘한다.

3. 상상력은 은유 만들기 활동이다.

   상상력이 풍부한 사람들은 '계절은 변덕쟁이'/'낙엽은 패망한 나라의 지폐' 등과 같이 서로 어울릴 수 없는 것을 어울리게 하는 언어적 힘을 가지고 있다. 위대한 시인들은 상상력이 풍부했다.

4. 상상력은 눈에 보이지 않는 규칙이나 패턴을 알아내는 힘이다.

   패턴을 알아낸다는 것은 가시적으로 연결되어 있지 않은 것들 사이의 관계를 알아내는 것이다. 가장 기본적인 패턴의 유형은 연속성이다. 두 번째는 원인과 결과이고, 세 번째는 이야기(스토리-줄거리)이다. 상상력이 풍부한 사람들은 글을 보면서 이런 것들을 재빨리 파악하게 된다.

5. 상상력은 모든 사물에 이름을 부여하는 활동이다.

　이름 짓기는 의미 부여의 방법이며 고도의 상상적 활동이다. 부모가 자식의 이름을 짓는 것은 자식의 미래에 대한 상상 활동이다.

이름은 힘을 가지고 있다. 아이들은 마음에 들지 않는 별명을 붙여주면 화를 내고 싸우기까지 한다. 옛날 사람들은 이름을 두 개씩 가지고 있었다. 나이, 위치 등에 이름이 어울려야 한다는 생각 때문이었다. 때로는 자신의 상상력을 만족시키는 이름을 직접 짓기도 했다.

---

Tip ; 잠깐 테스트

미래의 나는 어떤 사람일까요? 30세가 된 나를 상상해보세요.

1. 나의 직업은?
2. 내가 사는 곳은?
3. 나의 외모는?
4. 나의 옷차림은?
5. 내가 가장 잘하는 것은?
6. 나의 가정은?
7. 나의 별명은?
8. 나의 집은?
9. 나의 자랑스러운 점은?
10. 내가 30세라는 증거는?
11. 부모로부터 배운 가장 좋은 것은?
12. 부모로부터 배운 나쁜 점은?

(위 항목에서 12가지 모두 대답한 아이는 상상력이 풍부함 / 10가지를 대답한 아이는 상상하기를 즐김 / 7가지를 대답한 아이는 보통 / 5가지 이하는 상상력 빈곤)

**하나.** 별명짓기를 하면 언어적 상상력이 풍부해져요.

- 사람의 성격, 모습, 특징을 잘 나타내는 별명을 지어본다. 가능하면 부정적인 별명보
다는 아름다운 별명이 좋을 것이다.
- 강아지, 고양이, 인형 등에게도 별명을 지어주자.

**둘.** 게임을 하면 상상력의 범위가 더 넓어져요.

엄마: 만약에 우리집 고양이가 사람이(강아지가) 된다면?

아이: _____

엄마: 만약에 네가 엄마가 된다면?

아이: _____

**셋.** 말놀이를 하면 상상력의 속도가 빨라져요.

- 반대말 놀이 / 비슷한 말 놀이를 해본다.
- 관련된 말놀이도 좋다.

  예) 의사 → 병원 → 흰 가운 → 간호사 → 주사 → 아프다 → 흰색……

**넷.** 책을 읽으며 상상하면 책 속에 몰입할 수 있어요.

- 인물의 기분, 성격, 얼굴 모양을 상상하며 읽는다.
- 인물의 말투, 표정, 태도, 행동, 옷차림 등을 상상하며 읽는다.
- 빛깔, 모양, 크기, 촉감, 소리, 무게 등을 상상하며 읽는다.
- 장소, 날씨, 거리, 넓이 등을 상상하며 읽는다.
- 그림을 보고 글 속에 없는 것을 상상하여 말하게 한다.
- 이야기가 벌어지기 이전을 상상해보게 한다.
- 읽으면서 연상되는 것을 말해보게 한다.
- 상상한 것을 그림으로 그리게 한다.

**다섯.** 예견하기를 하면 상상력에 자신감이 생겨요.

- 상상력이 풍부한 사람은 미래를 예측하는 능력이 뛰어나다. 실제로 맞힐 확률이 상
당히 높다. 이러한 능력은 과거의 사실에 대한 분석적 사고가 뒷받침될 때 가능하다.
- 현실의 어떤 사건을 놓고 왜 일어났으며 앞으로 어떻게 될 것인가를 예측해보게 한
다. 만약에 그 예견이 맞으면 그 아이는 상상하기를 즐기게 된다.

# 03 질문이 많은 아이는 배운 것을 확실하게 기억한다

## 만약 자기가 낸 문제로 시험을 본다면?

'만약 자기가 낸 문제로 시험을 본다면 얼마나 신날까?', '만약 학생이 질문을 하고 교사가 대답해야 하는 교실이 있다면 얼마나 신날까?' 판타지에 취한 몽롱한 상태가 아니더라도 학창시절에 한번쯤 이런 꿈을 꾸어보지 않은 사람이 있을까? 그런데 N선생님이 가르치는 반 아이들에게 이것은 허황된 꿈이 아니다.

N선생님이 담임을 맡으면 그 반 아이들은 공부벌레가 된다. 그래서 학년 초가 되면 학부모들은 학부모들대로, 학생들은 학생들대로 N선생님이 담임을 맡아주기를 희망한다.

보통의 교실에서는 선생님이 질문을 하고 학생들은 답변을 한다. 그러나 N선생님 반에서는 그 반대이다. 학생이 질문을 하고 선생님이 답변을 한다. 보통의 교실에서는 선생님이 시험문제를 내고 아이들이 답을 쓴다. 그러나 N선생님 반에서는 시험문제를 학생들이 내고 답도 학생들이 쓴다. 반장만 시험문제를 내는 것이 아니라 모든 아이들이 골고루 한 문제씩 낸다. 그리고 선생님은 그 중에서 좋은 문제를 골라 실제로 시험문제로 사용한다. 그래서 학생들은 자기 문제가 뽑히기를 간절히 희망하면서 좋은 문제를 내려고 밤새워 끙끙거린다. 바로 이것이 N선생님이 노리는 것이다.

아마도 시험문제를 출제해본 경험이 있는 사람은 N선생님의 비밀을 짐작할 것이다. 시험문제를 내려면 얼마나 열심히 내용을 파악해야 하는

가를. 국가자격고사의 하나인 시험문제의 출제를 위해 다른 교수들과 팀을 이뤄 작업해본 적이 많다. 1개월 동안 아무도 모르는 격리된 장소에서 교과서를 가지고 얼마나 열심히 공부를 했던지! 출제 교수들마다 이렇게 열심히 공부해보기는 처음이라고 말했다. 그렇다. 시험문제를 내려면 그 내용을 완전히 숙지하고 있지 않으면 불가능하다. 내용을 잘 모르면 엉뚱한 문제를 내게 된다. N선생님은 바로 이 원리를 활용한 것이다. 학생들은 자신의 문제가 뽑히기를 희망하면서 좋은 문제를 내려고 얼마나 열심히 공부하게 되었을까?

"선생님, 1+1은 왜 2가 되나요?"

"선생님, 하늘은 왜 파란가요?"

에디슨은 초등학교 1학년 때 이런 질문으로 담임선생님을 난처하게 했다. 그래서 선생님은 학적부에다 '엉뚱한 아이', '학업을 계속할 능력이 없는 아동'이라는 평을 적어놓고 그를 퇴학시켰다. 에디슨의 선생님은 눈에 보이지 않는 것을 보려 하고, 세상에 알려지지 않은 사실을 알아내려고 하는 에디슨 소년의 질문이 귀찮았던 것이다.

에디슨의 담임선생님이 귀찮아했던 질문 능력은 살아가는 동안 누구에게나 끊임없이 필요한 능력이다. 똑같은 사실을 보고 더 많이 추리할 수 있는 사람은 좋은 질문을 많이 할 수 있는 사람이다.

질문의 학습효과에 대한 연구는 학습문제 연구가들에게는 매우 매력적인 연구 대상이다. 1985년에 학습심리학자 레더(Reder)는 '덧붙이기 가설의 효율성'에 대한 연구에서 다음과 같이 주장했다.

첫째, 초점 가설(focus hypothesis)로서의 점화 질문(priming question)은 학습자로 하여금 핵심 아이디어에 접근하게 만든다. 그리고 이것은 중요한 정보의 시연(rehearsal)을 촉진시켜 정보에 대한 기억을 더욱 강화시킨다. 둘째, 정교화 가설로서의 점화 질문은 학습자로 하여금 질문 관련 정보들을 정교화시키도록 자극하고 그것이 결국은 기억 속에 저장될 수 있는 풍부한 명제(proposition)를 가능하게 한다.

반대로 스스로 질문을 만들어보는 것은 학습자들로 하여금 배운 것에 대한 재구성 활동, 즉 학습내용을 다시 한번 재구성하는 활동으로서 기억을 강화하고 스키마를 형성하는 데 효과가 크다고 할 수 있다.

우리 머릿속에는 기억 속에 조직된 지식을 표상하는 추상적인 구조가 있다. 새로운 지식은 점진적인 동화의 과정이나 재구조화의 과정을 거쳐 이루어지는데, 이러한 과정을 거쳐 기존의 스키마를 토대로 새로운 스키마가 생성되기도 하고, 과거의 불완전한 스키마가 재조직되기도 한다.

특히 질문 만들기는 학생들의 효율적인 읽기를 위하여 텍스트를 읽기 전의 질문과 읽은 후의 질문으로 나누어 실시하는 방법도 있다. 이것은 학생들이 글을 읽고 나서 그 글을 통해서 어떤 질문에 답할 수 있게 되었는가를 스스로 질문하게 하는 훈련 방법이다.

### 하나. 질문할 때 성의껏 대답합니다.

유아들은 온 세상이 궁금한 것 투성이다. 그래서 엄마를 따라다니며 온갖 것을 다 질문한다. 이때 귀찮아하거나 야단을 치면 절대 안 된다. 아이가 질문을 할 때마다 대답을 잘 해주지 않으면 아이의 질문이 점차 사라진다. 그러나 자세하고 성의 있게 대답하거나, 잘한다고 칭찬을 해주면 아이의 질문은 더 많아지고 나중에까지 질문을 많이 하는 아이가 된다.

### 둘. 학교에 가서 질문을 많이 하도록 유도합니다.

• 우리나라 학부모는 학교에서 돌아온 아이에게 "몇 점 맞았니?"라고 하는 데 반해 유대인 학부모는 "질문 몇 번 했니?" 하고 묻는다고 한다.
• 학습문제 전문가들의 연구에 의하면 유대인이 인구 10만 명당 1명씩 노벨상을 받은 성과는 질문을 강조하는 교육방법 때문이라고 한다.

### 셋. 질문을 많이 하는 부모님이 되어주세요.

아이들은 부모의 거울이다. 부모가 질문을 많이 하면 아이들도 질문을 많이 한다. 아이가 학교에서 돌아오면 질문을 많이 하도록 한다.

# 04 추리적 사고력이
## 높으면 작은 단서로 큰 문제를
## 해결한다

### 부자는 왜 자살을 했을까?

굉장한 부자가 있었다. 그는 돈이 많았지만 원수도 많았다. 그래서 누가 자기를 죽일까 봐 밤마다 침실의 문을 잠그고 잤다. 그의 방은 출입문이 하나밖에 없었고, 문을 잠근 자물통도 견고해서 아무도 들어갈 수 없었다. 그런데 어느 날 아침 부자가 일어나지 않아 하인들이 문을 부수고 들어가 봤더니 부자는 죽어 있었다. 몸에는 외상 하나 없었으나 몸이 푸르게 변해 있었다. 검시 결과 사망 원인은 '독사의 독' 때문이라는 결과가 나왔다.

사람들은 독사를 찾기 위해 방안을 샅샅이 뒤졌으나 방에 독사는 없었다. 사람들은 고개를 갸웃거렸다. 아무도 그 방의 열쇠를 갖고 있지 않은데……. 그렇다면 부자 자신이 독사를 가지고 방으로 들어간 것일까? 결국 이 사건은 부자의 자살로 마무리되었다.

이 이야기는 추리소설에 등장하는 이야기 구조를 가지고 있다. 이 이야기를 해결할 수 있는 힘은 어디에 있을까? 바로 단서 찾기이다. 뱀이 어떻게 그 방으로 들어갈 수 있었을까? 바로 구멍이다. 그 방에서 직경 1

센티미터쯤 되는 작은 구멍이 발견되었다. 독사는 그 구멍으로 들락거릴 수 있었을 것이다. 그렇다면 누군가가 구멍을 만들고 뱀을 넣었을 것이다. 뱀은 들어가서 부자를 물고 나왔을 것이다. 아마도 그 뱀은 훈련을 받았을 것이다. 피리를 불어서 뱀을 불렀을지도 모른다. 여기까지 추리할 수 있다면 이 문제는 타살로 단정된다. 뱀을 넣은 사람을 찾으면 될 것이다.

추리력이란 이와 같이 이미 드러난 정보를 종합하고 논리적인 분석을 통하여 상상하고 추리하는 사고를 동원하여 아직 모르는 사실을 미루어 판단하는 사고능력이다. 즉, 이미 있는 것으로부터 얻은 판단으로 새로운 판단을 이끌어내는 사유 작용이다. 추리는 무한한 상상의 나래를 펴나가는 적극적인 활동으로, 책을 읽는 과정에서는 문자화되지 않은 행간의 뜻을 알 수 있게 하고, 일정한 규칙에 따라 배치된 모형을 예측하거나 모형 변화의 원리를 파악하게 한다. 다가올 변화를 미리 생각해내는 빠른 판단력도 추리력의 도움을 얻는다. 즉, 생각의 수준에서 가장 높은 단계로, 강한 정신집중을 요구한다.

추리적 사고는 일반적으로 '왜? 그래서? 무엇 때문에?' 하고 계속하여 의문을 품을 때 길러진다. 또, '만약에? 그와 반대로?' 등과 같이 있는 사실을 뒤집어 생각해볼 때도 길러진다. 이 능력은 발명가, 과학자, 작가, 작곡가 등 창의적 활동을 하는 사람들에게 많이 요구된다.

추리력이 뛰어난 어린이는 생각과 행동이 매우 적극적이고 분석적이며 지적인 욕구가 강하다. 추리력이 높은 어린이는 하나를 가르치면 열을 아는 확산적 사고의 주인공이며 미래지향적인 성격을 지닌다. 추리력이 지나치게 높으면 논리를 비약하여 다른 사람들이 생각하지 못하는 세계를 이야기하기 때문에 오해를 받을 수도 있다. 논리적 사고를 기초로 하지 않는 추리력은 엉뚱한 결과를 가져온다.

추리력이 낮은 어린이는 생각하고 행동하는 영역이 좁아 단조로운 사고력과 행동패턴을 지닌다. 그래서 일을 계획하고 전개하는 것을 잘하지 못하고 확산적 사고가 부족하여 앞으로 나아가지 못한다. 또 매사에 소극적이며 보수적이며 현재에 만족하고 산다. 공부를 해도 비능률적이어서 효과가 적다.

---

Tip ; 이렇게 해보세요

 하나, 독서를 통해 추리적 사고를 향상시키는 작전

① 모험소설이나 탐정소설을 읽는다.
② 글을 읽으며 '왜?'라는 의문을 품어본다.
③ '그래서? 그 다음에는?' 하고 생각하며 읽는다.
④ '무엇 때문에?'를 생각하며 읽는다.
⑤ '만약에 나라면?'을 생각하며 읽는다.
⑥ '그와 반대로?'라는 반대 입장을 생각하며 읽는다.
⑦ 거론되어야 할 일이면서 생략되어 있는 것이 무엇인지 알아본다.

둘, 일상생활 중에서 추리적 사고를 향상시키는 작전

① 민첩한 몸놀림이 가능하도록 운동으로 몸을 단련한다.
② 연상 게임, 연관성 찾기 등 상상력을 기르는 놀이를 한다.
③ 공부할 때는 계획을 세우고 실천하는 훈련을 한다.
④ 연산문제보다 응용문제가 추리력을 높여준다.
⑤ 범인 찾기 게임을 한다.
⑥ 숨은그림찾기 놀이를 한다.
⑦ '왜 그럴까' 놀이를 한다.
   예) 도토리는 익으면 왜 떨어질까? 바닷물은 왜 짤까?

# 05 비판적 사고력이
## 높으면 주관이 뚜렷해진다

### 💬 말의 목을 친 김유신

청년시절에 김유신은 천관이라는 기생이 있는 술집에 자주 갔다. 이것을 안 어머니가 하루는 김유신을 불러 크게 꾸중하였다. 김유신은 어머니 앞에서 다시는 천관을 만나지 않고 글공부를 열심히 하겠다고 맹세했다. 그러던 어느 날, 김유신이 글공부를 마치고 집으로 돌아오는 길에 너무도 피곤하여 말 위에서 꾸벅꾸벅 졸았는데, 말은 늘 하던 대로 주인을 모시고 천관의 술집 앞에 멈추어 섰다. 눈을 떴을 때 자신이 천관의 술집 앞에 있는 것을 안 김유신은 깜짝 놀랐다.

"아무리 짐승이지만, 장부의 마음을 이리도 모른단 말인가?"

김유신은 말에서 내려 허리에 차고 있던 칼을 빼내어 말의 목을 내려쳤다.

이 이야기는 삼국통일의 주역인 김유신 장군의 젊은 시절 이야기로, 김유신 장군의 굳은 결심을 칭송할 때 쓰이는 예화이다. 그러나 이 이야기를 읽는 독자는 하나의 의문에 봉착하게 된다. 과연 '말의 목을 친 김유신은 당당한 청년인가' 하는 문제이다. 어떤 사람은 잘한 일이라고 생각할 것이지만, 어떤 이는 잘못한 일이라고 생각할 수 있다. 왜냐하면 충직한 말의 목을 쳐서 자신의 결백을 보이는 것은 비겁하다는 생각 때문이다.

비판력이란 이와 같이 어떠한 사실이나 상황에 대해 판단하거나 평가하는 뇌의 기능을 말한다. 우리는 이러한 표준과 근거에 의거하여 옳고 그름이나 좋고 나쁨을 가려낼 수 있다. 비판할 때는 자신의 주관에 따라 비판해서는 안 된다. 객관성, 정직성, 융통성, 체계성, 공정성, 타당성, 정확성과 같이 누가 보든지 공정한 기준에 맞추어 비판해야 한다. 즉, 비판적 사고란 글에 대하여 독자가 개성적으로 반응하는 것이 아니라 객관적으로 반응하는 태도이다.

태어나면서부터 날카로운 비판적 사고를 갖춘 사람은 거의 없다. 아이들은 자라면서 여러 가지 경험을 하고 고등 사고가 필요한 상황에 직접 부딪혀봐야 비판적 사고가 싹트게 된다. 그리고 부모와 교사가 특정한 생각이나 사람, 물건의 가치와 질을 평가하는 것을 보고 들으며 비판적 사고력이 길러진다.

비판적 사고를 한다는 것은 객관적 시각이 형성되었다는 뜻으로, 비판적 사고력을 갖춘 아이는 속임수에 쉽게 넘어가지 않으며, 대상을 날카롭게 평가한다. 반면 비판적 사고력이 낮은 아이는 남의 말을 액면 그대로 받아들인다. 이런 아이들은 겉으로 드러나지 않은 것은 보지 못하며, 바로 눈앞에 펼쳐진 것 외에는 분석하거나 평가하지 못한다. 경찰서 보호실에서 수십 년 동안 근무한 경찰관이 쓴 수기에 이런 내용이 있다.

"이곳에 들어오는 청소년의 문제는 모든 걸 진짜로 받아들인다는 것이다. 무엇이 진짜이고, 무엇이 가짜인지를 모른다. 비판력이 제로 상태였다. 그래서 항상 남의 선동이나 꼬임에 빠져 앞장을 서게 되고, 돈키호테처럼 자신이 정의의 투사라고 생각한다. 너무나 순진해서 누가 말도 안 되는 제안을 해도 그대로 믿고 충성을 한다. 그러다 여기까지 온 아이들, 악역을 하는 그들은 사실은 악인이 아니다. 너무나 순진할 뿐이다."

그런가 하면 어떤 아이는 비판이 지나쳐 냉소주의자가 되기도 한다. 이런 아이들은 무엇을 보든지 결점을 찾아내려고 하고, 항상 의심부터 한다. 이런 아이들은 일정한 나이가 되면 그 방식이 굳어져 남의 말을 받아들이지 않는다. 특히 부모나 교사의 말을 받아들이지 않아 문제아로 전락하는 예가 많다.

어떤 의미로 보면 모든 인간은 로빈슨 크루소이다. 가족과 친구들에게 둘러싸여 살지만, 결국 자기 일은 자기가 책임져야 하기 때문이다. 비판적 사고력이 부족하면 남의 말에 무조건 따르기만 하는 주관이 없는 사람이 되든가, 아니면 남의 말을 무조건 반대만 하는 편협한 사람이 되어 타인들로부터 손가락질을 당하거나 따돌림을 당하게 된다. 어떤 부모도 자신의 아이가 다른 사람에게 속아 넘어가기를 바라는 사람은 없다. 체계적인 비판적 사고가 몸에 밴 아이들은 곤경에 빠지지 않으며 영리함을 보여준다.

교육학자 콘블레스(Conbles)는 비판적 사고의 특징을 다음과 같이 정리하였다.

비판적 사고는 부정적이지 않다.
비판적 사고는 필연적으로 그 성격상 평가적이다.
비판적 사고는 입증할 수 있는 사실과 가치 주장을 구별하는 것이다.
비판적 사고는 어떤 진술의 사실 여부를 결정하는 것이다.
비판적 사고는 어떤 출처의 신뢰성을 결정하는 것이다.
비판적 사고는 애매한 주장이나 논증을 확인하는 것이다.

비판적 사고는 진술되지 않은 가정을 확인하는 것이다.

비판적 사고는 편견을 탐지하는 것이다.

비판적 사고는 논리적 오류를 탐지하는 것이다.

책을 읽는다는 것은 저자와 독자의 대화이다. 독서는 저자가 써놓은 것을 독자가 일방적으로 읽는 것인데 무슨 대화냐고 반문하는 독자도 있을 것이다. 그러나 이러한 의문은 독자의 의무를 모르고 하는 말이다. 독서에서 최후의 판단을 내리는 것은 언제나 독자다. 저자는 말할 만큼 말해버렸으므로 마지막은 독자의 차례이다.

비판적 읽기란 글에 대하여 독자가 개성적으로 반응하는 것을 말한다. 이는 현대인에게 특별히 필요한 능력이다. 특히, 정보에 휘둘리는 일 없이 정보를 다스리고 활용해나가기 위해서 말이다.

글을 비판적으로 읽는다는 것은 단순히 이해하는 것과 달리 그 가치나 질에 대하여 판단하는 것이므로 문학적인 글에서도 필요하지만, 비문학적인 글인 선전문, 설명서, 광고문 등을 읽을 때 더욱 필요하다. 그러나 남의 글을 읽을 때 시비조로 깎아내리는 태도로 읽는 것은 좋지 않다. 그런 태도로 읽으면 글의 진정한 가치를 발견할 수 없게 된다.

### 하나. 일상생활에서 비판적 사고 기르기

① 사실을 찾아보고 열거한다.

- 책이나 TV, 신문, 영화를 보고 무슨 사실이 있었는지 확인하도록 한다.
- 역사, 설명문, 소설, 동화를 읽고 사실들을 열거해보도록 한다.

② 글쓴이나 만든 이의 관점을 찾아낸다.

- 이 단계에서는 탐정이 되어야 한다.
- 작품에 나타난 관점과 동기를 찾아내고 설명해보라고 한다.

③ 자신의 생각을 정립한다.

"이걸 본 네 생각은 어떻지?"

이런 질문에서부터 어린이의 비판적 사고가 싹트기 시작한다.

④ 오류와 편견을 차단한다.

- 평가 대상에서 오류와 편견을 찾아내는 일이 중요하다.
- TV 광고를 아이와 함께 보면서 과장이나 허위를 찾아내본다.
- 많은 사람들이 실체를 보기 전에 마음을 정해버려서 편견이 생긴다.

⑤ 비평문이나 비평 서적을 본다.

- 작품을 평가한 글을 읽어주거나 보여준다. 증거를 대며 바르게 비평하는 방법을 알게 된다.
- 스포츠 비평을 읽어주거나 보여준다. 바르게 비평하는 방법을 알게 된다.
- 책을 보거나 스포츠를 관람하고 실제로 비평가가 되어본다.

### 둘. 독서를 하며 비판적 사고 기르기

- 글의 사실성, 진실성을 비판해본다(설명문).
- 사상이나 논리의 타당성을 비판해본다(논설문).
- 과장된 표현은 없는지 판단해본다(선전문).
- 잘못된 표현이 없나 생각해본다(시).
- 각 문단은 놓일 자리가 적당한지 전개의 자연성을 비판해본다(산문).
- 결말은 이래야만 했을까? 결말의 타당성을 비판해본다(산문).
- 글쓴이의 태도가 주관적인가, 객관적인가를 비판해본다(모든 글).

# 판단력이
## 뛰어난 아이에게는 리더의 명칭이 따라다닌다

**수수씨 재판**

옛날 어느 마을에 권씨와 박씨가 사이좋게 살았다. 권씨는 아들을 셋이나 낳았는데, 박씨는 아들이 없었다. 그래서 네 번째 아들을 낳자 권씨는 아무도 모르게 아기를 박씨네 집으로 보냈다. 그러고 나서 10년이 흘렀다. 그런데 권씨가 보니 자기 아들 셋은 글공부도 안 하고 말썽만 부리며 속을 썩이는데, 박씨 집에서 자라는 아들은 얼굴도 준수하고 글공부도 잘해서 인근에 신동으로 소문이 자자한 것이었다. 권씨는 아들을 도로 찾아와야겠다고 생각하고 그 뜻을 박씨에게 말했다.

박씨는 하늘이 무너지는 것 같았다. 아들을 보낼 생각을 하니 밥도 먹을 수 없고 잠도 오지 않았다. 이 사정을 안 아들이 아버지에게 말했다.

"아버지 아무 걱정 마세요. 제가 해결해드리겠습니다. 아버지께서는 동네 어른들을 집으로 불러 잔치를 열어주시면 됩니다."

잔치 날 아들이 옛날이야기를 했다.

"어떤 사람이 자기 밭에 수수씨를 뿌렸습니다. 그런데 바람이 불어서 수수씨가 아랫집 콩밭으로 날아가 싹이 났습니다. 그런데 콩밭 임자는 그 싹을 뽑지 않고 거름을 주며 키웠습니다."

"그럼, 농부라면 당연히 그래야지……."

"덕분에 그 싹이 자라서 수수 이삭이 통통하게 여물었습니다. 그랬더니 수수밭 임자가 그 수수를 베어가려고 합니다. 그래서 두 밭의 임자 사이에 싸움이 벌어졌습니다. 어르신들 이 수수는 누구의 것입니까?"

손님들은 고개를 갸웃거리며 말했다. "씨는 수수밭 임자의 것이지만, 기른 것은 콩밭 임자니…… 허, 그것 참."

이 이야기는 독자들로 하여금 결말이 궁금해지게 만드는 우리나라 전래 동화이다. 이 이야기의 결말은 다음과 같다.

"얘야, 그럼 너는 그게 누구 것이라고 생각하느냐?"

동네 어른들이 묻자 아이가 대답했다.

"만일, 씨 임자가 그것을 수확하는 것이 옳다면, 모든 사람이 남의 밭에 씨만 뿌리며 다니지 왜 힘들여 농사를 짓겠습니까?"

"옳거니!"

손님들은 모두 고개를 끄덕이며 박수를 쳤다. 이 말을 듣고 있던 권씨는 그 후로 다시는 아들을 돌려달라고 하지 않았다.

우리 삶에는 이와 같이 올바른 판단을 요구하는 일들이 많다. '오늘 우산을 가지고 갈 것인가, 말 것인가', '정장을 할 것인가, 캐주얼을 입을 것인가'와 같이 간단한 것에서부터 '시험에서 어떤 것을 공부할 것인가', '어떤 학과를 선택할 것인가', '어떤 사람과 결혼할 것인가', '어떤 회사에 입사할 것인가' 등등 판단하고 선택할 일이 무궁무진하다. 이때 판단이 잘못되어 현명한 선택을 하지 못하면 인생은 자꾸만 엇나가기 시작한다. 한 사람이 올바른 인생을 사느냐, 그렇지 못하느냐는 그 사람의 판단력에 따라 좌우된다고 해도 과언이 아니다. 판단력이란 이와 같이 우리의 삶에 매우 중요한 역할을 한다.

생각하는 것이 다른 것은 가치판단이 다르기 때문이다. 가치판단이란 우리가 중요하게 여기는 것, 바람직하게 여기는 것 또는 좋아하거나 좋아하지 않는 것에 대한 기준을 말한다. 가치란 우리가 중요하게 여기는 목적, 기준, 원칙 등을 말한다.

가치 판단은 무엇이 올바르고 무엇이 그른가에 대해서 가치 선택을 하는 것을 말한다. 가치란 우리가 중요하게 여기는 기준이나 원칙 또는 바람직하게 여기는 생각을 말한다.

사람에 따라 가치 기준이 다를 수 있다. 어떤 사람은 도덕적 가치를 중요하게 여기고, 어떤 사람은 심미적 가치를 더 중요하게 여기며, 어떤 사람은 종교적 가치를 최우선으로 여기기도 한다.

예를 들어 많은 사람들에게 금이 얼마만큼의 가치가 있느냐고 물을 때, 사람마다 그 가치는 다를 수 있다. 고려의 충신 최영 장군의 아버지는 최영에게 금을 돌같이 여기라고 말했다. 그러면 금보다 더 중요한 것이 무엇이란 말인가? 그에게는 정의, 용기 같은 것이었을 것이다.

세상에는 두 가지 부류의 사람들이 있다. 한 부류는 다수가 생각하는 대로 따라가는 사람들이고, 또 다른 부류는 다수가 어떻든 간에 상관없이 자신의 생각을 밀고 나가는 사람들이다. 예를 들면 전래동화『팔려 가는 당나귀』에 나오는 아버지와 아들은 다수에 따를 뿐 자기 논리가 없는 사람들이다. 후자는 자신의 논리를 가지고 자신의 판단을 믿는 사람들로, 뛰어난 지도자들 중에 이런 사람이 많다. 온갖 핍박을 받으면서도 "그래도 지구는 돈다"고 말한 갈릴레오 갈릴레이, 지구는 둥글다는 것을 증명해낸 콜럼버스 등은 모두 자기 논리의 소유자들이다.

심리학 연구의 결과를 보면 판단에 영향을 끼치는 요소로서 가치관과 자기 논리를 든다. 가치관에 따라 그 사람의 판단의 방향이 결정되고, 자기 논리가 있느냐 없느냐 하는 것이 판단을 추진하는 힘이 된다. 예를 들면 위의 〈수수께 재판〉에서 볼 때 박씨가 기른 아들은 바른 가치관을 가지고 있기에 수수께 예를 들 수 있었고, 그것이 옳다는 뚜렷한 자기 논리를 가지고 있었기에 잔치를 열어달라고 부탁하여 문제를 적극적으로 해결한 것이다. 만약 이때 바른 가치관을 가지지 못했다면 우왕좌왕하면서 고민만 했을 것이다. 그리고 자기 논리가 옳다는 확신이 없었다면 결코 밀고 나가지 못했을 것이다.

판단력은 타고나는 것이 아니라 길러지는 능력이다. 삶의 경험 속에서 길러지기도 하고, 책 속의 간접 경험을 통하여 길러지기도 한다. 옳은 판단 단계에 이르려면 '이해하기 – 분석하기 – 종합하기 – 추리하기'가 우선되어야 한다.

### Tip ; 이렇게 해보세요

#### 하나. 일상생활에서 판단력을 기를 때

① 뉴스를 보면서 '저럴 때 어떻게 하는 것이 옳을까?'라는 질문을 자주 한다.
② 일상생활에서 어떻게 하는 것이 옳은 판단인지 자주 묻는다.
③ 싸우는 두 사람의 이야기를 듣고 판단해보라고 한다.
④ 재판의 판례를 구해서 본다.
⑤ 어려운 상황에 처했을 때 도덕적인 기준, 과학적인 기준 등 다른 기준을 가지고 판단해보는 연습을 시킨다.

#### 둘. 독서생활을 통해 판단력을 기를 때

① 판단력을 기를 수 있는 책을 읽힌다. 예) 베니스의 상인
② 책을 읽으면서 결론이 나오기 전에 먼저 판단해본다.
③ 주인공이 어려움에 처했을 때 나라면 어떻게 할까 생각해보도록 한다.

## 07 창의력이
### 높은 아이는 생각에 날개를 단다

### 항아리를 깬 아이

"이 속에 무엇이 들었을까?"

이른 봄날, 마당가에 있는 자기들 키보다 훨씬 큰 독을 보고 아이들이 말했다.

"내가 엎드릴 테니 네가 올라가 봐."

한 아이가 엎드리며 말하자, 다른 아이가 등을 밟고 올라가 독의 전에 배를 대고 안을 들여다보며 소리를 질렀다.

"와, 물이 가득 들어 있다! 물 속에 구름이 흘러가고 있어."

"어디 어디?"

엎드렸던 친구가 벌떡 일어나며 외치는 바람에 독 속을 들여다보던 아이가 풍덩 물 속으로 빠졌다. 순식간의 일이었다.

"사람 살려! 항아리에 사람이 빠졌어요!"

아이들은 있는 힘을 다하여 소리를 지르면서 서로 어떻게 해보려고 독을 밀어도 보고, 독에 귀를 대보기도 했다. 그런데 처음에는 헉헉거리는 소리가 나더니 아무 소리도 들리지 않는 것이었다. 이때 갑자기 '쨍그렁!' 하는 소리가 들리며 항아리에서 물이 콸콸 쏟아져 나왔다. 그러자 독 속에서 학학거리는 친구의 가쁜 숨소리가 들렸다. 이 소리를 들은 아이들은 일제히 "와아! 살았다!" 하고 환호성을 질렀다.

그런데 누가 돌을 던진 것일까? 돌을 던진 아이는 바로 김시습이라는 소년이었다. 훗날 조선 최초의 소설인 『금오신화』라는 작품을 쓴 유명한 작가이자 학자이다. '물이 친구의 키보다 아래로 내려가면 친구는 살 수 있다. 물을 빼야 한다.' 다른 친구들이 독을 밀어보고 귀에 대보고 하는 동안 김시습은 이렇게 생각했을 것이다. 그래서 김시습은 돌을 주워다 독을 깬 것이다.

창의성이란 이와 같이 남들이 생각하지 못하는 새로운 생각을 해내고, 문제를 새롭게 제시하며, 새로운 대안을 형성하여 보람 있는 것을 만들어내는 정신작용을 말한다. 다시 말하면 창의성은 기존의 방식으로 풀리지 않는 문제 상황에서 새로운 답, 새로운 이론, 기술, 작품, 아이디어, 해결책을 만들어내는 힘이다. 이러한 힘은 문화·문명의 창출과 발전을 이끌어가는 원동력이 된다.

"사람은 새처럼 날아다닐 수 없을까?"

"밤에도 낮처럼 환할 수 있다면?"

"지구는 평평한 것이 아니라 둥근 모양이야."

옛날에 이렇게 생각한 사람들이 있었다. 지금은 이런 생각들이 정상적인 것이지만 그들이 살던 시절에는 비정상적인 것이었다. 그래서 그들은 모두 미친 사람이라는 손가락질을 받았다. 그러나 인류는 이런 미친 사람들의 이상한 생각 덕분에 오늘날 같은 문명의 혜택을 누리며 살 수 있는 것이다. 뿐만 아니라 라이트 형제, 에디슨, 콜럼버스는 지금은 오히려 창의적인 사람이라고 칭송을 받는다.

창의력은 과학자에게만 있는 것은 아니다. 예수, 석가, 소크라테스, 공자, 모차르트, 셰익스피어 등과 같이 각 방면의 천재들에게서도 발견되는 능력이다. 그러나 창의력은 그런 거장들이나 특별한 사람에게만 있는 것은 아니다. 누구나 가지고 있지만 어른보다는 어린이가, 어린이 중에서는 5~10세 시절이 가장 왕성한 시기이다. 이때 어떻게 자극하여 키워주느냐에 따라 거장이 될 수도 있고 평범한 사람이 될 수도 있다.

창의력의 특징을 살펴보면 첫째로 일에 미친 사람들에게서 발현된다는 점을 들 수 있다. 창의력은 음악이면 음악, 과학이면 과학, 사업이면 사업, 자신의 분야에서 재미와 매력과 보람에 흠뻑 젖어들어 집중의 세월, 몰입과 열정의 시간을 보낸 사람의 내부에서 싹이 튼다. 이런 세월, 이런 시간 없이 어떤 영감만을 바라고, 어떤 요령만으로 창의성을 얻을 수는 없다. 한 영역에 전문적 소양과 기량에 통달하지 않고는 창의성은 나오지 않는다.

둘째, 창의력은 천재성이 아닌 95% 노력의 소산이라는 점이다. 창의성을 발휘한 모든 사람들은 긴 세월 동안 묵묵히 연구를 거듭한 사람들이다.

셋째로 창의력은 흔히 놀거나 쉴 때 잉태되는 특징을 가지고 있다. 길거나 짧은 시간, 엄청난 몰입 후에 그것을 훌훌 내던지고 놀거나 쉬고 있을 때 홀연히 찾아오는 아이디어가 창의적일 경우가 많다. 그런 일화는 수없이 많다. 아르키메데스의 원리, 뉴턴의 만유인력, 아인슈타인의 상대성 원리는 모두 한가롭게 쉴 때 발현된 창의성이다.

이런 현상은 심리학자들을 매료시켰다. 심리학자들은 그렇게 놀고 쉬는 시간을 '부화의 시간', 홀연히 아이디어가 돌출하는 현상을 '조명' 또는 '섬광'이라고 부르기도 한다. 노는 시간이라고 해서 생각까지 멈춘 시간이 아니며, 마치 닭이 알을 품고 있는 시간과 같다는 의미이다.

이와 같은 부화의 시간에 관해서 정신분석학자인 프로이트의 해석은 설득력이 있다. 그는 창의력을 1차 정신 과정과 2차 정신 과정, 즉 무의식과 의식의 교호작용으로 보았다. 의식의 과정은 논리와 현실이 지배하지만, 무의식은 욕망, 상상, 환상이 지배한다. 논리와 현실에만 얽매이면 상상은 왜소해진다. 노는 시간에는 의식의 논리와 현실을 잠시 잊어버리고 무의식에서는 왕성한 상상이 진행된다. 그런 가운데 어떤 희한한 아이디어가 홀연히 의식 위로 터져 나온다. 문제가 풀리지 않는 것은 굳어버린 기존의 고정관념 때문일 경우가 많다. 노는 시간은 그것을 잊는 시간이 되는 셈이다.

네 번째로 창의력은 사회 풍토와 맞을 때 제대로 발현된다. 식물이 풍토가 맞아야 잘 자라듯이 창의력도 알맞은 풍토를 원한다. 중국의 춘추전국시대는 제자백가가 나올 만큼 굉장히 창의적인 시대였다. 그러나 그 화려했던 중국의 창의력이 쇠퇴하기 시작한 것은 진나라와 한나라의 중앙집권적 독재왕조가 선 후부터였다.

어떤 심리학자는 "창의력이란 사람들의 머릿속에서 일어나는 것이 아니라, 사람들의 생각과 사회 · 문화적 맥락, 그리고 그 상호작용 속에서 일어나는 것"이라고 주장하기도 한다. 역사상 창의력이 만발한 나라는 사회 · 문화적 풍토가 자유로웠다. 이집트의 알렉산드라, 르네상스의 이탈리아, 지금의 미국도 그렇다. 그래서 정녕 창의력의 출현을 바란다면 사회 · 문화 풍토와 가정의 풍토부터 바꿔야 할 것이다.

개인에 따라서 다소 차이가 있겠으나, 창의적인 사람은 다음과 같은 5가지 특징을 가지고 있다.


1. 새로운 문제 해결을 시도한다(독창성).

   문제를 해결하는 데 있어 남들이 하지 않은 독창적인 방법을 시도하기를 좋아한다.

2. 주변의 문제에 매우 민감한 반응을 보인다(민감성).

남들은 그냥 지나쳐 버리는 문제에 대하여 관심을 기울이는 민감함을 가지고 있다.

3. 다양한 아이디어를 창출한다(유창성).

어떤 문제에 당면했을 때 한 가지 해결책만 생각하지 않고 여러 가지 방식을 다양하게 생각해본다.

4. 꼼꼼하고 치밀하다(정교성).

무슨 일을 기획하거나 처리할 때 대충대충 하지 않고 치밀하고 구체적으로 한다.

5. 오랫동안 집중할 수 있다(집중력).

몇 시간이고 한 가지 일을 계속할 수 있는 지구력을 가지고 있다.

세상의 모든 부모들은 위와 같은 특징을 가진 창의적인 아이를 원한다. 반대로 세상의 모든 아이는 조건만 맞으면 모두 창의적인 아이가 될 수 있다고 말할 수 있다.

이제 독서와 창의성을 생각해보자. 독자는 글을 읽을 때, 작가가 써놓은 뜻을 이해하는 동시에 일반적인 뜻을 넘어서서 자기 나름대로 반응하게 된다. 이와 같은 창조적 읽기는 자신의 창의적 해석이 가해질 때 가능하다.

궁금한 것이 없는 아이들보다는 궁금한 것이 많은 아이들이 창의적인 독자이다. 창의적인 독자는 같은 글을 읽어도 의문을 통하여 느끼고 사고하는 점이 많아 얻는 게 많다. 창의적으로 읽는 방법에는 다양하게 생각하기, 여러 가지 방법으로 생각하기, 특별한 아이디어 창출하기, 아이디어 구체화시키기 등의 능력이 포함된다.

읽기라는 것은 원래 창조적인 활동이다. 독자가 글을 읽을 때에는 작가가 써놓은 뜻을 이해하는 동시에 언제나 그 일반적인 뜻을 넘어서 개성적으로 반응하게 된다. 우리는 일반적인 이해의 단계를 독해의 단계라고 하고, 개성적으로 반응하는 단계를 감상의 단계라고 한다.

감상이란 원래 창조적인 읽기 활동이다. 여기서의 창조적 읽기란 그런 감상의 단계 중에서도 개성적으로 반응하는 읽기를 말한다. 예를 들면 전래동화 『우렁이 색시』를 읽은 어린이들에게 궁금한 것이 무엇이냐는 질문을 했을 때 누구나 같은 반응을 보이는 것은 아니다. 어떤 아이들은 "궁금한 것이 없다"고 답변한다. 그러나 어떤 아이들은 궁금한 것이 많다.

- 우렁이 색시는 호화로운 용궁에서 살지 왜 가난한 총각에게 왔을까?
- 우렁이 색시는 어떤 여행을 거쳐 총각이 사는 동네까지 올 수 있었을까?
- 부지런한 총각과 우렁이 색시에게 어울리는 이름은 무엇일까?
- 우렁이가 색시로 변한 것을 보고 총각은 어떤 표정을 지었을까?
- 만약 총각이 우렁이 색시의 말을 듣지 않았다면 어떻게 되었을까?
- 내가 우렁이 색시를 만난다면 어떻게 할까?

나이와 성별, 관심의 영역에 따라 아이들은 이런 의문을 쏟아놓는다. 여기서 궁금한 것이 없는 아이들은 수동적 읽기, 피동적 읽기를 하고 있는 독자이며, 궁금증이 많은 아이들은 창의적으로 읽는 창의적 독자이다. 이와 같이 창의적인 독자는 글을 통하여 자신의 사고와 영역을 끝없이 넓혀나간다.

### 우리 집은 창의적인 가정일까? 해당 사항에 V해주세요.

1. 아이가 바보 같은 질문을 해도 야단치지 않는다. _____
2. 학교 성적이 떨어졌다고 혼내지 않는다. _____
3. 우리 집에는 지켜야 할 규칙이 많다. _____
4. 아이들에게 최고가 되라고 말한다. _____
5. 가정 문제에 아이들의 의견을 듣는다. _____
6. 외출할 때는 어떻게 말하고 행동해야 하는지를 꼭 알려준다. _____
7. 아이를 믿는다. _____
8. 다소 위험해도 여행을 자주 보낸다. _____
9. 나는 자상한 부모이다. 무엇이나 친절하게 도와준다. _____
10. 공부를 더 하라고 경조사에 데리고 다니지 않는다. _____
11. 나는 무슨 일이든지 즐겁게 한다. _____
12. 우리 집에는 흥미로운 분들이 많이 놀러 오신다. _____
13. 아이의 성적이 떨어질까 봐 항상 조바심이 난다. _____
14. 우리 부부는 유머와 농담을 좋아한다. _____
15. 아이는 자신의 의견보다 부모의 의견을 존중한다. _____
16. 아이에게 설거지 등의 가사 일을 분담시킨다. _____
17. 우리 아이는 나를 기쁘게 하려고 열심히 공부한다. _____
18. 우리 집에는 꽃과 나무들이 많다. _____
19. 어렸을 때 책을 많이 읽어주었다. _____
20. 우리 집에서 TV를 켜는 시간은 1시간 이내이다. _____

아래 번호를 보며 우리 집이 어느 항목에 많이 해당되는지를 살펴보세요.

| 창의적인 가정 | 창의적이지 않은 가정 |
| --- | --- |
| 1, 2, 5, 7, 8, 11, 12, 14, 16, 18, 19, 20번 해당 | 3, 4, 6, 9, 10, 13, 15, 17번 해당 |

### 하나. 독서하면서 창의력을 기를 때

① 글을 읽으며 궁금한 사항들을 메모한다.

② 읽으면서 빠진 사항을 발견하고, 그곳을 적당한 말로 보충하며 읽는다.

③ 다음 이야기를 생각해본다.

④ 문제점에 대안을 생각해본다.

⑤ '만약에', '그와 반대로' 등 반대 상황을 생각하면서 이야기를 전개시켜본다.

⑥ 그림만 있는 만화를 보고 주인공들의 대화를 써넣어 만화를 완성한다.

⑦ 그림만 있는 '포스터'나 '광고'를 보고 제목을 정해본다.

### 둘. 일상생활에서 창의력을 기를 때

① 다양한 경험을 하게 한다.

아이를 데리고 여행을 많이 다닌다. 아이가 보고 관찰하고 생각할 수 있는 환경을
만들어준다.

② 생각을 자유롭게 가질 수 있는 환경을 만들어준다.

실현 가능한 것'에 구애됨이 없이 말하는 분위기를 만든다. "쓸데없이" 등의 말을
하지 않는다.

③ 브레인스토밍(brain storming)과 같은 자유로운 이야기를 나누는 시간을
갖는다.

브레인스토밍이란 '두뇌의 폭풍'이라는 뜻으로, 마치 폭풍이 일듯이 아무 생각이나
떠오르게 하여 이것을 나타내도록 한다는 것이다. 이 작업은 혼자 또는 집단으로도
할 수 있다. 이때 제기되는 의견에 대해서는 절대 비판하지 않아야 한다.

④ 창의력을 길러주는 게임을 한다.

• 새로운 요리를 만들어 이름 짓기

• 스무고개 넘기

• '만약에' 게임하기

예) "만약에 우산이 없을 때 비가 오면 어떻게 할까?" 질문하고 답한다.

# 틀에서
## 벗어나기, 알에서 깨어나기

### 인사하는 쓰레기통

네덜란드의 한 도시에서 쓰레기를 함부로 버리는 시민들 때문에 골치를 앓았다. 어느 날, '시민들이 쓰레기를 통 속에 버리게 하는 방법'에 대한 대책회의가 열렸다. 시청에서는 쓰레기통을 더 많이 만들면 될 것이라는 결정에 따라 쓰레기통을 3배나 늘려 거리에 배치했지만 효과가 없었다. 시민들은 여전히 아무 데나 쓰레기를 버렸다. 다음 회의에서는 벌금을 물리자는 의견이 채택되었다. 그래서 쓰레기 버리는 시민을 색출하기 위해서 많은 경찰이 배치되었다. 그러나 언제 몰래 버리는지 쓰레기는 여전히 줄어들지 않았다.

세 번째 회의가 열렸을 때, 한 직원이 "차라리 상을 주면 어떨까요?" 하는 엉뚱한 의견을 내놓았다.

"아니 뭐라구요? 벌을 주어도 시원치 않은데 상을 줘요?"

사람들이 반박했다.

"잠깐! 상식에서 벗어나는 아이디어라고 무조건 반대하지 맙시다. 그 아이디어를 발전시키면 좋은 방법이 나올 것 같아요. 좀더 생각해봅시다."

한 사람의 엉뚱한 아이디어를 단서로 '인사하는 쓰레기통'이 거리 곳곳에 배치되었다.

"안녕하세요? 고맙습니다. 오늘 날씨 참 좋죠? 제가 재미있는 이야기 하나 해드릴까요?"

그러자 시민들은 인사를 받고 이야기도 듣고 싶어서 남녀노소 할 것 없이 거리의 쓰레기를 주워 쓰레기통 속에 넣게 되었다.


이것은 쓰레기를 버리는 것은 나쁘다는 고정관념을 깨고 새로운 눈으로 세상을 보게 된 예이다. 고정관념이란 이와 같이 항상 머릿속에서 떠나지 않고 쉽게 변하지 않는 생각들을 말한다. 예를 들면 연필은 글씨를 쓰는 데 사용되고, 의자는 앉는 데 사용하고, 수저는 밥 먹는 데 사용하고…… 하는 식으로 무엇을 특정한 데만 쓰인다고 생각하는 고정된 생각을 말한다.

고정관념은 복잡한 생각 없이 안이하게 생활하는 사람에게는 필요하다. 그러나 생활을 편리하게 하는 대신 새로운 아이디어를 낼 때는 오히려 방해가 된다. 고정관념은 항상 같은 방향으로만 생각을 하도록 유도하기 때문에 새로운 상상을 하는 데 방해가 된다. 따라서 아이디어를 내려면 고정관념에서 벗어나야 한다.

글을 쓸 때 첫 문장부터 써야 한다고 고집한다면 이야기를 완성하기란 어렵다. 하지만 문장을 중간에서부터 혹은 끝에서부터 쓰는 방법도 있다. 앞의 내용이나 뒤의 내용에 대해 고민하지 않고 이야기의 한 부분에서 글을 쓰기 시작할 수도 있다. 글을 쓸 때 유용하지 않은 방법의 습관을 깨서 더 풍부한 상상력으로 생각할 수 있게 된다. 창의적인 사람들은 모두 고정관념에서 가장 먼저 탈피하는 사람들이다.

자신이 속한 동료집단에서 인정하는 정형에서 이탈할 각오를 하고 생각하고 행동하는 성향을 가진 창조적인 사람은 청중이나 동료들의 기분을 맞추기 위하여 자신의 생각을 수정하지 않는다.

또한 능숙한 사색가는 오랫동안 상투적인 방법에 얽매이지 않는다. 그들은 한 가지 방법이 유용하지 않을 때는 다른 방법을 시도해보기 때문에 상상력이 풍부하다. 그들은 단지 한 가지 방법으로 사물을 보지 않고 가능한 모든 것을 본다. 그들은 사람을 정형화하여 보지 않고 개성을 본다. 능숙한 사상가는 계획을 할 때 기꺼이 그런 것들을 깨고 더 좋은 아이디어를 추구한다. 그리고 그들은 한 가지 결과물은 최종적인 것으로 받아들이지 않는다.

 **Tɪᴘ ; 이렇게 해보세요**

### 하나. 생활 속의 틀에서 벗어나기 연습

① 가끔 다른 길로 해서 학교에 가본다.
② 늘 하던 일이지만 정말 이 일이 나에게 필요한지 반문하여 본다.
③ 이미 알고 있는 낱말에 다른 뜻이 있는지 사전을 찾아본다.
④ '눈에 보이는 상황이 아니라면' 하고 상상하여 본다.
⑤ 옷을 자유롭게 입어본다.
⑥ 혼자 시장 구경을 가본다.
⑦ 외국인이나 다른 지방 사람들과 친구가 된다.

### 둘. 독서를 통하여 틀에서 벗어나기 연습

① 주인공의 성격을 반대로 생각하기
예) 만약에 콩쥐가 얼굴이 못났다면?
    만약에 팥쥐가 콩쥐보다 마음씨가 고왔다면?
② 책 속에 나온 사건을 반대로 생각하기
예) 만약에 심청이가 3백 석보다 더 많은 쌀을 원했다면?
    만약에 심청이가 맹인잔치를 열지 않았다면?
③ 결말 다르게 생각해보기

# 문제해결력이
## 높으면 어떤 상황에서도 길을 찾는다

### 케이크 나누어 먹기

다섯 명의 어린이가 있다. 이들에게 케이크 하나를 주며 공평하게 나누어 먹으라고 한다면 어떤 결과가 나올까? 우리는 흔히 사이좋게 똑같이 다섯 등분으로 나누어 먹을 것을 기대한다. 그러나 그것은 합리적인 방법이 아니다. 다섯 명의 어린이 중에는 식사를 하지 못해서 배고픈 어린이가 있을 수도 있고, 금방 밥을 먹고 와서 배부른 아이도 있을 수 있다. 그리고 케이크를 싫어하는 아이도 있고, 살이 찐다고 케이크를 먹으려 하지 않는 아이도 있을 수 있다. 이러한 상황에서 다섯 조각으로 똑같이 나누어 먹는 것은 좋은 방법이 아니다. 아이들 숫자대로 똑같이 나누는 것은 고정관념이다. 고정관념대로 따르는 것은 훌륭한 문제해결 방법이 아니다. 훌륭한 문제해결 방법은 케이크를 먹을 대상을 둘러싼 다양한 상황을 고려하여 누구에게나 유익하고 합리적인 방법으로 케이크를 나누는 것이다.

이와 같이 문제해결력이란 어떠한 사건이나 문제에 직면했을 때 제반 상황, 가치관, 도덕성, 관습을 참고하여 가장 합리적인 방법으로, 정확하고 신속하게 문제를 해결하는 능력을 말한다.

우리는 매순간 문제를 만나고 그것을 해결하며 살아간다. 문제를 잘 해결하면 성공의 고리를 잡게 되고, 문제를 잘못 해결하면 실패의 고리를 잡게 된다. 아이들이 공부를 하는 것, 학교에 다니는 가장 높은 목표는 문제해결력을 기르기 위한 과정이다. 공부를 하는 것도 세상을 살아가는 데 필요한 능력인 문제해결력을 기르기 위한 훈련 과정인 셈이다.

독서도 마찬가지이다. 독서가 주는 즐거움, 사고력, 정보의 양, 감성, 마음을 치료하는 것 등 모두 삶을 잘 살아가기 위한 능력들이다. 독서가 지향하는 목표도 결국은 문제해결에 있는 셈이다. 책을 읽고 나서 깊이 생각하면서 거기에서 자신의 삶의 길을 찾고 열쇠를 찾게 된다면, 가장 훌륭한 감상력을 가지고 있는 것이다.

학계의 연구에 의하면, 문제해결능력은 선천적이거나 지능과 관계되지 않는다고 한다. 문제해결능력은 사고력 훈련에 의해서 향상될 수 있는 후천적인 능력이다.

문제란 무엇인가? 문제란 어떻게 할지 알 수 없는 어려움, 속히 벗어나야만 하는 곤란한 지경을 의미한다. 예를 들면 배가 난파당했다든가, 사업을 하다가 부도가 났다든가, 이번에는 꼭 대학수학능력시험을 잘 보아야 한다든가, 기말고사가 닥쳐오고 있다든가, 축구시합에서 졌는데 3일 후에 열리는 시합이 닥쳐왔다든가…… 등등 이런 일을 당했을 때 성공할 수 있는 능력이 문제해결능력이다.

문제를 해결하는 과정을 보면 대개 '문제 상황 인식 → 문제의 핵심 파악 → 문제 원인 추론 → 해결 방향 결정 → 해결을 위한 기초조사 → 문제해결 추진 → 수정 및 토론 → 확정 → 행동하기'의 과정을 거치게 된다.

한 권의 책을 읽었을 때 아무 생각 없이 책을 덮어버리는 사람은 없다.

시간의 다소, 사고의 다소는 있을지언정 누구나 잠시 생각에 잠기게 된다. 이때 생각하는 것은 대개 책의 주인공이나 작가와 자신을 비교해보는 일이다. '만약에 나라면 어떻게 했을까?'를 생각해보게 된다. 독서가 이러한 상황까지 발전하면 문제해결 중심의 독서가 된다.

공부를 하는 것, 학교에 다니는 것의 가장 높은 목표는 문제해결이다. 즉, 우리가 공부하는 것은 단지 공부를 위해서가 아니라 세상을 살아가는 데 필요한 능력인 문제해결력을 기르기 위한 과정인 셈이다.

문제해결 방법에는 크게 두 가지 방법이 사용된다. 하나는 심리적인 대안이고, 하나는 논리적인 대안이다.

(1) 만약에 누가 네 왼뺨을 때리면 오른뺨을 대라.
(2) 밤길에 호랑이를 만나면 불을 밝혀라.

위 글 (1), (2)는 자라면서 어른들로부터 자주 들어 온 삶의 지혜이다.

(1)은 기독교의 대인 관계인데, 언뜻 들으면 바보가 되라는 소리 같지만, 훌륭한 심리적인 대안이다. 즉 강한 상대를 만나 뺨을 맞았을 경우 대드는 것, 맞서는 것보다는 다른 쪽 뺨을 내밀어 그가 미안한 감정을 느끼게 하는 것이 그를 이기는 방법임을 알려주는 말이다. 즉, 강한 것을 이길 방법은 강함이 아니라 부드러움이란 진리를 말해준다. 돌에 구멍을 뚫는 것이 부드러운 강물이듯이 말이다.

(2)는 논리적인 대안이다. 호랑이를 만나면 어두운 곳으로 숨어야 할 텐데 불을 밝히라는 말은 언뜻 들으면 비논리적인 것 같지만, 호랑이는 야행성 동물이므로 밝은 곳에서는 맥을 못 춘다는 것을 생각하면, 이 답안이 논리적인 대안이라는 것을 깨닫게 된다.

**하나.** 생활 속에서 문제해결력을 기르는 방법

① '너는 할 수 있다'는 자신감을 키워준다.

② 가정에서 일어나는 문제를 해결하는 데 어린이를 참여시킨다.

③ TV나 신문에서 뉴스를 읽게 한다. 그리고 사건에 대한 해결책을 제시해 보게 한다.

④ 성공적인 사람들의 수기를 읽게 한다.

⑤ 부모님이 겪은 어려웠던 경험과 해결했던 이야기를 들려준다.

⑥ 타인의 사건을 대할 때, "만약에 너라면?" 하고 생각해보게 한다.

⑦ 문제를 해결하기 위한 절차를 숙지시킨다.

- 무엇이 문제일까를 규정한다.
- 문제해결을 위한 목표를 세운다.
- 알고 있는 정보를 활용한다.
- 해결의 힌트는 현장에서 찾는다.
- 알아낸 해결 방법을 정리한다.
- 행동한다.

**둘.** 독서를 통해 문제해결력을 기르는 방법

① 책을 읽으며 주인공이나 주변인물을 자신이라고 생각해본다.

② 나와 주인공의 공통점과 차이점은 무엇인가 살펴본다.

③ 작품 속의 인물은 왜 실패했을까? 실패하게 된 원인을 알아본다.

④ 실패하지 않기 위해서는 어떻게 해야 했을까 생각해본다.

⑤ 작품 속의 주인공이 성공한 이유는 무엇일까 생각해본다.

⑥ 성공한 사람과 실패한 사람의 차이가 무엇인지 찾아본다.

# 책으로

## 시작하는 공부 클리닉

**Part 01**

# 책이라면 도망가는 아이들을 책 속에 빠뜨릴 수 있는 책

❶ — 5분 이상 책읽기에 집중할 수 없을 때 읽는 책

❷ — 인터넷에 빠진 아이들을 위한 책

❸ — 만화책만 읽으려는 아이들을 위한 책

❹ — 볼 만한 책이 없다고 투덜거리는 아이들을 위한 책

❺ — 책에서 재미만을 추구하는 아이들을 위한 책

❻ — 다른 일은 제쳐놓고 책만 읽으려는 아이들을 위한 책

❼ — 독서능력이 낮아서 그림책만 보는 고학년 아이들을 위한 책

❽ — 글쓰기를 두려워하는 아이들을 위한 책

❾ — 책 볼 시간이 없을 때 읽으면 좋은 책

# 5분 이상 책읽기에 집중할 수 없을 때 읽는 책

어린이가 5분 이상 책읽기에 집중할 수 없을 때는 집중력 부족, 흥미 부족을 의심해볼 필요가 있다. 책 볼 때 좌불안석인 아이, 책장을 후루룩 후루룩 넘겨버리는 아이는 집중력이 부족한 아이들이다. 이런 아이들은 정신적인 안정감이 부족하여 자기 자신을 통제하지 못하는 경우가 많다. 책만 보면 얼굴을 찡그리는 아이, 밖으로 놀러 나가려고만 하는 아이는 흥미 부족으로 판단된다. 이런 아이들은 지적 희열이나 정신적인 것에서 흥미를 찾기보다는 외부 영역이나 물질적인 것에서 흥미를 찾는다.

이런 어린이들을 위한 책으로는 짧고, 재미있고, 쉬운 단어들로 이루어지며, 스토리가 강한 동화책이 좋다. 이야기가 굽이굽이 흘러가서 중간에서 읽기를 멈출 수 없을 때 어린이의 빈약한 집중력은 힘을 받고 성장할 수 있다. 또한 책에서 지적 희열을 발견하게 된다면, 외부 지향적인 어린이나 물질 지향적 어린이들도 정신적인 영역 속으로 들어오게 된다.

비록 5분 이상 책읽기를 계속할 수 없다 하더라도 그것은 어린이의 책임이 아니다. 자라면서 받은 여러 가지 영향이나 상처 때문이다. 여기, 그런 어린이에게 지적 희열을 바칠 수 있는 책들을 소개한다. 책읽기의 즐거움 속으로 어린이를 초대한다.

## 메주 도사

서정오 글 / 보리 펴냄

### 입에서 입으로 구전되어온 생명력 있는 이야기들

웃으면 복이 온다는 말이 있다. 이 책은 어린이들에게 웃음을 선사하면서 이야기의 재미에 이끌리게 하여 끝까지 읽게 하는 책이다. 전래문학의 특징은 군중에 의해, 군중의 이야기를, 군중이 만들어냈다는 데 있다. 그래서 전래문학은 쉽고, 친근하고, 편안하여 독자를 사로잡는 힘이 있다. 특히 이 책은 우리나라 전래동화 중에서도 가장 쉽고 스토리가 탄탄한 작품이다. 이 책의 글을 쓰신 서정오 님은 우리나라에서 손꼽히는 전래문학 전문가이다.

**TIP : 생각해보세요**

♧ 책읽기를 싫어하는 친구에게 이야기를 해주려고 할 때, 이 책 중에서 어떤 이야기를 뽑으면 좋을까요?

♧ 옛날 이야기는 왜 이렇게 웃으며 읽을 수 있는 것일까요? 한번 생각해보세요.

♧ 이 책을 다 읽는 데 어느 정도 시간이 걸렸나요? 물론 5분은 넘었겠죠?

장수경 지음 / 사계절 펴냄

## 전통놀이에 열중하는 악동들의 이야기

남자아이들이 노는 풍경을 재미있게 표현한 현대 창작동화이다. 남자 어린이에게는 모험심과 영웅심을, 여자 어린이에게는 호기심을 일게 하는 책이다. 그런 점들이 이 책을 한번 손에 들면 쉽게 놓지 못하게 한다. 왜 남자아이들은 예나 지금이나 신체기관을 내놓고 시합을 하는 것을 즐길까? 이겨도 좋고 져도 싫지만은 않은 재미있는 시합이라니, 굉장히 재미있나 보다. 책의 내용이 충청도 사투리와 어울려 더욱 구수한 재미를 준다. 어린이의 심리 상태를 정확하게 알고 있는 창작동화이다.

**TIP ; 생각해보세요**

☘ 이 동네 아이들은 왜 이런 시합을 했을까요?

☘ 혹시 아빠나 삼촌도 이런 시합을 하며 자랐을까요? 살짝 질문해보세요.

☘ 여자아이들이 하는 시합에는 어떤 것이 있을까요?

아스트리드 린드그렌 지음 / 시공사 펴냄

## 책읽기의 즐거움을 가르쳐주는 책

너무나 유명한 린드그렌의 작품 『말괄량이 삐삐』를 새롭게 펴낸 것이다. 린드그렌은 어린 시절 삐삐처럼 고아가 되어 가난한 시절을 보냈다고 한다. 그는 어린시절의 기억을 소중히 모아두었다가 이 작품을 써서 전 세계의 어린이들로부터 큰 사랑을 받았다. 엉뚱하면서도 재치 넘치는 삐삐와 이웃집 꼬마 토미, 아니카 셋이서 주인공이 되어 펼치는 신나는 이야기다.

이 책을 손에 드는 순간, 삐삐와 함께 신나는 모험을 하며 실컷 웃다 보면 어느새 책을 끝까지 읽은 자신을 발견하게 될 것이다. 책 읽는 즐거움에 빠지기를 기대한다.

TIP ; 생각해보세요

- 삐삐란 이름에서 느껴지는 것을 다 말해본다면? 말랐다, 말괄량이 다 그 외에 어떤 것이 있을까요?
- 삐삐란 아이가 이런 엉뚱한 일을 많이 저지르는 이유는 무엇일까요? 추리해보세요.
- 삐삐에게서 배워야 할 점이 있는지 찾아보세요. 또 삐삐에게 가르쳐주고 싶은 것도 생각해보세요.

# 02 인터넷에
## 빠진 아이들을 위한 책

요즘 우리나라에서 인터넷이 사회문제가 되고 있다. 인터넷의 비교육적 내용 때문이다. 그래서 어른들은 아이들에게 나쁜 인터넷 사이트를 보지 못 보게 하려고 각종 장치를 만들어내고 있다. 바야흐로 인터넷과의 전쟁 중이다. 그러나 원래 인터넷은 나쁜 점보다는 좋은 점이 더 많다. 방대한 백과사전, 큰 역사책, 사전들, 논문들…… 공부하는 사람들에게는 없어서는 안 될 중요한 도구이다. 그러나 이렇게 좋은 것은 쏙 빼고 바람직하지 못한 것만 보고 퍼뜨리는 사람들 때문에 인터넷은 현재 우리 사회의 걱정거리가 되었다.

심리학자들은 인터넷에 빠진 아이들, 특히 게임에 빠진 아이들은 화면에 몰두하거나 게임의 빠른 속도감에 길들여져서 무엇인가를 진지하게 생각하지 못하는 경향이 있다고 보고한다. 또 인터넷과 같은 가상의 공간 속에 빠진 아이들은 현실과 가상을 구분하지 못하여 현실 부적응아가 되기 쉽다는 연구 결과도 있다.

인터넷의 폐해는 세계 어디서나 열려 있지만, 그것이 걱정거리가 되는 나라가 있고, 그렇지 않은 나라도 있다. 걱정이 안 되는 나라들은 어린이와 청소년들이 그런 내용을 보지 않기 때문이라고 한다. 그러면 왜 우리나라 청소년들은 그런 내용에 탐닉하는 것일까?

이 문제에 대한 답으로는 비판력과 판단력 부족을 들 수 있다. 좋은 내용이 아닌 것을 골라낼 수 있는 비판력, 좋지 않은 내용을 보지 않을 수 있는 냉철한 판단력이 있다면 무슨 문제가 생기겠는가?

## 공주는 등이 가려워

수지 모건스턴 지음 / 비룡소 펴냄

### 책읽기를 한없이 매력적으로 보여주는 유머러스한 동화책

도리취 공주는 자기 방에 틀어박혀 책읽기를 좋아한다. 책을 읽던 공주는 어느 날 모기에게 등을 물렸다. 등이 가려워진 공주는 등을 긁으려고 손을 등으로 가져가 보지만 손이 닿지 않아 긁을 수가 없다. 가려운 곳을 긁을 수 없는 공주는 등을 긁어줄 왕자와 결혼하면 되겠다고 생각한다. 그래서 선보기가 시작된다. 잘생긴 왕자, 지식이 많은 왕자, 고상한 시인 왕자, 공학박사 왕자 등등……. 여러 왕자를 만나보았지만 등을 시원하게 긁어주는 왕자가 없었다. 결국 공주는 서점에 있는 자랑거리도 없고 평범하지만 등 잘 긁어주는 또또 왕자와 결혼하여 행복하게 산다.

이 책은 결혼 이야기를 하고 있지만, 사실은 책읽기의 재미를 선사해주는 동화책이다. 이 책을 읽는 어린이들은 '도대체 책읽기가 얼마나 재미있기에?'하는 생각을 하게 된다. 이 책을 권하는 뜻이 바로 거기에 있다.

### Tip : 생각해보세요

♧ 인터넷에서 가장 재미있는 것은 무엇인가요?

♧ 공주가 정말로 원한 것은 무엇일까요?

♧ '공주는 등이 가려워'의 재미와 인터넷 게임의 차이점은 무엇일까요?

　　　　모니카 페트 글 / 안토니 보라틴스키 그림 / 풀빛 펴냄

## 명곡을 부르는 청소부 아저씨

독일 어느 도시의 거리 표지판을 닦는 청소부 아저씨의 이야기이다. 청소부 아저씨는 매일매일 파란색 작업복과 고무장화에 파란색 자전거를 타고 독일의 유명한 거리 표지판을 닦는다. 그러던 어느 날 아저씨는 그가 닦고 있는 표지판 옆에서 엄마와 아이가 나누는 대화를 엿듣고는 그 거리가 유명한 작곡가와 음악가의 거리라는 것을 알게 된다.

아저씨는 그 꼬마보다도 자신이 그 거리에 대해 아는 게 없다는 사실에 부끄러움을 느껴 음악가와 작곡가에 대한 공부를 하여 명곡을 부르는 유명한 청소부가 된다. 그리고 어느 날, TV 기자의 출연 제안을 받고 TV에 나가 자신의 이야기를 해서 일약 유명한 사람이 된다.

인터넷에서 별 볼일 없는 정보 사냥이나 하고 있던 어린이가 있다면 이 그림동화를 보는 순간 부끄러움을 느낄 것이다. 그 부끄러움은 바로 책 나라로 갈 수 있는 푸른 기차표이다.

**TIP : 생각해보세요**

♧ 그림 속에서 청소부 아저씨의 표정을 살펴보세요. 글로는 표현되지 않은 청소부 아저씨의 표정을 이야기해보세요.

♧ 명곡을 흥얼거리며 청소를 하는 아저씨를 상상해보세요.

♧ 주인공은 정말 '행복한 청소부'일까요? 왜 그렇죠?

## 인터넷 나라의 리씨

모니카 펠츠 글 / 한겨레신문사 펴냄

### 컴퓨터가 게임을 위한 기계가 아니라는 것을 가르쳐주는 책

행복한 어린 시절을 지나온 사람들은 누구나 루이스 캐럴의 『이상한 나라의 앨리스』라는 환상동화를 기억할 것이다. 19세기에 영국의 루이스 캐럴이 쓴 『이상한 나라의 앨리스』는 한 소녀가 꿈속에서 토끼 굴에 떨어져 이상한 나라를 여행하면서 만나게 되는 신기한 일들을 그린 동화로, 판타지 문학의 시조가 되었다. 그 후, 많은 어린이들이 이 작품을 읽으며 어린 시절을 지나왔다.

『인터넷 나라의 리씨』는 바로 『이상한 나라의 앨리스』와 비슷한 구조를 가진 작품이다. 이야기의 주인공 리씨는 13세 소년이다. 주인공은 처음으로 집(오스트리아)을 떠나 고모댁(캐나다)에 간다. 리씨는 꿈속에서 컴퓨터 인터넷을 통해 사이버 공간으로 들어가게 된다. 영화 『페이지 마스터』처럼 리씨는 만화영화의 주인공이 되어 보기도 하고, 일각수와 날개 달린 돼지도 만나며, 세상을 창조한 화이트 여사도 만나고, 중세의 기사도 만나 사랑의 마음을 경험하기도 한다. 이 작품을 읽는 어린이들은 인터넷이 게임만을 하는 기계가 아니라는 것을 알게 된다.

**TIP ; 생각해보세요**

♧ 하루에 인터넷을 사용하는 시간이 얼마나 되나요? 많은가요, 적은가요?
♧ 만약 인터넷 속에 들어갈 수 있다면 어떤 곳을 여행하고 싶나요?
♧ 인터넷을 이용하여 할 수 있는 좋은 일들을 생각해보세요.

# 03

## 만화책에
### 빠진 아이들을 위한 책

우리나라 만화 독서율이 점점 높아지고 있다. 문화관광부와 출판연구소에 의하면 만화 독서량은 매년 20% 정도 상승하고 있다고 한다. 학력이 낮을수록, 소득이 낮을수록 만화를 많이 보는 것으로 나타났다. 또 한 가지 재미있는 통계는 여자보다 남자가 만화를 많이 본다는 것이다. 이러한 현상은 다른 나라의 경우도 비슷하다.

이것은 어린이, 청소년 시절의 독서 습관과 매우 관련이 깊은 것으로 보인다. 즉, 독해력이 높은 사람들은 고학력자이며, 전문직에 종사하는 경우가 많다. 이들은 대개 어려서부터 책을 많이 읽은 사람들이다. 또, 만화 독서를 문자 독서보다 즐기는 것은 독해력이 낮기 때문인 점을 생각하면 너무나 당연한 결과로 보인다.

그런데 남자가 여자보다 만화를 많이 읽는다는 것은 어떻게 해석하면 좋을까? 일단 남자들에게는 긍정적인 결과는 아니며, 우먼파워가 휘몰아치는 21세기를 생각해볼 때 이런 결과에 수긍이 가기도 한다. 만화에 빠져버린 아이들에게 문자독서의 매력을 알게 해줄 적당한 책을 소개한다.

안노 미쓰마사 그림 / 한림출판사 펴냄

## 글자 없는 그림책 속에서의 신비한 여행 체험

만화를 좋아하는 독자들의 가장 큰 특징은 문자 언어보다 그림 언어를 선호한다는 사실이다. 이 그림책은 글자가 하나도 없다. 처음부터 끝까지 그림뿐이다. 그래서 만화만 탐닉하는 아이들이 마음을 턱 놓고 손에 들게 될 것이다. 이 책을 펼쳐보면, 한 사람의 여행자가 나타나 여행을 시작한다. 길은 끝없이 이어지고, 숲에서는 사슴이 뛰어놀고, 작은 다리를 건너 드디어 마을이 나타난다. 마을에는 포도밭이 있고, 성당이 있고, 학교가 있고, 시장이 있고, 길에서는 달리기 경주가 한창이고, 서커스가 행진을 하고……. 조금도 어렵지 않다. 이 책에는 글자가 하나도 없지만 오히려 그 때문에 독자는 많은 것을 상상할 수 있어 자연스럽게 상상력이 길러진다.

이 책은 숨은그림찾기도 할 수 있다. 책에는 밀레의 「양털 깎는 여자」, 밀레의 「만종」, 쇠라의 「미역감기」 등의 명화와 『톰소여의 모험』, 『브레멘의 음악대』, 『돈키호테』 등의 등장인물이 그림 속에 숨어 있다. 만화만 읽어서 상상력이 빈약해진 아이들에게 관찰력과 상상력을 길러주기에 좋은 책이다.

**TIP : 생각해보세요**

♧ 주인공이 여행한 마을의 풍경을 이어서 이야기를 만들어보세요.

♧ 그림 속에 숨어 있는 그림을 찾아내는 게임을 해보세요.

♧ 그림책과 만화를 비교해보고 서로 다른 점이 무엇인지 생각해보세요.

롭 루이스 글 · 그림 / 시공주니어 펴냄

## 상상력을 자극하는 기발하고 재미있는 이야기

이 동화책은 어린이의 상상력을 자극하는 책이다. 이빨이 만 개 있는 동물이라니! 이런 상상력은 만화를 오래 보아 빈약할 대로 빈약해진 어린이의 상상력을 향상시켜줄 것이다.

이야기로 들어가보면, 이고쳐 선생은 아주 훌륭한 치과의사이다. 그가 고치지 못하는 충치는 없다. 그런데 어느 날 이빨이 만 개나 되는 동물이 치료를 받으러 온다고 하자 이고쳐 선생은 잔뜩 긴장을 한다. 이빨이 만 개나 된다면 엄청나게 큰 동물이 아니겠는가? 혹시 마취가 풀린 다음에 치과의사부터 잡아먹는 사나운 동물이라면? 이고쳐 선생의 고민은 이만저만이 아니다. 선생은 고민 끝에 어떤 계획을 세운다. 도대체 그 동물은 누구이며, 선생의 계획은 어떤 것일까 ? 이고쳐 선생의 계획을 자세히 살펴가며 읽어보자.

**TIP : 생각해보세요**

♧ 이고쳐 선생이 이빨이 만 개나 된다는 동물의 치료를 거절하지 못한 이유는 무엇인가요?
♧ 이고쳐 선생의 계획은 현명한 것이었나요?
♧ 내가 이고쳐 선생이라면 어떻게 할 것인지 생각하며 읽어봅시다.

## 납작이가 된 스탠리

제프 브라운 글 / 토미 웅게러 그림 / 시공주니어 펴냄

### 만화적 상상력을 동화로 풀어낸 책

만화의 가장 큰 특징 중 하나가 스토리가 기상천외하다는 것이다. 만화의 이런 특징은 어린 독자에게 매우 매력적으로 보인다. 『납작이가 된 스탠리』는 만화를 동화로 만들어놓은 것 같은 작품이다. 그래서 만화에 길들여진 어린 독자들을 동화의 세계로 끌어오기에 적당한 작품이다. 벽에 걸어놓은 게시판이 떨어져 납작해진 아이의 일상생활에 대한 이야기로, 어린 독자들의 상상력을 무궁무진하게 향상시켜준다.

주인공 스탠리는 몸이 납작해졌는데 아프지도 않다. 그래서 갖가지 신나는 일들을 경험하게 된다. 키 120센티미터, 가로 폭 30센티미터, 두께 1.2센티미터의 몸으로 닫힌 문 안으로 들어가기, 하수구 구멍으로 내려가 엄마의 반지 찾아오기, 편지 봉투 속에 들어가 캘리포니아까지 우편으로 여행하기, 연이 되어 하늘을 날아다니기 등등 정말 재미있는 경험을 하게 된다. 어디 그뿐이랴? 이 책을 읽는 어린이들은 몸이 납작해진다면 또 어떤 놀이를 할 수 있을까를 상상하게 된다. 이것이 이 책이 어린 독자들에게 주는 선물이다.

**TIP ; 생각해보세요**

♧ 몸이 납작해진다면 어떤 때 편리할까요?
♧ 몸이 납작하면 어떤 때 불편할까요?
♧ 몸이 공처럼 둥그래진다면 어떤 일이 일어날까요?

# 04 볼 만한 책이
## 없다고 투덜거리는 아이들을 위한 책

읽을 책이 없다고? 그건 정말 좋은 책을 만나지 못했기 때문이다.

책에는 여러 가지가 있다. 심심풀이 땅콩처럼 아무 영양도 없지만 시간을 보내기 위해서 읽는 책들, 울적한 기분을 전환하기 위해서 읽는 유머가 풍부한 책들, 아슬아슬한 스릴을 맛보기 위해서 읽는 공포소설들, 지식을 얻기 위해 읽는 책들……. 이러한 책들은 오랫동안 머릿속에 남지 않으며, 어느 정도 시간이 지나면 잊혀지고 만다. 그러나 일생 동안 잊혀지지 않는 책들이 있다. 사람들은 그런 책을 진짜 책이라고 말한다.

책을 읽지 않는 사람들에게 그 이유를 물어보면 "읽을 책이 없어서"라고 답변하는 경우가 종종 있다. 실제로 책을 읽지 않는 어린이와 청소년을 대상으로 그 이유를 조사해본 결과 "읽을 책이 없어서"라고 답변한 비율이 11. 5% 정도 되었다.

그러나 현재 우리나라의 서점들은 매일 새롭게 출판되는 책들로 넘쳐나는 실정이다. 2002년 출판 통계자료를 보면 2002년 한 해 동안 우리나라에서 발간된 책만해도 한 달에 300종, 일년이면 3,600종쯤 된다고 한다. 그런데 왜 읽을 책이 없다고 생각하는 것일까?

아마도 읽을 가치가 있는 진짜 책을 발견하지 못했기 때문일 것이다. 여기에 읽으면 후회하지 않을 정말 좋은 책을 소개한다. 이 책들은 세계적으로 많은 독자를 가진 책이며, 오랫동안 사랑을 받고 있는 책들이다.

## 인형의 꿈

마저리 윌리엄즈 지음 / 비룡소 펴냄

### '신이 쓴 동화'라는 격찬이 쏟아진 사랑과 생명에 대한 이야기

『빌로드의 토끼』, 『사랑받는 날에는』 등의 이름으로도 소개된 이 동화는 사랑이 모든 것을 가능하게 한다는 무거운 철학을 담고 있다. 그러나 이 책을 읽는 독자는 한없이 감미로운 이야기 속에 빨려들어가 그것이 무거운 주제인지도 모른 채 이야기의 종말을 대하게 된다. 그리고 고상하고 아름답게 변한 자신의 영혼을 만나게 된다.

아기 방에 있는 벨벳으로 만든 토끼 인형이 아이에게 사랑을 받으면서 진짜 토끼가 되는 과정을 그린 작품으로, 어린이들에게 생명과 사랑이라는 화두를 던져준다.

"진짜라는 건 네가 어떻게 생겼는가에 달려 있는 게 아니야. 그건 너한테 어떤 일이 일어나는 걸 말하는 거란다. 어떤 아이가 너를 오래오래 사랑해주면, 그냥 놀기 위해서가 아니라 정말로 너를 사랑하면, 그러면 너는 진짜가 되는 거야."

### TIP : 생각해보세요

♧ 토끼 인형은 왜 진짜가 되고 싶었나요?

♧ 이 동화 속에 나오는 '진짜'란 낱말의 뜻을 생각해보세요.

♧ 손때 묻은 오래된 가구나 그릇, 인형 등은 왜 소중한 것일까요?

E. B. 화이트 지음 / 시공사 펴냄

## 현실과 환상의 만남으로 만들어진 아름다운 동화

이 책은 『날아다니는 양탄자』나 『알라딘의 램프』와 같은 판타지도 아니고, 『톰 아저씨의 오두막』 같은 현실적인 이야기도 아니다. 환상과 현실의 아름다운 만남으로, 이제 막 판타지의 세계를 지나 합리적 사고기에 들어선 어린이에게 가장 적합한 책이다.

거미 샬롯과 돼지 웰버, 지식이 많은 늙은 양, 수다쟁이 거위, 약은 생쥐가 함께 사는 농가의 헛간이 배경으로, 아주 특별한 맑은 영혼을 가진 사람에게만 이야기를 들려주는 동물들의 이야기이다.

흔히 돼지와 거미는 부정적인 이미지로 알려져 있는데, 이 작품은 그런 이미지를 일시에 바꿔준다. 또한 어린 시절부터 고정관념을 갖고 세상을 보는 폐단을 청산해준다. 이 책은 이야기의 상큼한 매력으로 인하여 어린 독자들에게 독서의 기쁨을 듬뿍 맛보게 해준다.

**TIP : 생각해보세요**

♧ 주인공 소녀의 성격을 한마디로 요약해본다면?

♧ 헛간에 사는 동물들의 말이 왜 주인공 소녀가 아닌 다른 사람들의 귀에는 들리지 않았을까요?

♧ 이 동화에서 어느 부분이 현실이고, 어느 부분이 환상인지 구분해보세요.

리혜선 지음 / 이담 · 김근희 그림 / 길벗어린이 펴냄

## 연변 조선족의 역사적 의미를 살려낸 그림책

『폭죽소리』는 슬프면서도 아름다운 이야기이다. 일본 제국주의 시대에는 더 심했지만, 그 이전의 봉건 왕조 시대에도 우리 농촌은 너무나 가난했다. 그래서 어쩔 수 없이 살 길을 찾아 만주 벌판으로 떠난 사람들이 적지 않았다. 그러나 그곳에 가서도 굶주리는 사람들이 많았다. 이 동화는 바로 이런 시기를 배경으로 집이 너무 가난해서 어릴 때 중국 사람에게 팔려간 조선족 소녀의 슬픈 사연을 그려내었다.

이 눈물겨운 이야기를 연변에 사는 조선족 작가 리혜선 선생이 울면서 썼다. 그리고 미국에서 활동하는 유명한 화가 이담 선생 부부가 온 정성을 다 기울여 그림을 그렸다. 우리나라 어린이와 어른들이 꼭 한번 읽어야 할 책이다. 1996년에 볼로냐 아동도서 우수 일러스트레이션 상을 수상했다.

**TIP : 생각해보세요**

♧ 옥희의 사연을 친구에게 이야기로 전해주세요.
♧ '가난'이라는 것에 대하여 알게 된 것을 말해보세요.
♧ 중국인의 집을 떠난 옥희의 그 다음 이야기를 동화로 꾸며보세요.

# 05 책에서 재미만을 추구하는 아이들을 위한 책

"왜 책을 읽나요?"

이런 질문을 하면 80% 정도의 사람들이 "똑똑해지기 위해서" 혹은 "훌륭한 사람이 되기 위해서"라고 답변한다. 그러나 그 말은 정직하지 못한 대답이다. 보통은 재미를 위해서 책을 읽는다.

그런데 그 재미라는 것에도 값싼 재미와 고상한 재미가 있다. 시간 때우기 재미, 공포가 주는 재미, 욕설이 주는 재미, 저질 코미디가 주는 재미 등이 값싼 재미라면 가슴이 찡한 감동으로부터 오는 재미, 두 주먹을 불끈 쥐게 하는 용기로부터 오는 재미, 자신이 유식해지고 있다는 느낌으로부터 오는 재미는 고상한 재미라고 말할 수 있다. 이런 재미가 우리의 가슴이나 머릿속에 머무는 시간도 다르다. 공포, 유머, 욕설이 주는 재미는 읽자마자 잊혀진다. 그러나 감동이 주는 재미는 영원하다.

어린이들 중에 유독 코미디나 폭력, 공포, 음란의 재미를 추구하는 독자가 있는데, 이런 독자들의 가장 큰 특징은 책을 가볍게 생각한다는 점이다. 이런 독자들을 위해 다음의 책들을 소개한다. 이 책들은 책이란 읽은 후에도 오래도록 머리에 남아 있는 것이라는 생각을 하게 해줄 것이다.

메리디스 후퍼 글 / 알렌 컬리스 · 마크 버거스 그림
/ 국민서관 펴냄

## 명화와 상상력이 결합하여 만들어낸 판타지

미술관에 걸려 있는 명화 속에 있는 개들에게는 1년에 한 번씩 특별한 밤이 주어진다. 그림 밖으로 나와 놀다가 밤 12시가 되면 다시 그림 속으로 들어가는 것이다. 하지만 그날 밤은 달랐다. 개 세 마리가 그만 다른 그림 속으로 들어갔기 때문이다. 다음날 미술관은 발칵 뒤집힌다. 소문이 퍼지면서 이 미술관은 세상에서 가장 유명한 미술관이 된다.

이 책에 나오는 그림들은 실제로 런던 국립박물관에 소장되어 있는 것들이다. 책을 감상하는 동안 미술관의 명화를 함께 감상할 수 있어 재미를 더해준다. 그리고 이 책의 문학적 상상력에 대하여 경탄을 보내게 될 것이다. "세상에 이런 재미도 있구나" 하고.

**TIP : 생각해보세요**

♧ 명화 속에 있는 개들에게는 왜 언제부터 그런 '특별한 밤'이 생기게 되었을까 상상해보세요.

♧ 서양 명화 속에는 개들이 많답니다. 우리나라 명화 속에도 개들이 많은지 살펴보세요.

♧ 책을 읽고 다른 상상을 해보세요. 만약에 사람이 살아난다면? 만약에 그림 꽃이 향기를 뿜어낸다면? 등등.

황순원 지음 / 길벗어린이 펴냄

## 수많은 한국인에게 감동을 준 아름다운 성장소설

한국인에게 가장 잊혀지지 않는 소설은 무엇일까?

이 물음에 대한 답은 『소나기』일 것이다. 1980년대에 한국교육개발원 국어교육연구실에서 국어 교과서를 만들기 위하여 우리나라 성인 남녀에게 "당신이 배웠던 국어 교과서의 글 중에 가장 좋았던 글은 무엇인가?"라는 설문조사를 한 적이 있다. 그때 1위가 이 소설 『소나기』였다. 이 짧은 소설은 1945년 해방과 더불어 우리 국어교육이 새로 시작될 때 교과서에 수록된 이후 지금까지 실리면서 긴 생명력을 자랑하고 있다.

영국 인카운터 사가 주최한 콩쿠르에서 우수 단편문학으로 선정되었고, 노벨문학상 위원회에 한국 후보작으로 오른 적도 있다. 그리고 지금은 5개 국어로 번역 출간된, 그야말로 한국의 대표 소설이다. 이 작품의 이런 가치는 어디에서 오는 것일까?

그 답은 아름다운 사랑의 이미지라고 말할 수 있다. 황순원의 간결한 언어들이 선명하게 그려낸 순결한 풋사랑의 이미지. 누구나 일생에 한 번쯤 겪게 되는 사랑의 열병을 아름답고 슬프게 그려낸 이 소설은 독자를 변화시키는 힘이 있다.

**TIP** : 생각해보세요

이 소설을 읽고 '주제가 무엇일까?' '독자에게 주는 교훈은 무엇일까?' 등의 질문을 하는 것은 이 소설을 감상하는 데 방해가 됩니다. 책을 읽은 후엔 그냥 사색에 잠기도록 하세요.

아미치스 지음 / 예림당 펴냄

## 어머니와 아들의 사랑을 눈물로 각인시켜주는 동화

열세 살 소년 제노바의 아버지는 노동자인데 경제공황으로 일자리를 잃는다. 그래서 엄마가 돈을 벌 수 있다는 외국으로 가 부잣집의 가정부 노릇을 한다. 그러나 그 부잣집이 망해 다시 다른 나라로 건너간다. 이런 와중에 제노바의 어머니가 보낸 편지가 집에 도착하지 못한다. 걱정이 된 어린 제노바는 어머니를 찾아 떠난다.

한편 집으로 편지를 해도 소식이 오지 않자 어머니는 가족들이 잘못되었다고 짐작하고는 덜컥 병이 난다. 수술을 권하는 의사에게 어머니는 "아이들이 없는데 나 혼자 살아서 무엇하느냐"며 수술을 거부한다. 이때 장장 삼만리를 헤맨 끝에 드디어 엄마를 찾아온 제노바. 어머니는 와락 아들을 끌어안으며 살아야겠다는 생각에 수술을 결심한다.

이 책을 읽는 모든 어린이는 책이 심심풀이가 아니라는 사실을 알게 될 것이다. 그리고 그 경험은 다음의 책을 선택할 때 작용할 것이다.

### TIP ; 생각해보세요

♧ 제노바의 어머니는 왜 아들을 보자마자 수술을 결심했을까요?

♧ 직장을 잃은 아버지들은 마음이 얼마나 괴로울까 상상해보세요.

♧ 가족을 떠나 먼 나라로 돈 벌러 온 외국 노동자들의 마음을 상상해보세요.

# 06 다른 일은
제쳐놓고 책만 읽으려는 아이들을
위한 책

책을 읽지 않아 걱정인 아이들이 있는가 하면, 책을 너무 많이 읽어 걱정이 되는 아이들이 있다. 이런 아이들은 전체 어린이의 5% 정도 되는 것으로 추정된다. 이들에게 나타나는 증상으로는 운동 부족으로 얼굴이 창백하고 몸이 약한 점, 책 속의 주인공하고만 놀아서 비현실적인 생각을 많이 한다는 점, 책 속에서는 자유로운데 현실생활에 대한 적응능력이 낮아 외톨이가 된다는 점 등을 들 수 있다. 어느 것 하나 걱정이 아닐 수 없다. 이런 아이들을 위해서는 그들의 시야를 자연이나 실생활 쪽으로 돌려줄 필요가 있다.

이런 아이들을 살펴보면 대개 다음과 같은 5가지 부류가 눈에 띈다. 판타지만 읽는 아이들, 탐정류만 읽는 아이들, 폭력물만 읽는 아이들, 로맨스만 읽는 아이들, 무협류만 읽는 아이들이다. 이런 류의 책들은 인간의 감각을 마비시키는 경향이 짙어서 중독성을 일으키기가 쉽다. 판타지만 읽는 아이들은 현실생활에 대한 부적응아가 많고, 탐정류만 읽는 아이들은 세상을 범죄의 소굴로 보는 경향이 있으며, 폭력물만 보는 아이들은 언어와 행동이 거칠어지고, 무협류만 보는 아이들은 비현실적인 세계를 꿈꾼다는 연구 결과도 있다. 이런 아이들을 치료하기 위한 책들을 소개해본다.

## 찔레꽃 울타리

질 바클렘 동화 · 그림 / 마루벌 펴냄

### 들쥐들의 아기자기한 봄, 여름, 가을, 겨울 생활 엿보기

도시에서 나고 자란 어린이들에게 쥐는 더럽고 귀찮은 존재로 인식된다. 쥐들은 곡식을 먹고 병을 퍼뜨리는 해로운 동물……. 그러나 이 『찔레꽃 울타리』 시리즈는 자연을 동화적 시선으로 바라보게 해준다. 이 책을 읽은 아이들은 들에 나가 작은 꽃들을 밟을까 걱정을 하고, 작은 들쥐의 집을 밟을까도 걱정을 한다. 그것은 자연에 대한 눈뜸이고 사랑이다. 또 시골에서 자라는 어린이들에게는 자연을 다시 보게 되는 계기가 될 것이다.

미색을 띤 고급 종이에 은은한 파스텔톤 색채의 그림이 독자의 시력을 보호하고 마음에 안정감을 더해준다.

### TIP ; 생각해보세요

♧ 책을 읽고 숲속으로 산책을 나가 찔레꽃, 자작나무, 돌능금나무를 만나보세요. 작은 들쥐도 만나보세요.
♧ 숲속에서 이 책을 읽으면 더욱 아름다운 책읽기가 됩니다.
♧ 바다에 나가 바다의 이야기를 들어보세요.

바버러 쿠니 글 · 그림 / 시공사 펴냄

## '아름다운 삶'이란 무엇인가를 말해주는 철학적인 그림책

이 책은 미스 럼피우스라고 불리는 할머니의 이야기로, 이 할머니가 일생 동안 무엇을 하고 살았는지를 조카가 이야기하는 것으로 시작된다.

이 그림책을 읽은 독자는 어린이건 어른이건 간에 생각에 잠기게 된다. 아름다운 삶이란 어떤 것일까를 곰곰이 생각하게 됨으로써, 철학적 사고를 하게 된다.

첫 장면에서 파란 코트를 입은 꼬마 소녀가 바다를 바라본다. 소녀에게는 예술가 할아버지가 있다. 할아버지는 바다 그림을 그리는 화가. 소녀는 할아버지가 그려놓은 그림에 흰 물감으로 구름을 그린다. 완성된 그림은 여행객들이 사간다. 그림을 그리고 쉬는 시간이면 할아버지는 소녀를 무릎에 앉히고 이야기를 들려준다. "나중에 돈 잘 벌고, 힘센 사람이 되기보다는 세상을 좀더 아름답게 가꾸는 사람이 되라"고. 소녀는 자라서 세상을 돌아다니며 좋은 일을 하다가 할머니가 되어 고향으로 돌아와 꽃씨를 뿌려 마을을 아름답게 가꾼다.

**TIP : 생각해보세요.**

♧ 세상을 아름답게 하는 일에는 어떤 것이 있을까요?

♧ 앞으로 어떤 삶을 살고 싶은지 이야기해보세요.

♧ 동화 속에는 아름다운 삶을 사는 사람들과 아름답지 못한 삶을 사는 사람들이 나옵니다. 닮고 싶은 주인공을 찾아보세요.

이준관 시 / 권현진 그림 / 푸른책들 펴냄

아름다운 동시가 꽃처럼 수놓아진 책

"들길을 달리다 넘어졌지
넘어진 내 코끝에 들꽃 하나 흔들렸지.


넘어지지 않았다면
보지 못할 뻔한 자그만 들꽃.


들꽃이 말했지.
"일어나렴. 너 혼자 일어나서 다시 달리렴"


넘어지지 않았다면
듣지 못할 뻔한 들꽃의 말.


무릎이 좀 아팠지만
혼자 일어나 다시 달리는 내 코끝에
나만 맡은 들꽃 향기 향기로웠지." (본문 중에서)

**TIP : 생각해보세요**

✿ 동시를 읽으면 마음에 어떤 일이 일어나나요?
✿ 친구에게 아름다운 목소리로 동시를 들려주세요.
✿ 동시를 외면서 들길을 거닐어보세요. 꽃그늘 아래 앉아서 동시를
  읽어보면 세상이 더 아름다워 보여요.

# 독서능력이 낮아서
## 그림책만 보는 고학년 아이들을
## 위한 책

그림책이라고 해서 유아들만 보는 것은 아니다. 아기로부터 어른에 이르기까지 폭넓은 독자를 가지고 있다. 그림책 속의 무엇이 이렇게 두터운 독자층을 만드는 것일까? 그것은 그림 속에 들어 있는 이야기를 발견하는 기쁨이라고 말할 수 있다.

그러나 그림책에도 여러 가지가 있다. 이야기가 많이 들어 있는 그림, 이야기가 별로 들어 있지 않은 그림. 물론 이야기가 많이 들어 있는 그림책이 더 좋은 그림책으로 평가받는다.

고학년이 되었는데도 그림책만 읽으려는 아이들에게는 두 가지 문제점을 찾아볼 수 있다. 하나는 어휘력이 부족하여 문자 읽기를 잘 못하는 경우이고, 또 하나는 상상력이 풍부하여 그림 속에서 무궁무진한 이야기를 발견하기를 좋아하는 아이들이다.

다음의 책들은 두 부류의 어린이들을 동시에 만족시켜줄 수 있는 책들이다. 읽으면 생각이 무럭무럭 일어나는 책들이기 때문이다. 만약 이 책들을 읽고도 아무 생각 없이 마지막 책장을 탁 덮고 놀러나가는 어린이가 있다면 그 아이는 사고력의 빈곤이 확인된 셈이다.

장 지오노 글 / 새터 펴냄

### 황무지를 아름다운 천국으로 만든 한 노인의 일생

『나무를 심은 사람』은 이야기가 많이 들어 있는 그림책이다. 그림 속에도 이야기가, 이야기 속에도 이야기가 들어 있다. 그것을 찾는 것이 이책을 읽는 독자의 몫이다.

사흘을 걸어도 나무 한 그루 발견할 수 없고, 개울물도 없고, 폐허가 되어 사람들이 떠난 곳을 한 나그네가 걸어간다. 그는 하나뿐인 아들을 잃었고, 아내마저 잃은 불행한 나그네. 그는 폐허의 땅에 머무르면서 나무를 심는다. 그는 쇠막대기로 땅에 구멍을 뚫고, 그 속에 도토리를 한 알씩 심는다. 도토리가 싹을 틔우고 그 싹이 자라서 나무가 되고, 나무들이 자라면서 비를 땅 속에 받아들이고……. 1년, 2년, 3년…… 마침내 그곳은 시냇물이 다시 흐르게 되고 나비와 벌과 새들이 찾아오게 된다.

이 책은 아직까지 문자 독서보다 그림책 보기에 익숙한 고학년 어린이들에게 상상하고, 추리하고, 판단을 할 수 있게 도와줌으로써 시각적인 독서 수준에 머물러 있는 고학년 어린이를 사고의 세계로 데려다 줄 것이다.

**TIP : 생각해보세요**

♧ 사람들은 왜 폐허의 땅을 떠났을까요?

♧ 이 동화가 우리에게 전하는 말은 한마디로 무엇일까요?

♧ 내 인생의 터전에 무엇을 심고 싶은가요? 아니면 이미 무엇을 심어
  물을 주고 있나요?

## 마음의 눈을 밝게 해주는 맑은 샘물 같은 동화

다섯 살짜리 길손이와 장님 소녀 감이 남매, 그리고 설정스님이 만들어

낸 이 시대의 부처 이야기. 동화작가 정채봉의 간결하고 맑은 문장이 빛

나는 동화 판타지이다.

"누구니?

스님이야. 머리에 머리카락 씨만 뿌려져 있는 사람이야.

머리카락 씨만 뿌려져 있다고? 고녀석 참." (본문 중에서)

"누나, 오늘 하늘 색깔은 저 스님이 입은 옷 색깔하고 같아. 저런 색을

뭐라 하더라?/ 재색이라고 하지/ 스님이 대답했다. 우리 누나는 그런 말

못 알아들어. 맞다. 생각났다. 맛없는 국 색깔이야." (본문 중에서)

길손이의 기막힌 상상과 사고의 세계가 독자의 감성과 이성을 동시에

자극하는 아름다운 이야기책이다.

**TIP : 생각해보세요**

♧ 스님은 왜 길손이가 죽어서 부처가 되었다고 믿었을까요?

• 길손이와 부처의 닮은 점은 어떤 것일까요?

• 길손이는 정말 부처가 되었을까요?

남미영 동화 / 정수영 그림 / 세상모든책 펴냄

## 국군이 된 북쪽 소년과 인민군이 된 남쪽 청년의 이상한 만남

미국 흑인 노예해방에 불을 당긴 것은 정치도 무력도 아니었다. 그것은 한 편의 동화 『엉클 톰스 캐빈』이었다. 우리나라에도 남북통일에 불을 당길 작품이 나타났다면, 그것은 『소년병과 들국화』일 것이다.

특히 이 작품은 한국교육개발원 전 원장이셨던 신세호 박사를 모델로 한 것이어서 더욱 생생한 느낌을 준다. 황해도 연백에서 태어난 신세호 원장은 17세에 서울 유학 중 갑자기 삼팔선이 막혀 부모와 생이별을 한다. 이 작품은 지원병이 되어 이북의 고향마을에 간 17세의 소년병을 모델로 한 작품으로, 남북 분단의 아픔을 선명하게 그려 읽는 이의 가슴을 저리게 한다.

"너는 아까 왜 나를 살려주었지? 너는 나를 쏠 수도 있었는데……."

"아, 그거이요? 들국화 때문이야요. 아저씨 모자에서 들국화를 보았을 때 총 쏘기가 싫었시오. 들국화는 우리 오마니가 제일로 좋아하시던 꽃이야요."

**TIP : 생각해보세요**

- ✿ 소년은 어쩌다 국군이 되었나요? 청년은 어쩌다 인민군이 되었나요?
- ✿ 소년병과 인민군의 피부, 눈동자 색깔이 다르다면 어떤 일이 일어날까요?
- ✿ 소년병은 그 후 어떤 삶을 살았을까요? 인민군은 그 후 어떻게 살았을까 상상해보세요.

# 08 글쓰기를
## 두려워하는 아이들을 위한 책

독서를 싫어하는 아이들의 문제를 연구하기 위하여 설문조사를 한 적이 있다. 그때 나온 결과 중에 "독서감상문이 쓰기 싫어서"라는 대답이 45%로 가장 높게 나타났다. 독서감상문이 쓰기 싫어서 책읽기가 싫다면 주객이 전도된 셈이다. 이러한 응답은 교육을 연구하는 사람들에게는 쓴 약이 되는 결과이다.

사실 그렇다. 쓰기를 즐기고 좋아하는 사람은 5~6% 정도를 넘지 못한다고 한다. 사람들은 쓴다는 것에 부담감을 느낀다. 프랜시스 베이컨은 "독서는 유식한 사람을 만들고, 토론은 부드러운 사람을 만들고, 글쓰기는 완벽한 사람을 만든다"고 말한 적이 있다. 쓰기는 영원히 남기 때문에 완벽을 기해야 한다는 숙제를 안겨준다.

하지만 쓰기를 그렇게 어렵게만 생각할 필요는 없다. 쓰기를 쉽게 만드는 비결들이 연구되고 있는데, 그 중에 가장 자주 거론되는 것은 '글쓰기는 어려운 것이 아니라는 생각을 갖게 하는 것'이라고 한다. 그래서 예전에는 제목 하나를 던져주고 무조건 '쓰라'고 하는 전체적 접근 방식을 많이 활용했으나, 1980년대부터는 하나의 아이템을 써보는 '부분적 접근 방식'을 많이 적용한다. 짧게, 간단하게, 가볍게 부분 글을 쓰다 보면 긴 글도 쓸 수 있다는 이론이다. 여기에 하나를 더 보탠다면 너무 잘 쓰려고 하지 말고 가볍게 써보는 것이다. 다음에 소개하는 동화들은 글쓰기라면 겁이 덜컥 나는 어린이들에게 매우 귀한 약이 될 것이다.

## 마법의 분필
주느비에브 브리삭 글 / 니첼 가이 그림 / 문원 펴냄

**자유와 상상의 세계로 안내해주는 낯선 할머니가 떨어뜨린 분필 한 자루!**

주인공 비올레트에게는 어머니도 있고 겉으로 보기에는 아무 문제 없는 아이지만, 친구가 한 명도 없다. 비올레트는 자기만의 놀이로 땅을 파서 지하도를 만들며 혼자 노는 아이다. 그러던 어느 날 엄마와 함께 공원에 갔을 때 낯선 할머니가 떨어뜨린 분필을 줍는다. 그것은 바로 마법의 분필! 비올레트는 그 분필로 그림을 그린다. 그런데 그 다음에는 상상할 수 없는 놀라운 일이 벌어진다.

프랑스에서 인기를 모았던 『마법의 분필』은 아이들의 마음을 정확하게 읽고 위로해주는 동화이다. 글쓰기를 두려워하는 아이들에게 필요한 것은 나도 잘 쓸 수 있다는 자신감! 마법의 분필 한 자루만 있다면 글쓰기란 얼마나 신나는 놀이일까?

마법의 분필

---

**TIP : 생각해보세요**

- 비올레트는 왜 친구가 없을까요? 비올레트의 성격을 간단히 이야기해보세요.
- 낯선 할머니는 왜 비올레트에게 마법의 선물을 떨어뜨리고 갔을까요?
- 만약 마법의 분필을 줍게 된다면 무엇을 그리고 싶나요?

도린 크로닌 동화 / 베시 루윈 그림
/ 중앙 M&B 펴냄

### '아저씨, 헛간이 추워요-젖소들 올림' 익살스러운 이야기 한 토막

이 작품 속에는 글쓰기에 대한 두려움을 떨쳐버리는 방법이 두 가지 들어 있다. 하나는 '젖소도 쓰는 글을 내가 왜 못써'하는 자신감이고, 또 하나는 자기의 생각을 쓰는 젖소들의 태도에서 볼 수 있는 글쓰기 자료에 대한 힌트이다.

이 책은 아이들은 물론, 어른까지도 웃음을 터뜨리지 않고는 못 배기게 하는 익살스럽고 정겨운 그림동화이다. 젖소들이 투박한 발굽으로 타자를 친다는 상상만으로도 입가에 미소가 머금어진다.

변호사이면서 취미가 고물 타자기 모으기인 작가 도린 크로닌이 자신의 취미와 직업적 경험을 살려 매우 기발한 이야기를 탄생시켰다. 글을 아는 유식한 젖소들이 자기 권리를 주장하며 벌이는 시위는 농장주인 브라운 같은 사람에게 골칫거리지만, 세상의 모든 어린이와 약자들에게는 여간 큰 즐거움이 아닐 수 없다.

미국 도서관협회가 좋은 그림에 주는 '칼데콧 아너상'을 수상한 작품. 퍼블리셔스 위클리로부터 '가장 재미있는 책'으로, 뉴욕타임스로부터 베스트셀러로 선정되었던 책.

**TIP : 생각해보세요**

&#9834; 브라운 아저씨는 왜 젖소들에게 담요를 주지 않았을까요?
&#9834; 젖소들이 쓴 글씨는 어떻게 생겼을까요?

진 웹스터 지음 / 중앙출판사 펴냄

### 글 솜씨가 뛰어나서 행복해진 어느 고아 소녀의 이야기

제루샤 에보트는 존 그리어 고아원에서 97명의 아이들을 돌보는 고아 소녀이다. 한 달에 한 번 열리는 평의원들의 시찰이 있던 날, 제루샤에 게 후원자가 나타난다. 후원자는 대학에 보내주겠다는 제안을 하며, 글 솜씨가 뛰어나니 작가가 되라는 당부와 함께 한 달에 한 번씩 편지를 보 내달라는 조건을 제시한다. 그날 밤 마차를 타고 간 후원자는 그림자로 보아 다리가 길었다. 천성이 쾌활한 제루샤는 새로 생긴 후원자를 키다 리 아저씨라고 부르며 한 달에 한 번씩 편지를 보낸다.

고아로 자라나 세상 사람들과는 다르게 살아온 제루샤의 편지를 읽으면 정상적인 가정에서 자라난 아이들에게 나와 다른 삶을 이해할 수 있는 길을 열어준다. 또 부모의 고마움을 알지 못하는 아이들에게는 부모님 에 대한 고마움을 깨닫게 한다.

### TIP ; 생각해보세요

♧ 키다리 아저씨는 왜 편지를 보내달라고 했을까요? 이유를 두 가 지 이상 생각해보세요.

♧ 키다리 아저씨는 어떤 모습과 어떤 성격의 소유자일까요?

♧ 이 책을 읽지 않은 친구에게 제루샤 이야기를 이메일이나 편지 또는 글로 써서 보 내주세요.

# 09 책 볼 시간이 없을 때 읽으면 좋은 책

우리나라 어린이 · 청소년들의 독서시간이 점점 줄어들고 있다. 출판연구소의 1995년부터 2003년까지 누가 통계를 보면 독서시간이 매년 일정비율로 떨어지고 있다. 초등학생의 경우, 1995년에는 하루에 75분 정도 독서를 했는데, 1999년에는 55분, 2002년에는 50분으로 줄었다. 중학생의 경우에는 이보다 적어서 51분에서 38분으로 줄었으며, 고등학생은 이보다 적은 48분에서 40분으로 줄었다. 그러나 다소 다행인 것은 초등학생 독서시간이 2003년 들어 전년인 2002년보다 조금 늘어나서 62분을 기록했다는 사실이다.

학원과외가 효과가 없다는 연구들이 속속 발표되고, 부모들도 그 진실을 익히 알고 있지만, 부모들은 남의 아이가 먼저 과외를 끊어주기만을 눈치 보고 있다. 그래서 앞으로도 어린이 · 청소년들에게 독서할 시간이 충분히 제공될 것 같지는 않다. 이런 불행한 사태 속에서도 어린이들은 독서를 해야 한다. 시간이 없어 독서를 못하는 불행한 어린이들을 위한 재미있고, 짧고, 유익한 책을 소개한다.

헬렌 그리프스 글 / 제임스 스티븐슨 그림 / 새터 펴냄

## 노인의 삶을 이해하게 하는 아름다운 그림동화

혼자 고향집을 지키며 살고 있는 할아버지와 도시에서 온 손녀가 시골에서 여름을 함께 보내는 이야기.

저녁이 되면 할아버지는 평상에 앉아 하모니카를 분다. 구슬픈 노래에서 신나는 노래까지.

"너는 내가 밤이 되면 왜 하모니카를 부는지 아니?" 할아버지가 손녀에게 말한다. "내가 하모니카를 부는 건 귀뚜라미와 메뚜기들 때문이란다. 낮에 우리에게 좋은 음악을 들려주니까, 그 보답을 하고 있는 거지. 저 곤충들도 음악을 아주 좋아한단다."(본문 중에서)

도시의 어린이에게 자연의 아름다움을 발견하고 느끼게 해주는 책으로 시골여행 가서 읽어보면 더욱 좋을 듯하다. 10분이면 다 읽는 짧고 가슴 찡한 동화책. 읽고 나면 갑자기 할아버지가 보고 싶어진다.

**TIP ; 생각해보세요**

♧ 이 책을 시처럼 외워보세요. 누군가에게 전달하면 기쁨이 두 배로 커져요.

♧ 하모니카를 불어보세요. 그리고 할아버지의 마음을 느껴보세요.

♧ 어떤 악기를 다룰 수 있나요? 풀벌레나 동물을 위해 악기를 연주해보세요.

아놀드 로벨 글 · 그림 / 비룡소 펴냄

## 독서를 싫어하는 아이들에게 권해주면 좋을 책

독서를 좋아하는 생쥐가 하마터면 족제비의 수프가 될 뻔했으나 가까스로 살아나는 이야기. 독서의 효능을 재미있게 설명해주는 동화.

생쥐 한 마리가 나무 아래에서 책을 읽다가 족제비에게 잡힌다. 족제비는 생쥐 수프를 만들려고 한다. 그러나 생쥐는 꾀를 내어 족제비에게 생쥐 수프에는 이야기가 들어가야 제맛이 난다며 꿀벌들과 진흙탕 이야기, 두 개의 커다란 돌멩이 이야기, 귀뚜라미 이야기, 가시덤불 이야기를 들려준다. 이야기를 다 들은 족제비는 벌집, 진흙, 커다란 돌멩이 두 개, 귀뚜라미 열 마리, 가시덤불을 찾으러 밖으로 나가고, 그 사이에 생쥐는 집으로 돌아와 다시 읽던 책을 읽는다.

10분이면 읽을 수 있다. 시간이 없다고 핑계 대는 아이에게 권해주면 좋을 책이다.

**TIP ; 생각해보세요**

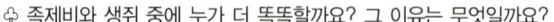
- 족제비와 생쥐 중에 누가 더 똑똑할까요? 그 이유는 무엇일까요?
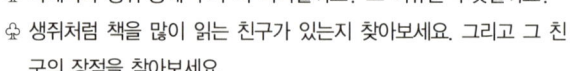
- 생쥐처럼 책을 많이 읽는 친구가 있는지 찾아보세요. 그리고 그 친구의 장점을 찾아보세요.

- 독서를 많이 하면 어떤 점이 좋은지 한마디로 말해보세요.

마거릿 메이 지음 / 켄틴 블레이크 그림 / 웅진출판 펴냄

## 산적도 변화시키는 책의 힘

매력적인 도서관 사서가 산적들에에 납치를 당한 후에 여러 가지 일이 일어난다. 산적들은 홍역이 걸리고, 치료 방법이 없는 산적들을 위해 엘레느는 도서관으로 돌아가 가정의학백과를 빌려와서 간호해준다. 열이 나서 누워 있는 산적들을 위해 엘레느를 산적들에게 동화책을 읽어주고, 어렸을 때조차 누군가가 자신들에게 책을 읽어준 적이 없었던 산적들은 너무나 감동한다. 그리고 그들은 엘레느를 도서관으로 돌려보내준다. 그리고 얼마 후 산적 두목이 부하들의 성화에 못 이겨 책을 빌리러 오고……. 마지막에 엘레느와 산적 두목은 결혼을 하고 산적들은 도서관의 직원이 된다.

이 책 속에 들어 있는 주제는 '책이 인간을 어떻게 변화시키는가?'이다. 책읽기는 산적들도 좋은 사람으로 변화시킨다는 이야기를 들려준다. 한 번 읽는 데 15분밖에 걸리지 않는다. 그러나 천천히 두 번쯤 읽어보는 것도 좋다.

**TIP** : 생각해보세요

♧ 산적들은 엘레느가 동화책을 읽어주었을 때 왜 좋아했을까요?

♧ 누가 여러분에게 책을 읽어준 적이 있나요? 그때의 기분이나 마음을 떠올려 보세요.

♧ 누군가에게 동화책을 읽어준 적이 있나요? 그 사람이 누구이며 어떤 책을 읽어주었나요?

03

책으로 시작하는
공부 클리닉

**Part 02**

# 학교생활이 즐거워지는 비법이 담긴 책

# 01 학교
## 가기 싫을 때 읽는 책

학교 가기 싫은 적이 한 번도 없었다고 말할 수 있는 사람이 있을까? 있다면 아마 좀 이상한 사람일 것이다. 세상의 모든 어른들은 알고 있다. 누구나 가끔은 학교에 가기 싫은 때가 있다는 것을. 어른들 역시 모두 그런 어린 시절을 지나왔기 때문이다.

어린 시절의 추억을 버리지 않고 간직하기를 좋아하는 어른들은 아이들이 학교 가기 싫다고 하면 절대로 놀라지 않는다. 빙긋 웃을 뿐이다. 그것은 아주 자연스런 현상이기 때문이다. 왜냐하면 어른들도 어느 날 아침 잠에서 깨어났을 때 갑자기 출근하기 싫을 때가 있으니 말이다.

그렇다. 아이들이 학교 가기 싫어하는 것은 지극히 자연스러운 현상이다. 어른들이 호들갑을 떨면서 난리를 칠 때 오히려 문제가 발생한다. 이럴 때 어른들이 해야 할 일은 아이가 왜 학교 가기를 싫어하는지를 알아보고 위로해주는 것이다. 공부 스트레스 때문인지, 친구 문제인지, 선생님 문제인지, 숙제를 안해서 그런지 등을 알아보고 아이의 이야기를 들어주도록 한다.

여기 그런 아이들이 주인공으로 나오는 동화가 있다. 학교 가기 싫어하는 아이들이 읽으면 꼭 자기 같아서 읽고 픽 웃을 동화이다. 뭐니뭐니 해도 학교만큼 재미있는 곳이 세상에 없다는 것을 알려주는 동화이다.

## 공주도 학교에 가야 한다

수지 모건스턴 글 / 세르주 블로흐 그림 / 비룡소 펴냄

### 진짜 공주 알뤼에스테르가 세상에서 가장 가보고 싶은 곳은 학교

형편이 아주 나빠진 조르주 114세는 왕비와 공주와 함께 다 쓰러져 가는 성을 팔고 아파트로 이사를 하게 된다. 공주는 아파트 생활을 좋아한다. 아파트 여기저기에서 들려오는 소리에 귀 기울이느라 이제는 심심하지 않기 때문이다. 그런데 공주는 또래 아이들이 등에 짐을 지고 언제나 같은 시간에 집에서 나와 알 수 없는 곳으로 몰려가는 것이 궁금했다. 그래서 아이들을 따라서 가본 학교. 공주는 학교에 가고 싶어 왕에게 간청하여 입학을 한다. 이 동화는 몰락한 왕족을 통하여 학교가 아이들에게 얼마나 최상의 공간인가를 은근히 이야기해주고 있다.

**TIP : 생각해보세요**

♣ 공주는 학교에 다니지 않을 때 공부를 어떻게 하고 지냈나요?
♣ 공주는 학교에 가고 싶어 어떻게 했나요?
♣ 만약에 공주가 학교에 가지 않았다면 어떤 일이 일어났을까요?

크리스티네 뇌스틀링거 지음 / 비룡소 펴냄

## 명령만 하는 무뚝뚝이 선생님이 있는 학교

1학년이 된 프란츠는 학교가 정말 싫다. 무뚝뚝이 선생님과 앙숙인 에버하르트 때문이다. 무뚝뚝이 선생님은 항상 짧게 "앉아! 조용히 해! 책 꺼내!" 하고 명령만 하고, 에버하르트는 프란츠를 골리는 재미에 산다. 어느 날 프란츠가 공원에서 할머니한테 무뚝뚝이 선생님의 흉을 보고 있는데, 선생님이 자기 어머니와 함께 나왔다가 프란츠를 보고 인사를 한다. 할머니는 무뚝뚝이 선생님에게 방금 손자에게 들은 말을 모두 하고……

이 동화는 조그맣고 아기자기한 교실, 친절한 선생님, 공부가 다 놀이인 유치원에서 생활하다가 딱딱한 학교, 엄격한 선생님, 딱딱한 공부를 해야 하는 학교에 입학한 1학년 어린이들의 내면심리를 매우 사실적으로 표현하고 있다. 진짜로 무뚝뚝이 선생님과 공부하고 있는 아이들의 주눅 든 마음을 후련하게 치료해준다.

Tɪᴘ ; 생각해보세요

♧ 담임선생님의 별명은 무엇인가요? 없으면 새로 지어보세요. 선생님이 싫어하실 별명도 좋아요.

♧ 할머니는 선생님에게 무어라고 말씀하셨나요?

♧ 내가 학교에 가기 싫은 이유는 무엇인가요? 공책에 정리하여 할머니에게 보여드리면 어떨까요?

플로랑스 세이보스 글 / 미셸 게 그림 / 비룡소 펴냄

## 넘치는 상상력 때문에 거짓말쟁이가 된 한 소년의 이야기

"느림보 파스칼, 왜 아침부터 이리 굼뜨냐? 너희 부모는 아침부터 텔레비전을 봐도 된다고 하시니?"

"아녜요. 엄마가 돌아가셨어요."

파스칼은 선생님이 꾸중하시자 엉뚱한 거짓말을 하게 된다. 그리고 이 거짓말 때문에 집에 가서도 거짓말을 하게 되고 갖가지 일이 벌어진다. 거짓말은 걷잡을 수 없이 커지고, 파스칼은 요술이 일어나 거짓말이 없어졌으면 좋겠다고 생각하며 갖가지 상상을 한다. 나중에는 차라리 죽는 게 낫겠다는 생각을 하게 된다. 그러나 파스칼이 용기를 내어 엄마와 선생님에게 거짓말을 고백하자 모든 것이 그 이전의 제자리로 돌아온다는 이야기이다.

이 책이 독자에게 주는 시사점은 3가지 정도 된다. 하나는 학교 가기 싫어하는 이유도 여러 가지라는 것이고, 다른 하나는 상상력이 풍부한 아이들의 거짓말을 다룬 것이고, 또 다른 하나는 야단맞을 일을 저지른 아이들도 항상 용서받을 준비를 하고 있다는 사실이다. 그러니 어른도 용서할 갖가지 이유를 준비해둘 필요가 있겠다.

## TIP : 생각해보세요

♧ 파스칼은 왜 자기가 가장 아끼는 물건을 누군가에게 주려고 했나요?

♧ 파스칼은 왜 자꾸만 거짓말을 하게 되었나요?

♧ 내가 거짓말을 하게 될 때는 어떤 때인가요? 거짓말로 인하여 일어난 일을 동화처럼 이야기해보세요.

# 02 숙제하기
## 싫을 때 읽는 책

숙제를 좋아하는 어린이도 있을까? 있다면 아마도 이상한 아이일 것이
다. 머릿속에 공부 마법사가 들어 있는 것이라면 모를까. 세상의 모든
아이들은 숙제를 싫어한다. 아이들은 아이들대로 숙제를 안 하기 위해
서 갖가지 궁리를 짜낸다. 그래서인지 무수히 쏟아져 나오는 재미있는
동화책들 가운데 많은 동화책의 주인공들이 숙제하기를 싫어하는 아이
들이다.

숙제하기 싫은 이유도 여러 가지일 것이다. 노는 데 정신이 팔려서 숙제
를 못할 경우, 내용이 어려워서 숙제하기를 싫어하는 경우, 학교가 싫어
서 숙제하기 싫은 경우……. 이렇게 이유도 다양한 어린 시절의 족쇄인
숙제에 대한 동화책을 모아 보았다.

2002년 한국출판연구소 보고서에 의하면 우리나라 학생들의 독서량 감
소 원인 가운데 숙제와 공부 때문이 34.0%를 차지한다고 한다. 숙제와
공부 때문에 독서를 못하는 한국 어린이들! 어떻게 하면 그 숙제를 즐겁
게 할 수 있을까? 아니면 즐겁지는 않더라도 적어도 숙제 때문에 가위
눌리는 일, 우울해하는 일은 없었으면 좋겠다.

교과서에서는 결코 배울 수 없는 노엘 선생님의 아주 특별한 교육 방식

새 학기가 시작되어 기대와 두려움을 갖고 새로운 담임선생님을 기다리는 아이들. 그런 아이들 앞에 나타난 노엘 선생님은 그들의 기대를 여지없이 무너뜨린다. 주름투성이에다 배가 공만하고 흰머리가 사방으로 뻗친 할아버지 선생님이었다. 실망이 너무도 커서 거의 울 지경인 아이들에게 던진 선생님의 첫마디!

"너희들을 위해 선물을 준비했다."

노엘 선생님의 선물은 과연 무엇이었을까? 그것은 학교가 싫거나 공부하기 싫을 때 마음대로 할 수 있는 권리를 주는 아주 신나는 카드였다.

학교 가기 싫거나 숙제하기 싫을 때 그것을 안 할 수도 있는 권리를 주는 카드라니 얼마나 매력적인 카드인가? 책을 읽어나가는 동안 어린 독자들은 부러움과 경탄을 금치 못한다. 그러면서 숙제와 공부에 짓눌린 생활에서 잠시나마 해방된 느낌을 갖게 된다.

**TIP : 생각해보세요**

♧ 만약에 노엘 선생님이 나의 담임 선생님이 된다면?
♧ 아이들은 왜 노엘 선생님을 좋아했나요?
♧ 오늘은 어떤 조커를 사용해볼까요?

후루타 다루히 지음 / 유진출판사 펴냄

**벚꽃초등학교 5학년 3반 아이들이 만든 세계 최초의 숙제주식회사**

숙제주식회사!

텔레비전을 보거나 나가 놀고 싶은데 고민 되는 분, 숙제가 어려워 손 도 못 대는 분, 무조건 숙제가 하기 싫은 분은 망설이지 말고 주문해주 세요.

주문만 하시면 따끈따끈한 완성품 숙제를 신속하게 배달해드립니다.

–회사의 경영방침: 1. 싼값으로 친절 봉사  2. 비밀 엄수 3. 정확한 답 보 장(우등생이 책임짐) 4. 배달 가능.

–회사 고객: 숙제하기 싫은 사람 모두(저학년도 받음)

어느 날 이런 광고용지를 은밀히 받는다면? 이 회사는 얼마나 번창할 까? 사장이란 아이는 어떤 아이일까? 이 모든 궁금증을 해결하려면 책 을 펴서 직접 읽어보는 수밖에 없다.

**TIP ; 생각해보세요**

♧ 다케시와 그 친구들은 왜 숙제주식회사를 만들었나요?

♧ 숙제주식회사는 왜 '비밀 엄수' 라고 선전했을까요?

♧ 숙제주식회사는 왜 오랫동안 계속할 수 없었을까요?

A. 노르덴 글 / A. 핀케넬레 그림 / 온누리 펴냄

'잔소리 해방의 날'을 달라고 부모님께 부탁한 용감한 푸쉘 소년

푸쉘은 부모님이 자기 일에 너무 참견을 한다고 생각했다.

"엄마 아빠는 잔소리를 너무 심하게 하세요! 전 더 이상 참을 수 없어요."

"잔소리라니?"

"엄마 아빠는 항상 이거 해라, 저거 해라, 저건 하지 말라고 말씀하시잖아요? 딱 하루만이라도 제 마음대로 하고 싶어요."

어느 날 푸쉘은 부모님에게 불평을 터뜨린다. 그리고 아빠로부터 '딱 하루만'이라는 약속을 받아낸다. '8월 11일'이 바로 잔소리 해방의 날이다. 과연 푸쉘은 어떻게 될까? 이 책의 마지막 장에 "존경하는 메르켈 선생님. 숙제를 못해서 죄송합니다. 오늘은 잔소리 해방의 날이었습니다. 안녕히 계세요. 앞으로 다시는 이런 일이 없을 거예요"라는 편지가 있다.

TIP ; 생각해보세요

♧ 잔소리 해방의 날을 원하나요? 그런 날이 주어진다면 무엇을 하고 싶나요?

♧ 부모님께 부탁한다면 부모님이 뭐라고 하실까요? 그럴 때 여러분의 대답은?

♧ 푸쉘이 '잔소리 해방의 날'을 사용하는 것을 보고 여러분은 어떤 생각을 했나요?

# 03 성적이
## 나빠서 고민할 때 읽는 책

"어른들은 끊임없이 공부하라고 말한다. 어른들이 하라는 대로 하면 밥 먹고 잠자는 시간 외에 모든 시간은 몽땅 공부하는 데 써야 할 것이다. 공부가 뭐기에 이렇게 해야 하는 것일까?"

이것은 어느 초등학교 6학년 학생이 글짓기 대회에서 쓴 글의 일부이다. 그렇다. 예나 지금이나 어른들이 아이들에게 바라는 것은 공부이다. 아이들의 이런 질문에 대한 어른들의 대답은 대개 이렇다. 공부를 잘해야 좋은 학교에 가고, 좋은 학교를 나와야 좋은 직장에 들어간다고. 또는 공부를 잘해야 성공하고, 돈을 많이 벌 수 있고, 결혼도 잘한다고 말하기도 한다. 더러는 무리가 있지만, 경험상 틀린 말은 없다.

공부 못하는 아이들은 여러 가지 이유가 있다. 공부하는 방식이 잘못되었을 수도 있으며, 방식은 맞으나 집중력이 부족한 것일 수도 있다. 또는 끈기가 부족해 끝까지 마무리하지 못한 것이 원인일 수도 있다. 성적이 나빠 고민하는 학생들에게 그 원인을 찾아 도움을 줄 수 있는 책들을 소개한다.

한나 요한스 지음 / 캐시 벤트 그림 / 시공사 펴냄

비록 남보다 느렸지만 가족들을 구해낸 꼴찌 기러기 이야기

엄마 기러기가 여섯 개의 알을 품었다. 그런데 그 중 맨 마지막에 여섯 번째 알을 부수고 꼴찌 기러기가 태어났을 때 다른 기러기들은 벌써 둥지에서 나와 놀고 있었다. 꼴찌로 태어난 기러기는 먹이를 먹는 것도, 헤엄을 치는 것도, 나는 것도 무엇이든 제대로 하는 것이 없어 엄마 기러기의 속을 태웠다. 그러나 느림보 꼴찌 기러기는 다른 형제들이 가지지 못한 장점을 가지고 있다. 주의를 잘 기울이고 살피는 집중력과 여러 번 반복해서 연습하는 끈기가 있다. 꼴찌 기러기의 장점은 어느 날 사냥꾼의 위험으로부터 가족을 지킬 수 있었다.

이 책은 공부 못하는 꼴찌들이 읽으면 3가지 면에서 자신감을 얻을 수 있다. 첫째는 꼴찌도 끝까지 노력하면 1등이 될 수 있다는 것이며, 둘째는 꼴찌란 다만 발육이나 지혜가 늦게 자랄 뿐이라는 사실이고, 셋째는 꼴찌가 1등이 될 수 있는 방법이 반드시 있다는 것이다. 그 방법은 집중력과 끈기이다.

TIP : 생각해보세요

♧ 꼴찌 기러기는 무엇을 못하고 무엇을 잘하나요?
♧ 공부할 때 잘 못하는 것은 무엇이고, 잘하는 것은 무엇인가요?
♧ 공부를 잘하려면 우선 무엇부터 해야 할까요? 그것을 찾아보세요.

## 모범생이라면 이 책은 읽지 않아도 좋다

"내가 우리 선생님을 제일 싫어하는 까닭은 언제나 선생님에게만 편리한 규칙을 만들기 때문이다. 만약에 나나 더비셔처럼 정직한 사람이라면 이미 끔찍하게 많은 우리 학교 규칙을 더 이상 늘리는 것이 어리석은 일이라는 데 찬성할 것이다."(본문 중에서)

공부 못하는 개구쟁이 제닝스에 대한 애정으로 씌어진 장편동화이다. 오랫동안 학교 선생님을 한 작가는 자신의 경험을 토대로 하여 1948년에 처음으로 말썽꾸러기 제닝스 이야기를 발표했는데, 어찌나 인기가 있었던지 독자들의 성화에 못이겨 『제닝스 실마리를 잡다』, 『제닝스의 일기』, 『제닝스에게 맡기다』 등 15권이 넘는 제닝스 시리즈를 써야 했다.

이 개구쟁이 제닝스의 이야기가 이렇게 인기가 있었던 이유는 무엇이었을까? 그야 세상에는 모범생보다 개구쟁이가 훨씬 많다는 증거가 아니겠는가?

**TIP** : 생각해보세요

♧ 제닝스는 정말 꼴찌인가요, 아닌가요? 그 이유는 무엇인가요?

♧ 이 동화책에 나오는 등장인물 중에서 나와 가장 비슷한 인물은 누구일까요?

♧ 공부를 잘하게 되려면 무엇부터 고쳐야 할까요? 곰곰이 생각해보세요.

## 사람이 되고 싶어서 책을 먹은 아주 특별한 도깨비 이야기

옛날에 사람이 되고 싶어한 깨보라는 도깨비가 있었다. 깨보 도깨비는 어느 날 동네에서 가장 유식한 훈장님을 찾아가 자기의 소원을 말했다. 그랬더니 훈장님이 "책을 많이 먹어야 사람이 된다"고 말했다. 그날부터 도깨비는 책을 먹기 시작한다. 책을 먹을수록 배가 아프고 고통스러웠다. 그래서 하루는 훈장님을 찾아가 따졌다. 훈장님 말씀대로 책을 먹었더니 사람은 되지 않고 배만 아프다고. 그러자 훈장님이 웃으며 말씀하기를 "책을 읽어야 한다는 뜻"이라고 차근차근 설명해준다. 그 후 깨보는 아이들 어깨너머로 책을 훔쳐 읽으면서 점점 인간의 얼굴을 닮아간다.

어찌 도깨비 얼굴만 사람 얼굴이 될까? 화난 얼굴, 심술난 얼굴, 거짓말 시키는 얼굴은 사람이되 도깨비를 닮은 모습일 것이다. 즉, 이 책이 말하는 것은 독서란 사람의 마음을 순화시켜 사람의 얼굴을 사람답게 만들어준다는 교훈이다.

T<small>IP</small> : 생각해보세요

♧ 몸을 위하여 밥을 먹듯이 영혼을 위하여는 책을 먹어야(읽어야) 한다는 말에 동의하나요?
♧ 나는 어느 정도의 책을 먹고(읽고) 있나요?
♧ 나를 감동시켜서 좋은 마음을 갖게 해준 책은 무엇인가요?

# 04 선생님이
## 미워질 때 읽는 책

옛날, 서당교육 시대에는 세상에서 가장 존경받던 직업이 선생님이었다. 그래서 '선생님 그림자도 밟지 않는다'라는 말까지 있었다. 선생님도, 학생도 소수이던 시절의 이야기이다. 그런데 대형 학교가 서고 선생님의 수효도, 학생의 수효도 많아지면서 선생님의 권위도 많이 떨어졌다. 그리고 선생님을 미워하는 아이들이 늘어가고 있다.

선생님이 미워진다는 것은 학교가 싫어지고, 공부가 싫어진다는 신호이다. 선생님과 친밀하게 지내지 못하는 아이들 중에 우등생은 없으며, 우등생 중에 선생님과 친밀하지 않은 아이들도 없다. 즉, 선생님, 학교, 공부는 삼각구도로 묶여 있다.

선생님이 미워지는 아이! 분명히 무슨 이유가 있을 것이다. 공부를 못해 자신감이 없는 아이도 있고, 선생님이 누군가를 편애한다고 생각하는 아이도 있고, 선생님이 무뚝뚝해서 무섭다는 아이도 있고……. 우리가 상상할 수 없는 많은 이유들이 있을 것이다. 그러나 한 가지 분명한 것은 그런 아이들의 생각은 대부분은 맞지 않는다는 사실이다. 무뚝뚝한 것은 아이들이 미워서가 아니라 많은 아이들을 통솔하기 위해서인 것처럼.

여기에 아름다운 선생님 세 분을 소개한다. 그러나 그분들의 겉모습은 결코 아이들이 좋아할 타입은 아니다. 딱딱한 껍질 속에 들어 있는 고소한 밤처럼 말이다.

## 말의 미소

크리스 도네르 글 / 필립 뒤마 그림 / 비룡소 펴냄

### 한 분의 좋은 선생님이 어떻게 황폐한 마을에 희망을 주었을까?

꿈과 희망이 없는 가난한 시골 마을. 황폐해진 어른들의 가슴은 죽음의 계곡 같았고, 아이들의 얼굴에는 희망이 보이지 않았다. 이 마을에 새로 부임한 선생님은 이 마을과 아이들에게 희망을 주고 싶어서 학교에서 말 한 마리를 키우자고 했다. 아이들은 그 말을 듣는 순간 기뻐하며 좋아했지만, 무슨 돈으로 말을 살 것인가?

선생님은 아이들 저금통과 자신이 모아둔 재산을 모조리 털어 돈을 마련한다. 그리고 어느 날 아이들을 데리고 17킬로미터를 걸어서 말 사육장으로 가 말을 사온다. 그러나 말은 학교에 당도하자마자 쓰러진다. 병든 말이었던 것이다. 아이들은 말에게 힘내라고 소리치고, 애원하고……. 결국 의사가 와서 수술을 하고서야 말은 살아난다.

말이 살아나면서 아이들은 할 수 있다는 희망을 갖게 되고, 어른들은 이렇게 말한다.

"어른에게 기쁨을 찾아주는 것은 역시 아이들이야!"

**TIP : 생각해보세요**

♧ 선생님은 왜 자기 저금을 털어서까지 말을 샀나요?

♧ 말이 쓰러졌을 때 어떤 생각을 했나요?

♧ 이 선생님에게 감사패를 드리려고 합니다. 선생님에게 꼭 맞는 문구를 써보세요.

수지 모건스턴 지음 / 카트린 르베이롤 그림 / 비룡소 펴냄

**정년퇴직을 하는 날, 선생님은 학교를 떠나지 않기로 결심한다**

스틸리아노 선생님은 40년 동안 아이들을 가르쳐왔다. 선생님은 학교에 오기 위하여 매일매일 여왕처럼 차려입었다. 왜냐하면 선생님은 단정하지 못한 차림으로 학교에 오는 다른 선생님들을 절대로 용납하지 못했기 때문이다. 선생님은 교실을 아주 아름답게 꾸몄다. 교실 안쪽 벽에는 아이들이 돌려볼 수 있도록 책들을 잔뜩 꽂아놓은 책꽂이가 있다.

드디어 스틸리아노 선생님의 정년퇴직 날이 돌아왔다. 그러나 선생님은 퇴임식을 끝내고 나서 교실을 떠나지 않겠다고 선언한다. 과연 스틸리아노 선생님의 속마음은 무엇일까?

이 책은 어린이들에게 극성스러우면서도 진정한 선생님을 만나게 해준다.

**TIP : 생각해보세요**

♣ 스틸리아노 선생님은 왜 여왕처럼 차려입고 학교에 왔나요?
♣ 스틸리아노 선생님은 왜 퇴직을 하지 않으려고 했나요?
♣ 스틸리아노 선생님이 우리 반 담임 선생님이라면 어떤 말을 하고 싶나요?

알퐁스 도데 지음 / 예림당 펴냄

## 조국과 국어에 대한 예의를 가르쳐주는 알퐁스 도데의 명작

탈춤 추는 것을 구경하다 보면 양반탈, 말뚝이탈, 색시탈을 쓴 사람들이 나와서 자기가 쓴 탈에 맞는 춤을 춘다. 가만히 생각해보면 교사들도 그런 것 같다. 가슴속에는 뜨거운 사랑을 가득 감추고는 겉으로는 무뚝뚝함, 엄격함, 냉정함으로 꾸미고 있어야 한다. 왜냐하면 그래야 많은 아이들을 통솔할 수 있기 때문이다.

『마지막 수업』에 나오는 아멜 선생님이 그렇다. 이 작품은 너무나 유명해서 줄거리를 이야기할 필요조차 없다. 조용히 읽어가면서 아멜 선생님의 정직한 가치관과 뜨거운 나라 사랑을 느끼게 하면 된다.

이 책에는 『별』, 『풍차 방앗간의 비밀』, 『알제리 병사』 등 17편의 명작들이 함께 실려있다. 이 작품들은 처음에는 어른용 소설로 발표되었으나, 지금은 어린이용 도서가 된 알퐁스 도데의 대표적인 작품들이다.

**TIP ; 생각해보세요**

♧ 선생님들은 왜 자주 엄격한 얼굴을 하실까요?

♧ 선생님들은 어떤 때 가장 마음이 아프시고 어떤 때 기쁘실까요?

♧ 만약에 내일 마지막 수업을 해야 한다면 어떤 과목을 배우고 싶은가요?

# 05 친한 친구가
## 없어 외로울 때 읽는 책

우리나라 속담에 '부모 팔아 친구 산다'는 말이 있다. 그만큼 인생을 사는 데 친구가 중요하다는 뜻일 게다. 그 사람의 됨됨이를 말할 때에는 어떤 친구를 사귀는가, 친구가 많은가 적은가를 보게 되고, 친구가 없는 사람을 가리켜 성격이나 처세에 문제가 있다고 판단한다.

세상을 살아가는 동안 친구가 없다면 정말로 힘들고 외로울 것이다. 그래서 누구든지 좋은 친구와의 아름다운 우정을 꿈꾼다. 친구 사귀기에 있어서 분명한 것은 친구는 태어나는 것이 아니라 만들어지는 것이라는 사실이다. 정원을 가꾸듯이 친구와 우정은 가꾸어야 한다. 좋은 친구만을 소원하면서 아무런 노력도 하지 않는 사람은 감나무 밑에서 홍시 떨어지기를 기다리는 사람이다.

친구가 없어 외로운 아이들은 가슴에 손을 얹고 생각해야 한다. 나는 누군가에게 좋은 친구가 되어주었는가? 나는 내 입장에서만 생각하는 이기주의자는 아닌가? 친구에게 이익을 얻기보다 이익을 주려고 노력하였는가? 이 3가지 질문에 아니라고 대답할 수 있다면 걱정하지 않아도 좋다. 왜냐하면 곧 좋은 친구가 만들어질 것이기 때문이다.

안데르센 지음 / 문이재 펴냄

남과 다르다는 이유 하나로 따돌림과 구박을 당하던 미운 오리의 이야기

세상에서 성서 다음으로 많이 읽히고 있다는 안데르센의 대표 동화. 오리네 집에 잘못 태어난 어린 백조가 오리 형제들로부터 못생겼다고 따돌림을 당하다가 나중에 백조가 되는 성공 스토리. 구박받던 새끼오리가 백조가 되어 훨훨 날아가는 장면에서 어린 독자는 가슴이 후련해지면서 카타르시스를 경험하게 된다. 이 기쁨이 어린이에게 자신감을 준다.

왕따를 당하는 아이는 미운 오리 새끼가 백조가 되는 장면에서 자신감을 얻고, 왕따를 시키는 아이들은 오리를 따돌리는 다른 오리들의 부당함에 부끄러움을 느끼게 된다.

여러 출판사에서 책이 나와 있다. 장정과 인쇄 상태가 아름다운 책으로 고르는 것이 좋다. 이미 읽은 어린이도 왕따 현상을 염두에 두고 다시 읽힐 가치가 있다. 왕따란 단순히 남과 다르다는 것이지, 못난이나 나쁜 인물이 아니라는 것을 인식시켜준다.

TIP ; 생각해보세요

♧ 왕따당했을 때의 기분을 색깔로 표현해보세요.
♧ 친구를 왕따시키는 아이들의 공통점은 무엇일까요?
♧ 왕따 현상이 없는 반과 있는 반의 분위기는 어떻게 다를까요?

생 텍쥐페리 지음 / 비룡소 펴냄

친구란 무엇이며, 어떻게 만들어지는지를 아름다운 이야기로 들려주는 책

"무언가를 길들이지 않고서는 그걸 정말로 알 수 없어. 사람들은 이젠 뭔가를 진정으로 알게 될 시간이 없어졌어. 그들은 이미 다 만들어져 있는 물건을 가게에서 살 뿐이거든. 그런데 친구를 파는 가게는 없으니까 이제 그들은 친구가 없는 거지. 친구를 가지고 싶다면 나를 길들여줘!"

여우가 어린 왕자에게 하는 이 말을 통하여 어린이들은 친구의 존재를 다시 한 번 생각하게 될 것이다. 여우와 장미꽃과 뱀과 우물, 그리고 도르래 이야기는 책을 머리로 읽던 어린 독자들에게 책을 가슴으로 읽게 해준다. 어린이보다 어른들에게 더 많이 읽혔던 동화. 사막에 불시착한 비행기 조종사와 작은 별에서 온 어린 왕자의 만남은 현실과 환상의 만남으로 어린이들의 감성의 세계를 열어준다.

어느 출판사의 책이어도 좋지만, 종이와 인쇄 상태가 아름다운 책이 좋다. 조잡한 상태의 책은 독서 흥미를 떨어뜨린다.

TIP ; 생각해보세요

♧ 여우와 어린 왕자는 어떻게 친구가 되었나요?
♧ 친구들이 싫어할 때, 좋아할 때를 되돌아보세요. 어떤 경우에 친구들이 좋아하던가요?
♧ 서로 사이가 나쁜 친구가 있지요? 이유가 무엇이었나 생각해보세요.

J. M. 바스콘셀로스 지음 / 예림당 펴냄

## 전 세계의 어린이를 울린 외로운 아이의 슬픈 유년기

다섯 살짜리 제제는 가난한 집에서 태어난 꼬마. 식구들에게는 말썽꾸러기, 이웃에게는 악마로 불릴 만큼 사랑받지 못하는 아이다. 다시 말해서 제제는 왕따이다. 친구들에게만 왕따가 아닌, 가족에게도 왕따인 지독히 불행한 아이이다. 그러나 제제의 눈은 언제나 호기심으로 반짝이고 가슴은 상상력으로 부풀어 있다. 제제는 이 불행을 타개하는 방법으로 뒤뜰에 있는 라임오렌지나무와 친구가 되고, 마음속에 살고 있는 작은 새와 대화를 나누고, 뽀르투카 아저씨와 친구가 된다. 친구란 무엇이며 친구 사귀기란 무엇인가를 생각하게 하는 동화이다.

브라질과 전 세계의 어린이를 울린 이 동화는 외로운 아이들의 슬픈 유년기를 다루고 있다. 이 책을 읽는 모든 독자는 '사랑이 없는 인생이란 얼마나 슬픈 것인가?'를 깨닫게 될 것이다.

### TIP ; 생각해보세요

♧ 제제의 '마음속에 살고 있는 작은 새'란 어떤 것일지 상상해보세요.

♧ 제제의 앞 말을 상상하여 이야기로 만들어보세요.

♧ 제제처럼 외로울 때가 있었나요? 그 이유는 무엇이었지요?

# 06 우등생이
## 되고 싶은 아이들을 위한 책

학습문제 연구가들에 의하면 우등생은 3가지 기본적인 특징을 가지고 있는데, 그것은 어려서부터 책읽기를 좋아했다는 것, 스스로 혼자 공부하는 습관을 가지고 있다는 것, 놀 때와 공부할 때를 구분할 줄 안다는 것이다.

'학교에서 우등생은 사회에서 열등생'이라는 말이 매우 널리 퍼진 적이 있었다. 그것은 공부만 잘하는 사람들의 사회적 실패를 의미한다. 공부만 잘하는 것이 아닌, 공부도 잘하는 아이로 키우는 게 중요하다.

여기에 소개하는 『놀기 과외』에는 공부 기계가 된 아이와 자유스럽게 자라는 아이가 나온다. 두 아이의 장점만을 가진 아이를 기른다면 얼마나 좋을까? 『옛이야기 명판결』은 창의적인 문제해결력을 길러주는 책이고, 『생각을 키우는 동화』는 사고력을 키워주는 동화이다. 우등생이란 공부만 잘하는 아이를 가리키지는 않는다. 공부도 잘하고 사고력도 높고 문제해결력도 풍부한 아이를 가리킨다.

로리 뮈라이유 글 / 올리비에 마툭 그림 / 비룡소 펴냄

**뭐든지 1등이며, 갖가지 과외를 받고 있는 라디슬라스의 특별과외는?**

라디슬라스는 정말 피곤한 아이다. 뭐든지 1등만 하는데다가 의젓하기 짝이 없고 모르는 것이 하나도 없다. 그런데도 유명한 선생님들한테 과외는 또 얼마나 받는지. 영어 과외, 첼로 과외, 컴퓨터 과외……. 선생님은 라디슬라스만 '나무랄 데 없는 학생'이라고 말씀하신다.

어느 날 첼로 과외 선생님이 몸이 불편하여 하루 쉰다는 연락이 왔다. 라디슬라스는 앙투완네 집에 가서 빈 시간을 지내기로 한다. 빈민가에서 제멋대로 자라는 친구 집에 놀러온 부잣집 도련님 라디슬라스! 그 아이 눈에는 모든 것이 신기하게만 보인다. 그리고 드디어 놀기 과외가 시작된다.

이 책을 읽게 된 독자들은 놀기도 공부처럼 중요하다는 것을, 우등생이란 공부도 잘하고 놀기도 잘하는 사람이어야 한다는 것을 느끼게 될 것이다.

**TIP : 생각해보세요**

♧ 어떤 과외를 받고 있나요? 혹시 필요 없는 과외는 없나요?

♧ 나는 놀기 과외가 필요한 아이인가요, 필요 없는 아이인가요?

♧ 만약에 놀기 과외 선생이 된다면 어떤 내용의 과외를 하고 싶나요?

조문현 · 이재원 글 / 두산동아 펴냄

### 읽으면 판단력과 문제해결력이 자라나는 아주 특별한 옛날 이야기

옛이야기 중에서 사람 사이의 갈등 문제를 다룬 작품들을 골라 이재원 변호사가 현대적인 법 해석을 붙였다. 부모님이 막내아들에게 재산을 다 물려주고 돌아가시자 두 형이 임금님 앞에 자기 몫의 재산을 돌려줄 것을 청하는데…… 이 동화를 놓고 재산분할의 원칙을 현대 우리나라의 법적 견해로 설명해준다.

우등생이란 무엇인가? 과외 선생님이 잡아준 물고기를 많이 가지고 있는 아이인가, 아니면 물고기 잡는 법을 잘 알고 있는 아이인가? 과거의 우등생은 잡아준 물고기를 많이 가지고 있는 학생이었다. 그러나 21세기 현대식 우등생은 물고기 잡는 법을 잘 알고 잘 잡는 아이이다. 선생님이 잡아준 물고기를 많이 가진 아이들은 잠깐 동안은 우등생이 될 수 있어도 오래 가지는 못한다. 이 책은 초등학교부터 대학까지 오랫동안 우등생이 될 수 있는 판단력과 문제해결력을 길러준다. 이 책은 어려운 문제를 당했을 때 누가 해결해 주거나 막연히 행운을 기다리는 대신 최선을 다해 자신이 문제를 해결할 수 있는 문제해결력을 키워준다.

**T**IP : 생각해보세요

♧ 이야기를 읽고 일단 스스로 이 문제를 해결하는 방법을 찾아보세요. 그리고 나서 이재원 변호사의 법적 해결을 보세요.
♧ 옛날 이야기와 현대 법의 정신은 어떻게 다른지 생각해보세요.

남미영 글 / 세상모든책 펴냄

생각하는 능력이 무럭무럭 자라나게 도와주는 사고력 동화 모음집

"우리들 머릿속에는 커다란 생각 주머니가 있고, 그 속에는 우리를 지혜롭고 현명하게 만들어주는 갖가지 생각들이 살고 있습니다. 그런데 그 생각들은 샘물과 같아서 꺼내면 꺼낼수록 자꾸만 샘솟는답니다. 그러나 꺼내지 않고 가만히 두면 주머니가 점점 줄어들어 몇 개의 생각밖에 들어가지 않는 아주 작은 주머니가 됩니다."(저자의 서문)

위의 서문에서 밝힌 것처럼 이 책은 사고력을 길러주는 책이다. 공부를 잘하는 사람들의 특징은 기억력이 아니라 사고력이다. 기억력이 높은 사람은 하나를 가르쳐 주면 하나를 기억하지만, 사고력이 높은 사람은 하나를 가르쳐주면 열을 안다. 예부터 영재들의 특징은 하나를 가르쳐 주면 열을 안다는 것이다. 이 책을 읽는 동안 어린이의 사고력은 무럭무럭 자라날 것이다.

**TIP ; 생각해보세요**

♧ 가장 재미있는 이야기를 골라 친구에게 이야기해주세요.
♧ 지혜로운 사람과 현명한 사람은 다를까요?
♧ 이 책에서 닮고 싶은 사람은 누구인가요? 그 이유는 무엇인가요?

# 07 수학이라면
## 머리가 아픈 아이들을 위한 책

초등학교 고학년이 되면 학생들은 두 가지로 나뉘는 게 일반적인 현상이다. 수학을 좋아하는 아이들과 싫어하는 아이들이다. 좋아하는 아이들은 한 학급에서 10 ~ 15% 정도이고, 나머지는 수학을 싫어하는 아이들이다. 특히 여자아이들 중에는 수학을 싫어하는 아이들이 더 많다. 그런데 성적이 높은 아이들 가운데에는 수학을 좋아하는 아이들이 많다. 그래서 수학은 모든 학생들의 고민이고, 모든 엄마들의 숙제이다. '학교 가기가 싫다. 지난번에 칠판 앞에 나가서 수학 문제를 풀지 못해 창피를 당한 적이 있었기 때문이다.' '잘하고 싶은데 왠지 수학에는 정말 자신이 없다. 이것 때문에 모든 게 자신감이 없다.' '수학을 쉽고 자세하게 알아갈 수는 없는 걸까? 도대체 수학을 누가 만든 것인지 때려주고 싶은 생각이 든다.' 이런 주인공이 나오는 책이 바로 여기에 소개하는 책들이다. 그러나 이 아이들은 수학을 좋아하게 되는 아이들이기도 하다. 한번 만나보는 게 좋겠다.

**칠판 앞에 나가기 싫어!** 다니엘 포세트 글 / 베로니크 보아리 그림 / 비룡소 펴냄

공부시간에 입도 달싹 못하던 에르반이 씩씩한 아이가 되기까지의 비법

에르반은 목요일이 되면 배가 아프다. 선생님이 수학 문제를 내고 칠판 앞으로 한 사람씩 불러내 발표를 시키기 때문이다. 그럴 때마다 에르반은 자신의 이름이 불릴까 봐 잔뜩 겁에 질려 알던 것도 잊어버린다. 그러던 어느 날 담임선생님이 연수를 가셔서 젊은 여선생님이 대신 오셨다. 모든 게 미숙한 그 선생님은 아이들 앞에서 얼굴이 빨개져 쩔쩔 맨다. 아이들은 그 선생님을 얕보아 떠들고 야단이다. 그러자 에르반은 선생님을 돕고 싶은 마음이 생기고, 그 바람에 평소의 긴장을 떨치고 씩씩하게 발표를 하게 된다.

이 책을 읽는 어린이들은 위축되지 않고 씩씩하게 칠판 앞으로 나가는 에르반을 본받아야겠다는 마음을 먹게 될 것이다.

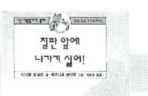

**TIP : 생각해보세요**

♧ 폴리느와 에르반은 성격이 어떻게 다른가요? 나는 두 사람 중에서 누구와 더 닮았나요?

♧ 에르반은 왜 비숑 선생님을 돕고 싶어졌나요? 비숑 선생님과 에르반의 닮은 점은 무엇인가요?

♧ 내가 비숑 선생님이라면 에르반에게 무어라고 말할까요?

베아트리스 루에 글 / 로지 그림 / 비룡소 펴냄

실수를 통하여 수학적 생각을 발견해가는 재미있는 수학 동화

이 책은 수학적 사고력이 발달되지 못한 아이들에게 수학적으로 사고하는 법을 유머와 재치로 가르쳐준다. 즐거움을 가지고 수학을 공부할 수 있게 도와주는 책. 세계적인 화가들의 그림도 볼 만하다.

성적표를 받아 온 날, 로리타는 엄마에게 꾸중을 듣는다. 그리고 공부를 열심히 하겠다는 약속을 하고 책상 앞에 앉는다. 마침 그날 선생님께서 내주신 수학 문제가 있었다. 로리타의 별명은 수학 밥통! 그러나 로리타는 시계와 자전거를 동원해서 기가 막히게 문제를 풀어나간다.

"어떤 사람이 자전거를 타고 2.5킬로미터를 가는 데에 10분 걸렸습니다. 그러면 5킬로미터를 가는 데는 시간이 얼마나 걸릴까요?"

로리타는 자전거를 타고 5킬로미터를 달린다. 그리고 그 시간을 공책에 적는다. 다음날 과연 로리타는 선생님의 칭찬을 들었을까?

**TIP ; 생각해보세요**

♧ 로리타의 시간 계산법은 맞는 것일까요? 잘못되었다면 무엇이 잘못되었나요?

♧ 로리타가 답을 계산하려면 어떻게 해야 하나요?

♧ 케이크의 무게를 계산하는 숙제를 로리타네 반 아이들은 어떻게 했나요? 무엇이 잘못되었나요? 나 같으면 어떻게 할까요?

안노 미쓰마사 글·그림 / 비룡소 펴냄

## 수학을 좋아하는 아이로 만들어주는 책

책의 표지를 넘기면 멋진 집이 나오고 이사 가는 이야기가 나온다. 겉보기엔 동화책이다. 그러나 동화책이 아니다. 수학을 좋아하는 아이로 만들기 위해 일부러 그림동화로 시작하는 것일 뿐.

이 책은 어린이에게 무언가를 억지로 가르치려는 책이 아니라, 놀이를 통해 수와 양의 감각을 길러준다. 이 책은 수학의 기본 요소인 '수'를 익힐 수 있도록 도와준다. 반복되는 그림에 변화를 주는 독특한 구성은 아이들 스스로 수학에 대한 흥미를 느끼게 한다. 특히 '이사놀이'라는 재미있는 소재는 아이들에게 공부가 아닌 놀이로서 친근한 접근이 될 것이다.

작가는 이 책 외에 『항아리 속 이야기』에서 수학의 기본 연산인 곱셈을 『항아리 속 이야기』와 접목시키고, 『아기돼지 세 마리』에서는 '경우의 수'를 풀어가는 과정으로 순열과 조합의 기초원리를 설명하였다. 함께 읽으면 수학적 사고를 기르는 데 도움이 될 것이다.

**TIP : 생각해보세요**

♧ 먼저, 이 책을 끝까지 넘겨보세요. 이 책은 어떤 책 같나요?
♧ 이 책을 여러 번 읽어보세요. 그러면 집 안에 아이들이 모두 몇 명인지 알 수 있게 됩니다. 몇 명인가요?
♧ 맨 처음 그림과 맨 마지막 그림은 어떻게 달라졌나요?

# 08

## 과학이
### 어렵다고 도망가는 아이들을
### 위한 책

세상에는 궁금한 게 참 많다. 아이들의 상상력으로는 풀지 못하는 문제들이 도처에 있다. 어른들에게 물어보아도 시원한 답을 주는 분이 많지 않다. 과학은 그 궁금증을 풀어주는 학문이다.

우리는 흔히 과학을 정확하고 빈틈 없는 학문이라고 이해하고, 정확한 것을 좋아하는 사람을 가리켜 '과학적'이라고 말한다. 그러나 원래 과학은 알고 보면 상상력의 소산이다. 에디슨은 '캄캄한 밤도 대낮처럼 환해질 수 없을까?'라는 상상으로 시작해 전기를 발명했다. 라이트 형제도 '사람도 새처럼 날아다닐 수 없을까?' 하고 상상하고는 비행기를 만들었다.

자동문 앞에 서면 『알리바바와 40인의 도적』이 생각나고 엘리베이터 앞에 서면 『나무꾼과 선녀』가 생각난다. 그래서 동화를 '과학의 어머니'라고 말하고 싶다. 과학을 아주 어렵고 딱딱한 공부라고 생각하는 아이들이 다음의 책을 읽는다면 과학을 친구로 생각하게 될 것이다.

## 식물에겐 비밀이 있어요

장 마리 펠트 글 / 세르쥬 블로슈 그림 / 다섯수레 펴냄

식물도 사람처럼 먹고, 잠자고, 화내고, 기뻐하고, 아기를 낳는 식물 이야기

세상에는 식물과 동물이 있다. 사람은 동물로서 같은 동물을 잡아먹기도 하지만 식물도 먹고 산다. 식물이 없다면 사람은 살 수 없을 것이다. 이렇게 귀중한 식물에 대해서 우리들은 얼마나 알고 있을까?

'식물에게는 비밀이 있어요. 식물은 어디서 왔을까요? 이 지구에 어떻게 태어났죠? 식물도 움직일 수 있나요? 벌레를 잡아먹는 식물도 있나요? 식물에게 누가 이름을 붙여주나요? 꽃들은 왜 저마다 냄새가 다를까요? 가지를 꺾거나 자르면 식물은 그것을 느낄까요? 식물도 서로 이야기를 나누나요? 식물에게도 삼각관계가 있나요? 사랑하고 미워하고 전쟁도 할 수 있나요? 식물도 아기를 낳나요?'

이 책은 이러한 식물에 대한 모든 의문에 시원한 대답을 해주고, 과학을 재미있게 생각하도록 해준다.

TIP : 생각해보세요

이 책에는 어린이들이 궁금해하는 27가지 질문에 대한 과학적인 답이 들어 있어요. 이 책을 읽고 나서 한 가지 질문마다 요점을 요약해보세요.

프랜 보크월 지음 / 믹 롤프 그림 / 승산출판사 펴냄

어린이 책으로서는 처음으로 코퍼스 과학도서상을 수상한 과학 도서

초등학교 어린이부터 노벨상 수상자까지 재미있게 읽을 수 있는 과학 만화.

"이 책은 세포에 관한 이야기이란다. 네 몸이 수많은 작은 세포로 이루어졌다는 것을 알고 있니? 너의 피부를 만들고, 근육을 만들고, 단단한 뼈마저 만드는 세포. 그리고 신호를 보내기도 하고, 세균을 물리치는 세포, 그밖의 수많은 세포들……. 그 모든 세포들이 협력해서 널 건강하게 하고, 무럭무럭 자라도록 하지. 그 모든 세포들이 단 한 개의 작은 세포에서 시작되었고, 그 최초의 세포가 너라는 걸 알고 있니?"(본문 중에서)

'세포란 게 뭐야?/세포의 분리/세포들이 하는 일/세포의 구성/세포의 조직/뼈는 무엇으로 만들어졌는가?/ 근육은 무엇으로 만들어졌는가?/ 신경세포는 무엇으로 만들어졌는가?' 등의 다양한 내용으로 구성되어 유명한 과학자가 우리 몸의 세포에 대한 철저한 분석과 해설을 해준다. 읽는 중에 자연스레 과학이 재미있다는 생각을 하게 된다.

TIP : 생각해보세요

♧ 세포란 무엇인지 한마디로 요약해보세요.
♧ 세포들이 하는 일을 정리해보세요.
♧ 친구에게 알려줄 수 있도록 각 권의 중요 요점을 정리해두 세요.

### 버스를 타고 세상을 다니며 생생한 지구과학 수업을 받는다

어느 날 학교 선생님인 데제콜르 공주는 자신의 교실이 너무 비좁다고 불평을 했다. 남편인 모토뤼디 왕자는 공주를 위로하기 위하여 학생들을 데리고 넓은 바깥 세상을 찾아다니며  공부를 가르치자고 제안한다. 두 사람은 학생들을 데리고 거리로 나간다. 공주는 버스 운전대를 잡고 왕자는 설명을 하고……. 참 좋은 선생님들이다.

이 책은 딱딱한 과학을 재미있게 풀어나가기 위하여 왕자와 공주를 선생님으로 등장시켜 동화식으로 풀어나가고 있다. 이 책의 장점은 공부와 지식의 전달과 함께 무한한 상상력을 제공해준다는 점이다. 동화 속이어서 복잡한 도시에서 금방 거대한 평야로 나가기도 하고 옛날의 지구로 가기도 하고 사막으로 가기도 한다. 이 동화책을 읽다 보면 저절로 과학이 재미있어진다.

**TIP : 생각해보세요**

  ♧ 공주와 왕자의 수업 방식에 대하여 생각해보세요.

  ♧ 만약에 내가 선생님이 된다면 어떤 수업을 할까 생각해보세요.

  ♧ 책 속의 아이들과 함께 재미있는 여행을 마치고 돌아왔다면 엄마에
     게 무어라고 말할까요?

# 외국어에
## 겁먹은 아이들을 위한 책

우리나라는 지금 영어와의 전쟁을 벌이고 있다. 우리나라는 세계에서 영어학원이 가장 많은 나라, 영어교육에 쏟아 붓는 돈이 가장 많은 나라로 알려져 있다. 1년 동안 영어교육에 쏟아 붓는 사교육비가 7~8조 원에 달하고, 영어를 배우기 위해 조기유학을 떠나는 학생들이 수만 명에 달하고, 영어를 잘하기 위해 2~3세 아기들의 혀를 잡아 늘리는 수술까지 벌어지고 있다. 이런 끔찍한 현상이 일어나는 곳은 지구상에 우리나라밖에 없다.

그 이유는 무엇일까? 한국인이 영어 정복에 열을 올리는 이유는 무엇인가? 한 연구보고서에 의하면 '영어는 어려운 것'이라는 생각이 머릿속에 박혀 있기 때문이라고 한다. 그러나 영어는 어려운 것이 아니라고 한다. 영어가 어려운 것이 아니라 영어를 가르치고 배우는 방법이 좋지 않기 때문이라고 한다. 여기 소개하는 3권의 책은 영어를 생활로 배우는 법을 가르쳐준다.

## 교육열이 높은 아빠를 둔 장 샤를 가족의 외국어 캠핑

교육열이 높은 아빠의 결정에 따라 여름방학 때 장 샤를의 가족은 독일어를 배우기 위해 독일로 캠핑을 떠난다. 아빠의 의도는 나에게 '언어욕'을 시키려는 것이다. '언어욕'이란 나무 밑에 있으면 삼림욕이 되는 것처럼 다른 나라 언어를 접하면 외국어가 몸에 밴다는 뜻이다. 장 샤를은 캠프촌에서 아일랜드 남자아이 니클라우스를 만나게 되고 니클라우스에게 프랑스어가 아닌 새로운 말을 꾸며서 가르쳐준다. 니클라우스는 그걸 프랑스어라고 믿고 열심히 따라하게 된다……. 이렇게 장난을 친 외국어 언어욕 놀이를 한 그 방학은 그러나 헛일이 아니었다. 장 샤를은 친척들 사이에 외국어에 뛰어난 재능이 있다는 소문이 나고, 그 소문 때문에 영어, 독일어, 러시아어, 이탈리아어, 중국어, 아랍어, 일본어를 배워 유명한 학자가 된다. 모든 공부가 그렇듯이 외국어 공부도 동기가 필요하다.

**TIP : 생각해보세요**

- 장 샤를의 아버지가 말하는 '언어욕'에 대하여 친구에게 설명해주세요.
- 주인공은 헛소문 때문에 외국어 공부를 열심히 했다고 합니다. 왜 열심히 했을지 자세하게 설명해보세요.
- 그 후 니클라우스에게는 어떤 일이 일어났을지 상상해보세요.

다니엘 페나크 글 / 문학과지성사 펴냄

## 영어 때문에 고민하는 어린이를 위한 동화

까모는 프랑스에 사는 열네 살 소년. 영어 성적 때문에 엄마에게 엄청 혼이 난 후 약속을 하게 된다. 3개월 만에 영어 실력을 쑥 올려놓기로. 어느 날 엄마가 펜팔 명단을 건네주어 다급해진 까모는 영국 친구 캐시와 펜팔을 시작한다. 그런데 편지가 거듭될수록 캐시의 정체는 점점 신비에 쌓이고……. 미지의 소녀와 사랑에 빠진 까모는 필사적으로 편지에 매달리게 된다. 대체 편지의 주인 캐시는 누구일까? 기발하고도 재미있는 이 책의 유일한 단점은 모든 궁금증은 끝 장까지 읽어야 풀린다는 것이다.

이 책을 읽는 어린이들은 영어(외국어) 공부란 삶 자체로 배워야 한다는 것을 알게 된다. 즉 외국어를 공부로 하지 않고 삶의 일부로 여겨야 한다는 것이다. 또 이 책이 알려주는 또 하나의 힌트는 글을 쉽게 쓰는 방법이다. 그 이유는 이 책을 끝까지 읽어보면 알게 된다.

### TIP ; 생각해보세요

♧ 까모 엄마는 외국어를 어떻게 잘하게 되었나요?
♧ 까모 엄마가 '바벨 에이전시'를 차리게 된 이유를 두 가지 정도 말해보세요.
♧ 까모 엄마의 직업에 대한 자신의 의견을 정리해보세요.

로즈마리 프리드만 지음 / 켄텐 블레이크 그림 / 웅진출판 펴냄

## 고무 매트를 타고 프랑스에서 영국까지 간 아이

타미는 예쁜 엄마와 유능한 아빠와 함께 파리의 어느 아파트에 사는 아이이다. 8월이 되자 엄마와 아빠는 뜨거운 남쪽으로 바캉스를 가고, 할머니와 타미는 시원한 북쪽으로 피서를 떠났다. 어느 날 타미는 할머니에게 파란 고무 매트를 선물로 받는데, 그걸 타고 놀다가 바다 한가운데로 나가게 되었다. 북극성을 보고 방향을 잡으려고 했으나 구름이 별들을 가려 영국까지 떠내려가게 된다. 영국 해안까지 떠내려간 타미에게 영국 아이들이 몰려와 영어로 묻는다. 영어를 아주 조금밖에 모르는데, 빠르게 묻는 영어를 못 알아듣는 타미⋯⋯.

그러나 곧 타미는 아이들과 의사소통을 훌륭히 할 수 있게 되었고, 아이들의 전쟁도 막아주었다. 그러다가 아빠, 엄마, 할머니를 만나 파리로 돌아가게 된다. 이 책을 읽는 어린이들은  외국어란 닥치면 다 할 수 있다는 것을 알게 된다.

TIP : 생각해보세요

♧ 타미는 자기 엄마, 아빠를 매우 좋아합니다. 타미가 그렇게 생각하는 증거를 책 속에서 찾아보세요.

♧ 타미 할머니는 왜 그렇게 참견이 많고 잔소리를 많이 했을까요?

♧ 타미는 영국에서 왜 엄마나 할머니보다 아빠와 이야기하는 것이 편했을까요?

# 생각하기를
## 귀찮아하는 아이들을 위한 책

세상에는 두 가지 부류의 사람들이 있다. 한 가지는 아무 생각 없이 남이 하는 대로 따라만 하는 사람들이고, 다른 하나는 자신의 생각이 있고 그 생각을 펴나가는 사람들이다. 전자가 보통사람들이라면, 후자는 리더가 되는 사람들이다. 리더는 다른 사람들이 그냥 지나쳐 보는 사회 현상이나 자연 현상을 의심하고 비판하고 창의적으로 본다. 우리는 그런 생각하는 힘을 사고력이라고 한다.

전 세계적으로 논술고사의 중요성이 부각되고 있다. 이제 21세기에는 몇 개의 답 중에서 고르는 선다형 문제나 단답식으로 답하는 문제들은 사라질 전망이다. 왜냐하면 그렇게 질문하고 답하는 것으로는 21세기가 원하는 인간인 생각하는 인간을 측정할 수 없기 때문이다.

논술고사는 글쓰기 실력을 체크하는 시험이 아니라 사고력을 측정하는 시험이다. 또 대학수학능력시험은 지식을 측정하는 시험이 아니라 대학에 가서 공부할 수 있는 능력이 있느냐를 측정하는 시험이다. 대학에 가서 하는 공부는 외우는 공부가 아니라 생각하고 창의적으로 자기 의견을 내놓는 공부이다. 따라서 앞으로의 모든 시험은 사고력을 측정하는 문제로 가게 될 것이다.

이러한 시대적 요구 앞에서 철학적 사고력이 낮다는 것은 치명적이다. 다음의 책을 읽는 어린이들은 생각하는 방법에 대한 기초적인 습관을 형성할 수 있게 될 것이다.

## 꼬마 철학자 우후
간자와 도시코 글 / 이노우에 요스케 그림 / 비룡소 펴냄

**스스로에게 질문을 던지고 나름대로 해답을 찾게 하는 작은 철학교실**

우후는 여러 가지 생각을 많이 하는 아기곰이다. 상상력이 풍부하고, 실험 정신이 강한 아기곰이라고 말할 수 있다. 나무그늘에서 잠을 잘 때는 나무가 되고 싶어하고, 맛있는 꿀을 만드는 꿀벌을 보면 꿀벌이 되고 싶다고 생각하고, 빠르게 헤엄치는 물고기를 보면 물고기가 되고 싶다고 생각하며 그 방법을 모색한다. 그러나 나중에는 항상 곰인 자신으로 돌아온다. 우후는 세상의 온갖 현상에 대해 상상해보고 추리해보고 실천해보고 몸소 깨닫는다.

꼬마곰 우후의 이야기를 읽게 된 어린이들은 주위 현상을 그냥 지나치지 않고 관찰하고 상상해보는 철학적 사고력을 기르게 되어 작은 철학자가 될 것이다.

**TIP : 생각해보세요**

♧ 우후와 같이 상상하기를 좋아하는 친구가 있나요?

♧ 우후는 나중에 어떤 어른곰이 될지 상상해보세요.

♧ 누군가에게 이 책을 선물한다면 누구에게 주고 싶나요? 이유는 무엇인가요?

## 세상은 신비로움으로 가득 차 있답니다

이 책은 어린이들이 이 세상에 대해 가지는 여러 가지 궁금증을 쉽게 터득할 수 있도록 도와주고 생각의 폭을 넓혀준다. 아이들의 주머니에 쏙 들어가는 포켓북. 30분이면 다 읽을 수 있는 작은 책. 책읽기를 싫어하는 아이들에게 선물해주면 좋다. 여행 갈 때 가방에 찔러넣고 가도 딱 좋을 책.

"지능이란 무엇인가요? 제 친구는 선생님의 질문에 언제나 척척 대답을 잘합니다. 하지만 그 아이는 저보다 열심히 공부하지 않거든요. 아마 그 친구가 저보다 똑똑한가 봐요. 제가 다니는 꿈의 학교에서는 국어와 수학뿐 아니라 자유와 호기심, 정의와 우정을 가르칩니다." (본문 중에서)

이 책은 '지능은 만들어지는 것입니다', '세상에 필요없는 사람은 없답니다', ' 피부 색깔은 중요하지 않아요' 등의 이야기를 하면서 신비로움으로 가득 찬 이 세상을 이해하고 사랑하는 법을 가르쳐준다.

### TIP : 생각해보세요

- 나는 똑똑한 사람인지 곰곰이 생각해보세요.
- 똑똑하려면 어떤 조건을 갖추어야 할까요? 그런 사람을 주위에서 찾아보세요.
- 바보같은 사람들이 하는 말, 하는 행동을 열거해보세요.

윤구병 글 / 다섯수레 펴냄

## 삶에 대한 궁금증과 두려움을 알기 쉽게 풀어주는 어린이 철학책

이 책은 어린이들이 가지고 있는 세상에 대한 궁금증을 알기 쉽게 풀어주는 책이다. 그러나 과학처럼 명확한 답이 아니라 알쏭달쏭한 철학적 대답이다. 그러나 이 한 권을 읽고 난 어린이들은 자신의 머릿속에서 싹트는 철학적 생각을 발견하게 될 것이다.

중요한 내용은 '우주에는 끝이 있나요?/우주 밖에는 또 무엇이 있을까요?/신은 정말 있을까요?/우리는 왜 알려고 할까요?/철학을 하면 행복하게 살 수 있을까요?/철학과 과학은 어떻게 다를까요?/올바른 앎이란 무엇일까요?/철학을 알면 사람의 삶도 이해할 수 있을까요?' 등 세상을 배우기 위해 꼭 필요한 내용들이다.

**TIP : 생각해보세요**

♧ 인간은 어떻게 해서 다른 동물이 감히 꿈꿀 수도 없는 일들을 해낼 수 있게 되었을까요?

♧ 우리는 왜 앎을 사랑하는 것일까요?

♧ 내가 가장 자주 하는 생각을 골똘히 생각해서 정리해봅시다.

■ 참고문헌

강도은 역(Rahima Baldwin Dancy, 2002), 당신은 당신 아이의 첫 번째 선생님입니다, 서
　　울, 정인
강명희 역(Robert Boostrom, 1999), 창의적 · 비판적 사고, 서울, 창지사
강무홍 역(John Rowe Townsend, 1996), 어린이 책의 역사, 서울, 시공사
곽병선(1985), 창의성 교육의 일반 논리, 서울, 대한교육연합회
곽병선(1991), 교과교육과 사고교육(사고력 교육의 제 문제에 대한 교육심리학적 조명 세
　　미나 원고), 서울, 한국교육개발원
곽병선(1994), 논리가 보인다(대학수학능력시험 대비 논리 탐구서), 서울, 동아출판사
교육인적자원부, 한국교육개발원(2002), OECD 주요국가 교육통계 2002, 서울, 한국교육
　　개발원
교육정책자문회의(1992), 교육에 관한 국민의식 조사, 서울, 교육정책자문회의
김광렬 역(谷脅規茂, 1983), 창조력, 서울, 두산
김광해(2003), 등급별 국어교육용 어휘, 서울, 박이정
김미랑 편저(1996), 잠자는 아이의 두뇌를 깨워라, 서울, 한울림
김병원(2000), 생각의 충돌, 서울, 자유지성사
김언주(1987), 창의력의 교육적 재해석(충남교육 제79호), 충남, 충청남도교육청
김영철 역(나라이 안, 2003), 문제 해결력 트레이닝, 서울, 일빛
김옥련 역(요다 아키라, 1984), 어머니를 위한 아동심리학, 보육사
김옥순, 주옥 역(Bruno Bettelheim, 1998), 옛이야기의 매력, 서울, 시공사
김요섭 역(릴리언 H. 스미스, 1996), 아동문학론, 교학사
김재은(1991), 창의성의 심리(창의성을 높이는 교육), 서울, 대한교육연합회
김재은(2000), 종이 조형 활동의 교육적 · 심리적 효과, 서울, 창지사
김정휘(1973), 창의력과 지능 및 학업성적의 관계분석, 서울대대학원 석사학위 청구논문
김충희(1985), 창의성을 높이는 교육환경, 서울, 대한교육연합회
김현희 외(2003), 독서치료의 실제, 서울, 학지사
김홍원, 임선하, 김성훈(1993), 초등학생의 창의적 사고력 신장을 위한 수업 방법 연구, 서
　　울, 한국교육개발원
김홍원 역(1998), 사고 전략(교사를 위한 사고 전략의 이론과 실제), 서울, 원미사

남미영 외(1985), 초기 독서능력 신장을 위한 연구, 서울, 한국교육개발원

남미영(1991), 한국현대성장소설연구, 숙대 박사학위 논문

남미영(1995), 자녀의 바른 독서지도, 한국지역사회교육중앙협의회

남미영(1997), 엄마가 어떻게 독서지도를 할까?, 서울, 대교출판

남미영(1999), 좋은 독서자료 찾아주기, 서울 국립중앙도서관

남미영(2001), 독서능력진단지(유아-초등학교 6학년), 서울, 한국독서교육개발원

남미영 외(2001), 독서지도의 기초과정, 서울, 한국독서교육대학

남미영(2002), 자기주도적 학습능력과 독서교육

남미영(2002), 7차교육과정과 독서교육의 방향(독서교육의 이론과 실제), 부산, 부산광역
　　시교육연수원

남미영(2002), 보이는 학력, 보이지 않는 학력, 서울, 한국지역사회교육협의회

남미영(2002), 독서능력을 높여주세요, 학습능력이 높아집니다(독서교육 한마당 원고), 수
　　원, 경기도교육연수원

남미영(2003), 21세기 교육과 독서교육의 방향(초등 독서지도 직무연수 특강 원고), 대전,
　　대전교육연수원

남미영(2003), 21세기 교육과 독서교육의 역할(새교육 9월호), 서울, 대한교원총연합회

노명완(1988), 국어교육론, 한샘출판사

문용린, 박경숙 외(1991), 우등생이 되기 위한 글읽기, 한국교육개발원

민병덕 역(Mortimer J. Adler, 1993), 독서의 기술, 서울, 범우사

박경숙, 임두순 외(1988, 1989, 1990), 학습전략훈련 프로그램 개발연구(읽기전략을 중심
　　으로), 서울, 한국교육개발원

박세훈 역(Masaharu Kato, 2003), 내 두뇌에 날개를 달아주는 생각의 도구, 서울, 북21

박아청(1974), 창의력 증진을 위한 프로그램 개발에 관한 실험적 연구, 서울, 교육학연구

박현철(2003), 마인드스케이핑 학습법, 서울, 상상북스

서울특별시교육연구원(1993), 사고력 교육의 이론과 실제, 서울, 서울특별시교육연구원

성일제, 허경철 외(1991), 사고력 신장을 위한 프로그램 개발연구, 서울, 한국교육개발원

손정호(1980), 독서지도 방법론, 학문사

신세호, 김충희, 이훈구(1968), 창의력 증진 가능성에 관한 실험적 연구, 서울, 한국행동과
　　학연구원

신헌재 외 편저(1993), 독서교육의 이론과 방법, 서울, 박이정

오연희 역(모티머 J. 애들러, 찰스 반 도렌, 1997), 논리적 독서법, 서울, 예림기획

우수도서선정위원회(1990), 어린이들에게 권하는 책, 한국출판금고

우수도서선정위원회(1990), 청소년에게 권하는 책, 한국출판금고

웅진출판사 편집부 역(루스 보든, 1992), 보든 자녀교육

원진숙, 황정현 역(Linda Flower, 1998), 글쓰기의 문제해결전략, 서울, 동문선

이경화(2001), 읽기 교육의 원리와 방법, 서울, 박이정

이군현(1990), 창의적인 과학자 육성을 위한 교육제도 및 정책, 서울, 한국과학재단

이돈희(1985), 창의성 교육의 제도와 정책, 서울, 대한교육연합회

이상순(1997), 감성 개발법, 서울, 나라원

이상욱, 최보근 역(Jurgen Grzesik, 2000), 독해와 논술의 이론과 실제, 서울, 한국문화사

이원두 편역(1996), 超독서법, 서울, 명지사

이유선 역(Wolfgang Iser, 1993), 독서행위, 서울, 신원문화사

이재승(2002), 글쓰기 교육의 원리와 방법, 서울, 교육과학사

이종인 역(Joseph Gold, 2003), 비블리오테라피, 서울, 북키앙

이종태 외 한만중, 성기선, 정옥년, 배영찬(2002), 스스로 공부하는 아이가 21세기를 지배
    한다, 서울, 한국교육개발원

이준덕 외(1997), 도서를 이용한 어린이 도덕교육, 서울, 다음세대

이창신 역(Mel Levine, M.D., 2003), 아이의 뇌를 읽으면 아이의 미래가 열린다, 서울, 소소

이희재 역(Mihaly Csikszentmihalyi, 1999), 몰입의 즐거움, 서울, 해냄

임선애 역(가게야마 히데오 · 오고 마사루, 2003), 초등학생 업그레이드 공부테크닉, 서울,
    홍익출판사

임선하(1984), 창의적 사고수업 모형, 서울, 한국교육개발원

임선하(1992), 창의성에의 초대, 서울, 교보문고

작은곰자리(2002), 창의력을 키우는 75가지 이야기, 서울, 자우출판사

장경철(1998), 장경철 교수가 말하는 책읽기의 즐거운 혁명, 서울, 두란노서원

전경원 역(Teresa M. Amabile, 1998), 창의성과 동기유발, 서울, 창지사

전정재(1994), 똑똑한 우리 아이, 왜 공부 안하나?, 서울, 시공사

전정재(2001), 독서의 이해, 서울, 한국방송출판

전정재(2002), 전정재 박사의 영재 클리닉, 서울, 김영사

정범모(2001), 창의력은 기를 수 있는 것인가(창의성 계발을 위한 교육전략 연구세미나),
    서울, 한국교육개발원

조선일보사(1995), 당신도 자녀를 영재로 키울 수 있다, 서울, 조선일보사 출판국

조선일보사(1996), IQ 100의 천재, IQ 150의 바보, 서울, 조선일보사 출판국

조승연(2002), 공부기술, 서울, 중앙M&B

조승연(2003), 생각기술, 서울, 중앙M&B

조영희 역(John Maxwell, 2003), 생각의 법칙 10+1, 서울, 청림출판

천경록, 이경화 역(J. W. Irwin, 2003), 독서지도론, 서울, 박이정

최선규 역(로버트 C. 홀럽, 1985), 수용이론, 삼지사

최성애, 조벽(2002), 우리 아이 인재로 키우는 최성애 · 조벽 교수의 H · O · P · E 자녀교
    육법, 서울, 해냄

최영호 역(모티마 J. 아들러, 1992), 자유인을 위한 책읽기, 서울, 청하

최현섭 역(Kathleen E. Sullivan, 1987), 문단훈련, 서울, 선일문화사

팽영일 역(비고츠키, 1999), 아동의 상상력과 창조, 서울, 창지사

한국교육개발원(1988), 사고력 신장을 위한 프로그램 개발 연구(II), 서울, 한국교육개발원

한국교육개발원(1990), 학습전략훈련 프로그램 개발연구(III), 서울, 한국교육개발원

한국교육개발원(1990), 학습전략훈련 프로그램 개발연구(III), 서울, 한국교육개발원

한국교육개발원(1991), 읽기 학습 전략 훈련 지침서, 서울, 한국교육개발원

한국교육개발원(1991), 정교화 학습 전략(I), 서울, 한국교육개발원

한국교육개발원(1991), 정교화 학습 전략(II), 서울, 한국교육개발원

한국교육개발원(1992), 국어표현력 신장 방안 연구(작문력을 중심으로), 서울, 한국교육개발원

한국교육개발원(1994), 문제 해결의 지혜, 서울, 한국교육개발원

한국교육개발원(1994), 한국인의 교육 의식 조사 연구, 서울, 한국교육개발원

한국교육개발원(1997), 한국교육개발원 창립 25주년 기념 학술대회(한국교육의 신세기적 구상), 서울, 한국교육개발원

한국교육개발원(2001), 국제 성인 문해조사 보고서, 서울, 한국교육개발원

한국교육개발원(2001), 초등학생의 언어능력 발달에 관한 연구, 서울, 한국교육개발원

한국교육개발원(2001), 초·중학생의 지적·정의적 발달수준 분석 연구(III)(초등학교 대상), 서울, 한국교육개발원

한국교육개발원(2001), 초등학생의 사회적 능력 발달에 관한 연구, 서울, 한국교육개발원

한국교육개발원(2001), 초등학생의 정의적 특성 발달에 관한 연구, 서울, 한국교육개발원

한국교육개발원(2001), 창의성 계발을 위한 교육 전략 연구 세미나, 서울, 한국교육개발원

한국교육개발원(2001), 학부모 학력주의 교육관 타파 방안 연구, 서울, 한국교육개발원

한국교육개발원(2001), 간편 창의적 문제해결력 검사 개발 연구(I), 서울, 한국교육개발원

한국교육개발원(2002), 간편 창의적 문제해결력 검사 개발 연구(II, 서울, 한국교육개발원

한국교육개발원(2002), 학교 도서관 활성화 대책 수립 계획 연구, 서울, 한국교육개발원

한국독서과학연구소(2001), 알기 쉬운 독서지도(상), 서울, 청송문화

한국독서학회(2003), 21세기 사회와 독서지도, 서울, 박이정

한국두뇌예술교육학회(2003), 우리 아이 천재로 키우는 법, 서울, 창조문학사

한국청소년연구원(1992), 손에는 책을 마음에는 꿈을, 서울, 한국청소년연구원

한국출판연구소(2002), 국민독서실태조사, 서울, 한국출판연구소

한승희 외(1992), 독서교실활동, 한국청소년연구원

한승희 외(1992), 손에는 책을 마음에는 꿈을, 한국청소년연구원

한철우, 김명순, 박영민(2001), 문학 중심 독서지도, 서울, 대한교과서

한철우 외(2001), 과정 중심 독서지도, 서울, 교학사

홍연숙(1988), 질문이 없는 학생들, 서울, 조선일보

홍희정 역(Ziglar, Zig, 2003), 정상에서 만납시다(자녀 교육편), 서울, 산수야

Bartlett, F. C.(1932), *Remembering*: Cambridge: Cambridge University Press

Bransford, J. D.(1984), *Schema activation – Schema acquisition*. In R. C. anderson, J. Osborne, & R. C. Tierney(Eds), Learning to read in American schools. Hillsdale, N. J.: Erlbaum

Lewis, Norman(1971), *How to Read Better and Faster*, New York: Creowell

Miel .A(1961), *Creativity in Teaching*, Belmont, Wadsworth

Rumelhart, D. E.(1975), *Notes on a schema for stories*, In D. G. Bobrow and A. M. Collins(Eds), Representation and understanding: studies in cognitibe science, N. Y.: Academic Press

Smith, J. A.(1996), *Setting Condition for Creative Teaching in the Elementary School*, Boston, Allyn and Bacon

Spache, G.(1974), *Good Reading for Poor Readers*, Illinois: Garrard

Willson, Robert, M. and Hall, Maryanne(1972), *Reading and the Elementary school Child; Theory anc Practice for Teacher*, New York: Van Nostrand

Wragg, E. G.(1984), *Classroom Teaching Skill*, Lodon, Croom Helm

KI신서 2372

**자기주도적 학습능력을 길러주는**
# 독서 기술

**1판 1쇄 발행** 2004년 2월 16일
**2판 4쇄 발행** 2017년 6월 1일


**지은이** 남미영 **펴낸이** 김영곤 **펴낸곳** (주)북이십일 21세기북스
**영업본부장** 신우섭
**출판영업팀** 이경희 이은혜 권오권 홍태형
**프로모션팀** 김한성 심재진 최성환 김주희 김선영 정지은
**제작** 이영민 **홍보팀** 이혜연 최수아 박혜림 문소라 백세희 김솔이
**출판등록** 2000년 5월 6일 제406-2003-061호
**주소** (우 10881) 경기도 파주시 회동길 201(문발동)
**대표전화** 031-955-2100 **팩스** 031-955-2151 **이메일** book21@book21.co.kr

**(주)북이십일** 경계를 허무는 콘텐츠 리더

21세기북스 채널에서 도서 정보와 다양한 영상자료, 이벤트를 만나세요!
가수 요조, 김관 기자가 진행하는 팟캐스트 '[북팟21] 이게 뭐라고'
페이스북 facebook.com/21cbooks      블로그 b.book21.com
인스타그램 instagram.com/21cbooks      홈페이지 www.book21.com


ISBN 978-89-509-2325-9 13370
책값은 뒤표지에 있습니다

이 책은 『공부 잘하는 아이로 만드는 독서 기술』의 개정판입니다.
이 책을 무단 복사, 복제, 전재하는 것은 저작권법에 저촉됩니다.
이 책 내용의 일부 또는 전부를 재사용하려면 반드시 (주)북이십일의 동의를 얻어야 합니다.
잘못 만들어진 책은 구입하신 서점에서 교환해 드립니다.